最高人民法院
刑事诉讼文书样式
制作规范与法律依据

法律应用研究中心◎编

ZUIGAO RENMIN FAYUAN XINGSHI SUSONG WENSHU YANGSHI
ZHIZUO GUIFAN YU FALü YIJU

中国法制出版社
CHINA LEGAL PUBLISHING HOUSE

目　录

最高人民法院关于印发《法院刑事诉讼 文书样式》（样本）的通知

（1999 年 4 月 30 日　法发〔1999〕12 号）

全国地方各级人民法院、各级军事法院、各铁路运输中级法院和基层法院、各海事法院，新疆生产建设兵团各级法院：

1999 年 4 月 6 日，最高人民法院审判委员会第 1051 次会议讨论通过了《法院刑事诉讼文书样式》（样本）。这是最高人民法院为全面贯彻执行刑事诉讼法和刑法，大力推进控辩式审理方式，改革诉讼文书的制作，提高诉讼文书质量而采取的重要措施。

人民法院制作的诉讼文书特别是裁判文书，是人民法院行使国家审判权的体现，是具有法律效力的法律文件，是司法公正的最终载体。它关系到国家法律、法规的正确实施，关系到当事人诉讼权利和合法权益的保护，也关系到人民法院实事求是、依法办案、秉公执法、刚正不阿的公正形象。

制作裁判文书是审判工作的重要组成部分，是法官的一项重要任务，也是法院审判业务的一项基本建设。各级法院领导和广大法官要充分认识制作好裁判文书的重要意义，用改革的精神，采取有效措施，努力提高裁判文书的质量。那种认为"只要把案子办好了就成了，裁判文书写得好不好没关系"的思想是十分错误的、有害的。

自 1992 年 6 月最高人民法院下发《法院诉讼文书样式（试行）》以来，各地采取措施，积极探索制作裁判文书的规律，涌现出一批优秀的裁判文书。但从总体上来看，目前制作的水平还不高，主要是裁判文书千案一面，缺乏认证断理，看不出判决结果的形成过程，说服力不强。针对这种状况，去年底召开的全国高级法院院长会议强调：要加快裁判文书的改革步伐，"做到裁判文书无懈可击，使裁判文书成为向社会公众展示法院文明、公正司法形象的载体，真正具有司法权威"。

为了总结经验，进一步提高诉讼文书质量，最高人民法院决定对 1992 年下发的《法院诉讼文书样式（试行）》进行全面修订。为了配合执行修改后的刑事诉讼法和刑法，决定首先对文书样式中的刑事部分进行修订。修订的重点是事实（包括证据）和理由部分。这是因为，目前裁判文书存在两大缺点。一是叙述事实部分，不证明犯罪，不写具体证据，只写"上述犯罪事实，有证人证言、书证、鉴定结论证实，被告人也供认不讳"这样的套话。证言，谁的证言，内容是什么？书证，是什么书证，内容是什么？鉴定结论，谁作出的，内容是什么？一概没有。法官的认证、采信证据在裁判文书中体现不出来。二是不说理或者说理不充分，理由部分没理由，只引用法条，不阐明适用法律的道理。因此，说服力也就不大。而裁判文书最精彩的是理由部分，最能体现一个法官的水平。因此，执行修订后的文书样式，改革诉讼文书的制作，要抓住重点，即在加大对证据的分析、认证和增强裁判的说理性这两个问题上下功夫。

现将样式样本印发给你们（另发），望组织审判人员学习，认真贯彻执行。为此，特作如下通知：

一、要把裁判文书的改革同目前正在全国法院系统开展的"审判质量年"、"争创人民满意的好法院，争当人民满意的好法官"的活动有机地结合起来。提高裁判文书质量是提高审判工作质量的一个重要内容。各级法院要把诉讼文书特别是裁判文书质量列为审判工作质量的重要内容，把制作裁判文书列为考察法官审判工作能力的重要标准，抓实抓好，从而推动"审判质量年"和"争创人民满意的好法院，争当人民满意的好法官"活动的深入开展。

二、组织学习，加强培训。各级法院要组织广大法官认真学习肖扬院长和祝铭山副院长在去年底召开的全国高级法院院长会议上的讲话，以提高改革裁判文书制作的自觉性；认真学习修订的文书样式及其说明，以提高裁判文书的制作水平。在拟定的 164 种文书样式中，有 53 种是根据修改后的刑事诉讼法、刑法和有关司法解释的规定新增加的；其他文书样式大多在原有样式的基础上作了不同程度的修改和补充，并对每一种文书的制作提出了要求。在学习时，要注意总结执行试行样式以来的经验。为便于在审判实践中学习和适用，最高法院已将修订文书样式印成小册子，供从事刑事审判工作的法官学习、工作之用。

在组织法官学习的同时，各级法院要加强对法官的培训。长期以来，我们没有将制作诉讼文书列入培训内容，因而是一个薄弱的环节。为了提高法院队伍的整体素质，最高法院决定将用三年时间，把全国中级以上人民法院正副院长、正副庭长轮训一遍，各高级法院也要抓紧轮训基层人民法院和人民法庭的法官。同时，要举办诉讼文书培训班，由最高法院和各高级法院分级承担培训任务。国家法官学院负责培训高级法院和解放军军事法院，省会城市和计划单列市中级法院主管院长、刑庭和告申庭正副庭长以及业大的教师；高级法院和业大分校（或者法官培训中心）负责组织对本院和下级法院法官、教师的培训；有条件的中级法院也可以主办诉讼文书培训班。

三、为了及时总结、探讨制作裁判文书的经验，各地可以通过举办诉讼文书研讨会、评比会等形式，进行交流。最高法院准备在今年 11 月举行刑事裁判文书改革研讨会，希望各地做好准备，并推荐一批优秀的刑事裁判文书。最高法院准备公开出版《优秀刑事裁判文书实例选》，以推动裁判文书改革的发展。

四、《法院刑事诉讼文书样式》（样本）自 1999 年 7 月 1 日起施行。我院办公厅于 1992 年 6 月 20 日下发的《法院诉讼文书样式（试行）》中的刑事部分同时废止。各地在执行过程中有何意见，望及时报告我院。

一、裁判文书类①

1. 刑事判决书（一审公诉案件适用普通程序用）

×××人民法院
刑事判决书
（一审公诉案件适用普通程序用）

（××××）……刑初……号②

公诉机关×××人民检察院。

被告人……（写明姓名、性别、出生年月日、民族、出生地、文化程度、职业或者工作单位和职务、住址和因本案所受强制措施情况等，现羁押处所）。

辩护人……（写明姓名、工作单位和职务）。

×××人民检察院以×检×诉〔　　〕××号起诉书指控被告人×××犯××罪，于××××年××月××日向本院提起公诉。本院依法组成合议庭，公开（或者不公开）开庭审理了本案。×××人民检察院指派检察员×××出庭支持公诉，被害人×××及其法定代理人×××、诉讼代理人×××，被告人×××及其法定代理人×××、辩护人×××，证人×××，鉴定人×××，翻译人员×××等到庭参加诉讼。现已审

---

① 本部分收录的刑事诉讼文书样式及其说明根据《最高人民法院关于印发〈法院刑事诉讼文书样式〉（样本）的通知》进行了整理，选取了其中适用性较强的文书样式，对与现行法律、司法解释不相一致的地方进行了删减，供读者参考。

② 本书对各文书案号的样式根据《最高人民法院关于人民法院案件案号的若干规定》（2018年修改版）进行了一定加工，仅供读者参考。根据《最高人民法院关于人民法院案件案号的若干规定》（2018年修改版）第三条第一款的规定，案号各基本要素的编排规格为："（"+收案年度+"）"+法院代字+专门审判代字+类型代字+案件编号+"号"，相关问题下文不再赘述。

理终结。

×××人民检察院指控……（概述人民检察院指控被告人犯罪的事实、证据和适用法律的意见）。

被告人×××辩称……（概述被告人对指控的犯罪事实予以供述、辩解、自行辩护的意见和有关证据）。辩护人×××提出的辩护意见是……（概述辩护人的辩护意见和有关证据）。

经审理查明，……（首先写明经庭审查明的事实；其次写明经举证、质证定案的证据及其来源；最后对控辩双方有异议的事实、证据进行分析、认证）。

本院认为，……（根据查证属实的事实、证据和有关法律规定，论证公诉机关指控的犯罪是否成立，被告人的行为是否构成犯罪，犯的什么罪，应否从轻、减轻、免除处罚或者从重处罚。对于控辩双方关于适用法律方面的意见，应当有分析地表示是否予以采纳，并阐明理由）。依照……（写明判决的法律依据）的规定，判决如下：

……［写明判决结果。分三种情况：

第一，定罪判刑的，表述为：

"一、被告人×××犯××罪，判处……（写明主刑、附加刑）。（刑期从判决执行之日起计算。判决执行以前先行羁押的，羁押一日折抵刑期一日，即自××××年××月××日起至××××年××月××日止）。

二、被告人×××……（写明决定追缴、退赔或者发还被害人、没收财物的名称、种类和数额）。"

第二，定罪免刑的，表述为：

"被告人×××犯××罪，免予刑事处罚（如有追缴、退赔或者没收财物的，续写第二项）。"

第三，宣告无罪的，无论是适用《中华人民共和国刑事诉讼法》第一百六十二条第（二）项还是第（三）项，均应表述为：

"被告人×××无罪"。］

如不服本判决，可在接到判决书的第二日起十日内，通过本院或者直接向×××人民法院提出上诉。书面上诉的，应当提交上诉状正本一份，副×份。

审　判　长　×××

审　判　员　×××

$$审\quad判\quad员\quad \times\times\times$$

（院印）

×××× 年 ×× 月 ×× 日

本件与原本核对无异

书　记　员　×××

【说　明】①

一、本样式根据《中华人民共和国刑事诉讼法》第一百八十五条、第二百条的规定制订，供第一审人民法院对于公诉案件按照第一审普通程序审理终结后，根据已经查明的事实、证据，依据有关法律规定，作出被告人有罪或者无罪，犯的什么罪，判处什么刑罚或者免除处罚，或者宣告无罪等处理决定时使用。

二、本判决书样式由首部、事实、理由、判决结果和尾部五个部分组成。

（一）首部

1. 法院名称，一般应与院印的文字一致，但是基层人民法院的名称前应冠以省、自治区、直辖市的名称；判处涉外案件时，各级人民法院均应冠以"中华人民共和国"的国名。

2. 案号，由立案年度、制作法院、案件性质、审判程序的代字和案件的顺序号组成。如四川省成都市金牛区人民法院 1998 年立案的第 18 号刑事案件，表述为"（1998）金刑初字第 18 号"。案号写在文书名称下一行的右端，其最末一字与下面的正文右端各行看齐。案号上下各空一行。

3. 公诉机关，直接写"公诉机关×××人民检察院"。在"公诉机关"与"×××人民检察院"之间不用标点符号，也不用空格。

4. 被害人和法定代理人、诉讼代理人出庭参加诉讼的，在审判经过段的"出庭人员"中写明（未出庭的不写）。

5. 被告人的基本情况有变化时，应在样式要求的基础上，根据不同情况作相应改动：

（1）被告人如有与案情有关的别名、化名，应在其姓名后面用括号加以注明。

---

① 本书根据现行有效的法律、司法解释对《法院刑事诉讼文书样式》（样本）中文书样式的说明所依据的法律、司法解释条文进行了更新，供读者参考。

（2）被告人的职业，一般应写工人、农民、个体工商户，等等；如有工作单位的，应写明其工作单位和职务。

（3）被告人的"出生年月日"，应写被告人准确的出生年月日；确实查不清出生年月日的，也可以写年龄。但对于未成年被告人，必须写出生年月日。

（4）被告人曾受过刑事处罚、行政处罚、劳动教养，或者在限制人身自由期间有逃跑等法定或者酌定从重处罚情节的，应当写明其事由和时间。

（5）因本案所受强制措施情况，应写明被拘留、逮捕等羁押时间，以便于折抵刑期。

（6）被告人项内书写的各种情况之间，一般可用逗号隔开；如果某项内容较多，可视行文需要，另行采用分号或者句号。

（7）被告人的住址应写住所所在地；住所所在地和经常居住地不一致的，写经常居住地。

（8）同案被告人有二人以上的，按主从关系的顺序列项书写。

（9）被告人是外国人的，应在其中文译名后用括号写明其外文姓名、护照号码、国籍。

6. 被告人是未成年人的，应当在写明被告人基本情况之后，另行续写法定代理人的姓名、与被告人的关系、工作单位和职务以及住址。

7. 辩护人是律师的，只写姓名、工作单位和职务，即"辩护人×××，×××律师事务所律师"；辩护人是人民团体或者被告人所在单位推荐的，只写姓名、工作单位和职务；辩护人是被告人的监护人、亲友的，还应写明其与被告人的关系；辩护人如果是人民法院指定的，写为"指定辩护人"，并在审判经过段中作相应的改动。同案被告人有二人以上并各有辩护人的，分别在各被告人项的下一行列项书写辩护人的情况。

8. 案件的由来和审判经过段中检察院的起诉日期为法院签收起诉书等材料的日期；出庭的被告人、辩护人有多人的，可以概写为"上列被告人及其辩护人"；出庭支持公诉的如系检察长、副检察长、助理检察员的，分别表述为"检察长"、"副检察长"、"代理检察员"。

9. 对于前案依据刑事诉讼法第二百条第（三）项规定作出无罪判决，人民检察院又起诉的，原判决不予撤销，但应在案件审判经过段"×××人民检察院以×检×诉〔 　 〕××号起诉书"一句前，增写"被告人×××曾于××××年××月××日被×××人民检察院以×××罪向×××人民法院提起公诉。因证据不足，指控的犯罪不能成立，被×××人民法院依法判决宣告无罪。"

10. 对于经第二审人民法院发回重审的案件，原审法院重审以后，在制作判决书时，在"开庭审理了本案"一句之后，增写以下内容："于××××年××月××日作出（××××）×刑初字第××号刑事判决，被告人×××提出上诉（或者×××人民检察院提出抗诉）。×××人民法院于××××年××月××日作出（××××）×刑终字第××号刑事裁定，撤销原判，发回重审。本院依法另行组成合议庭，公开（或者不公开）开庭审理了本案。"

（二）事实

事实是判决的基础，是判决理由和判决结果的根据。制作判决书，首先要把事实叙述清楚。书写判决事实时，应当注意以下几点：

1. 按照样式规定，事实部分包括四个方面的内容：人民检察院指控被告人犯罪的事实和证据；被告人的供述、辩解和辩护人的辩护意见；经法庭审理查明的事实和据以定案的证据，并分四个自然段书写，以充分体现控辩式的审理方式。

2. 叙述事实时，应当写明案件发生的时间、地点，被告人的动机、目的、手段，实施行为的过程、危害结果和被告人在案发后的表现等内容，并以是否具备犯罪构成要件为重点，兼叙影响定性处理的各种情节。依法公开审理的案件，案件事实未经法庭公开调查的，不能认定。

3. 叙述事实要层次清楚，重点突出。一般按时间先后顺序叙述；一人犯数罪的，应当按罪行主次的顺序叙述；一般共同犯罪案件，应当以主犯为主线进行叙述；集团犯罪案件，可以先综述集团的形成和共同的犯罪行为，再按首要分子、主犯、从犯、胁从犯或者罪重、罪轻的顺序分别叙述各个被告人的犯罪事实。

4. 认定事实的证据必须做到：（1）依法公开审理的案件，除无需举证的事实外，证明案件事实的证据必须经法庭公开举证、质证，才能认证；未经法庭公开举证、质证的，不能认证。（2）特别要注意通过对证据的具体分析、认证来证明判决所确认的犯罪事实。防止并杜绝用"以上事实，证据充分，被告也供认不讳，足以认定"的抽象、笼统的说法或者用简单的罗列证据的方法，来代替对证据的具体分析、认证。法官认证和采信证据的过程应当在判决书中充分体现出来。（3）证据要尽可能写得明确、具体。证据的写法，应当因案而异。案情简单或者控辩双方没有异议的，可以集中表述；案情复杂或者控辩双方有异议的，应当进行分析、认证；一人犯数罪或者共同犯罪案件，还可以分项或者逐人逐罪叙述证据或者对证据进行分析、认证。对控辩双方没有争议的证据，在控辩主张中可不予叙述，而只在"经审理查明"的证据部分具体表述，以避免不必要的重复。

5. 叙述证据时，应当注意保守国家秘密，保护报案人、控告人、举报人、被害人、证人的安全和名誉。

（三）理由

理由是判决的灵魂，是将犯罪事实和判决结果有机联系在一起的纽带。其核心内容是针对案情特点，运用法律规定、政策精神和犯罪构成理论，阐述公诉机关的指控是否成立，被告人的行为是否构成犯罪，犯的什么罪，依法应当如何处理，为判决结果打下基础。书写判决理由时，应当注意以下几点：

1. 理由的论述一定要有针对性，有个性。要注意结合具体案情，充分摆事实、讲道理。说理力求透彻，逻辑严密，无懈可击，使理由具有较强的思想性和说服力。防止理由部分不说理或者说理不充分，只引用法律条文，不阐明适用法律的道理；切忌说空话、套话，理由千篇一律，只有共性，没有个性。尽量使用法律术语，并注意语言精炼。

2. 确定罪名，应当以刑法和《最高人民法院关于执行〈中华人民共和国刑法〉确定罪名的规定》为依据。一人犯数罪的，一般先定重罪，后定轻罪；共同犯罪案件，应在分清各被告人在共同犯罪中的地位、作用和刑事责任的前提下，依次确定首要分子、主犯、从犯或者胁从犯、教唆犯的罪名。

3. 如果被告人具有从轻、减轻、免除处罚或者从重处罚等一种或者数种情节的，应当分别或者综合予以认定。

4. 对控辩双方适用法律方面的意见应当有分析地表明是否予以采纳，并阐明理由。

5. 判决的法律依据，根据《最高人民法院关于司法解释工作的若干规定》，应当包括司法解释在内。在引用法律条文时，应当注意：

（1）要准确、完整、具体。准确，就是要恰如其分地符合判决结果；完整，就是要把据以定性处理的法律规定和司法解释全部引用；具体，就是要引出法律依据条文外延最小的规定，即凡条下分款分项的，应写明第几条第几款第几项；有的条文只分项不分款的，则写明第几条第几项。

（2）要有一定的条理和顺序。一份裁判文书应当引用两条以上的法律条文的，应当先引用有关定罪与确定量刑幅度的条文，后引用从轻、减轻、免除处罚或者从重处罚的条文；判决结果既有主刑，又有附加刑内容的，应当先引用适用主刑的条文，后引用适用附加刑的条文；某种犯罪需要援引其他条款的法定刑处罚（即援引法定刑）的，应当先引用本条条文，再按本条的规定，引用相应的他罪条文；一人犯数罪的，应当逐罪引用法律条文；共同犯罪的，既可集中引用有关的法律条文，也可逐人逐罪引用有关的法律条文。

（3）引用的法律依据中，既有法律规定又有司法解释规定的，应当先引用法律规定，再引用相关的司法解释；同时适用修订前后刑法的，对修订前的刑法，称"1979 年《中华人民共和国刑法》"；对修订后的刑法，称"《中华人民共和国刑法》"。

（四）判决结果

判决结果（又称"主文"）是依照有关法律的具体规定，对被告人作出的定性处理的结论，应当字斟句酌，认真推敲。书写判决结果时，应当注意以下几点：

1. 判处的各种刑罚，应按法律规定写明全称。既不能随意简化，如将"判处死刑，缓期二年执行"的，简写为判处"死缓"；也不能"画蛇添足"，如将宣告缓刑的，写为"判处有期徒刑×年，缓期×年执行"。

2. 有期徒刑的刑罚应当写明刑种、刑期和主刑的折抵办法以及起止时间。本样式系按判处有期徒刑、拘役的模式设计起止时间的。如系判处死刑缓期二年执行的，起止时间表述为："死刑缓期二年执行的期间，从高级人民法院核准之日起计算"；如系判处管制的，表述为："刑期从判决执行之日起计算；判决执行以前先行羁押的，羁押一日折抵刑期二日，即自××××年××月××日起至××××年××月××日止"。

3. 关于对三类特殊案件判决结果的表述。根据《最高人民法院关于适用〈中华人民共和国刑事诉讼法〉的解释》第二百四十一条第一款第（六）、（七）项的规定，对被告人因不满 16 周岁不予刑事处罚和被告人是精神病人，在不能辨认或者不能控制自己行为的时候造成危害结果不予刑事处罚的，均应当在判决结果中宣告"被告人×××不负刑事责任"。依照本条第（九）项的规定，对被告人死亡的案件，根据已查明的案件事实和认定的证据材料，能够确认被告人无罪的，应当在判决结果中宣告"被告人×××无罪"。

4. 适用《中华人民共和国刑事诉讼法》第二百条第（三）项规定宣告被告人无罪的，应当将"证据不足，×××人民检察院指控的犯罪不能成立"，作为判决的理由，而不应当作为判决的主文。

5. 追缴、退赔和发还被害人、没收的财物，应当写明其名称、种类和数额。财物多、种类杂的，可以在判决结果中概括表述，另列清单，作为判决书的附件。

6. 数罪并罚的，应当分别定罪量刑（包括主刑和附加刑），然后按照刑法关于数罪并罚的原则，决定执行的刑罚，切忌综合（即"估堆"）量刑。

7. 一案多人的，应当以罪责的主次或者判处刑罚的轻重为顺序，逐人分项定罪判处。

（五）尾部

1. 如果适用《中华人民共和国刑法》第六十三条第二款的规定在法定刑以下判处刑罚的，应当在交待上诉权之后，另起一行写明："本判决依法报请最高人民法院核准后生效"。

2. 判决书的尾部应当由参加审判案件的合议庭组成人员或者独任审判员署名。合议庭成员有陪审员的，署名为"人民陪审员"；合议庭成员有助理审判员的，署名为"代理审判员"；助理审判员担任合议庭审判长的，与审判员担任合议庭审判长一样，署名为"审判长"；院长（副院长）或者庭长（副庭长）参加合议庭的，应当担任审判长，均署名为"审判长"。

3. 判决书尾部的年月日，为作出判决的日期。当庭宣判的，应当写当庭宣判的日期；定期或者委托宣判的，应当写签发判决书的日期（裁定书亦同）。当庭宣告判决的，其不服判决的上诉和抗诉的期限，仍应当从接到判决书的第二日起计算。

4. 判决书原本上不写"本件与原本核对无异"。此句文字应制成专用印戳，由书记员将正本与原本核对无异之后，加盖在正本末页的年月日的左下方、书记员署名的左上方。

三、本说明可供制作其他刑事诉讼文书时参阅。

【法律依据】

1. **《中华人民共和国刑法》**（2020 年 12 月 26 日）

第六十三条第二款 犯罪分子虽然不具有本法规定的减轻处罚情节，但是根据案件的特殊情况，经最高人民法院核准，也可以在法定刑以下判处刑罚。

2. **《中华人民共和国刑事诉讼法》**（2018 年 10 月 26 日）

第一百八十五条 合议庭开庭审理并且评议后，应当作出判决。对于疑难、复杂、重大的案件，合议庭认为难以作出决定的，由合议庭提请院长决定提交审判委员会讨论决定。审判委员会的决定，合议庭应当执行。

第二百条 在被告人最后陈述后，审判长宣布休庭，合议庭进行评议，根据已经查明的事实、证据和有关的法律规定，分别作出以下判决：

（一）案件事实清楚，证据确实、充分，依据法律认定被告人有罪的，应当作出有罪判决；

（二）依据法律认定被告人无罪的，应当作出无罪判决；

（三）证据不足，不能认定被告人有罪的，应当作出证据不足、指控的犯罪不能成立的无罪判决。

3.《最高人民法院关于适用〈中华人民共和国刑事诉讼法〉的解释》（2021 年 1 月 26 日）

第二百九十五条 对第一审公诉案件，人民法院审理后，应当按照下列情形分别作出判决、裁定：

（一）起诉指控的事实清楚，证据确实、充分，依据法律认定指控被告人的罪名成立的，应当作出有罪判决；

（二）起诉指控的事实清楚，证据确实、充分，但指控的罪名不当的，应当依据法律和审理认定的事实作出有罪判决；

（三）案件事实清楚，证据确实、充分，依据法律认定被告人无罪的，应当判决宣告被告人无罪；

（四）证据不足，不能认定被告人有罪的，应当以证据不足、指控的犯罪不能成立，判决宣告被告人无罪；

（五）案件部分事实清楚，证据确实、充分的，应当作出有罪或者无罪的判决；对事实不清、证据不足部分，不予认定；

（六）被告人因未达到刑事责任年龄，不予刑事处罚的，应当判决宣告被告人不负刑事责任；

（七）被告人是精神病人，在不能辨认或者不能控制自己行为时造成危害结果，不予刑事处罚的，应当判决宣告被告人不负刑事责任；被告人符合强制医疗条件的，应当依照本解释第二十六章的规定进行审理并作出判决；

（八）犯罪已过追诉时效期限且不是必须追诉，或者经特赦令免除刑罚的，应当裁定终止审理；

（九）属于告诉才处理的案件，应当裁定终止审理，并告知被害人有权提起自诉；

（十）被告人死亡的，应当裁定终止审理；但有证据证明被告人无罪，经缺席审理确认无罪的，应当判决宣告被告人无罪。

对涉案财物，人民法院应当根据审理查明的情况，依照本解释第十八章的规定作出处理。

具有第一款第二项规定情形的，人民法院应当在判决前听取控辩双方的意见，保障被告人、辩护人充分行使辩护权。必要时，可以再次开庭，组织控辩双方围绕被告人的行为构成何罪及如何量刑进行辩论。

2. 刑事判决书（一审单位犯罪案件用）

×××人民法院
刑事判决书

（一审单位犯罪案件用）

（××××）……刑初……号

公诉机关×××人民检察院。

被告单位……（写明单位名称、住所地）

诉讼代表人……（写明姓名、工作单位和职务）。

辩护人……（写明姓名、工作单位和职务）。

被告人……（写明直接负责的主管人员、其他直接责任人员的姓名、性别、出生年月日、民族、出生地、文化程度、职业或者工作单位和职务、住址以及因本案所受强制措施情况等，现羁押处所）。

辩护人……（写明姓名、工作单位和职务）。

×××人民检察院以×检×诉〔 〕××号起诉书指控被告单位×××犯××罪，被告人×××犯××罪，于××××年××月××日向本院提起公诉。本院依法组成合议庭，公开（或者不公开）开庭审理了本案。×××人民检察院指派检察员×××出庭支持公诉，被害人×××及其法定代理人×××、诉讼代理人×××，被告单位的诉讼代表人×××及其辩护人×××，证人×××，被告人×××及其辩护人×××，证人×××，鉴定人×××，翻译人员×××等到庭参加诉讼。现已审理终结。

×××人民检察院指控……（概述人民检察院指控被告单位和被告人犯罪的事实、证据和适用法律的意见）。

被告单位×××辩称……（概述被告单位对指控的犯罪事实予以供述、辩解、自行辩护的意见和有关证据）。辩护人×××提出的辩护意见是……（概述辩护人的辩护意见和有关证据）。

被告人×××辩称……（概述被告人对指控的犯罪事实予以供述、辩解、自行辩护的意见和有关证据）。辩护人×××提出的辩护意见是……（概述辩护人的辩护意见和主要证据)。

经审理查明，……（首先写明经法庭审理查明的有关被告单位犯罪的事实和被告人犯罪的事实；其次写明据以定案的证据及其来源；最后对控辩双方有异议的事实、证据进行分析、认证）。

本院认为，……（根据查证属实的事实、证据和法律规定，论证公诉机关指控的单位犯罪是否成立，被告单位及其直接负责的主管人员、其他直接责任人员的行为是否构成犯罪，犯的什么罪，应否实行"双罚制"，应否从轻、减轻、免除处罚或者从重处罚。对于控辩双方关于适用法律方面的意见，应当有分析地表示是否予以采纳，并阐明理由）。依照……（写明判决的法律依据）的规定，判决如下：

……［写明判决结果。分三种情况：

第一，定罪判刑的，表述为：

"一、被告单位×××犯××罪，判处罚金×××元，……（写明缴纳期限）；

二、被告人×××犯××罪，判处……（写明主刑、附加刑）。（刑期从判决执行之日起计算。判决执行以前先行羁押的，羁押一日折抵刑期一日，即自××××年××月××日起至××××年××月××日止）。

（如有追缴、退赔或者发还被害人、没收财物的，应在以上各项之后续项写明）。"

第二，定罪免刑的，表述为：

"一、被告单位×××犯××罪，免予刑事处罚；

二、被告人×××犯××罪，免予刑事处罚。

（如有追缴、退赔或者发还被害人、没收财物的，应在以上各项之后续项写明）。"

第三，宣告无罪的，无论是适用《中华人民共和国刑事诉讼法》第一百六十二条第（二）项还是第（三）项，均应表述为：

"一、被告单位×××无罪；

二、被告人×××无罪。"］

如不服本判决，可在接到判决书的第二日起十日内，通过本院或者直接向×××人民法院提出上诉。书面上诉的，应当提交上诉状正本一份，副本×份。

审　判　长　×××

审　判　员　×××

审　判　员　×××

（院印）

××××年××月××日

本件与原本核对无异

书　记　员　×××

【说　明】

一、本样式根据《中华人民共和国刑法》第三十条、第三十一条和《最高人民法院关于适用〈中华人民共和国刑事诉讼法〉的解释》中有关"单位犯罪案件的审理程序"的规定制订，供第一审人民法院对于实行"双罚制的"单位犯罪的公诉案件，按照第一审普通程序审理终结后，根据已经查明的事实、证据，依据有关法律规定，作出被告单位和被告人有罪或者无罪，犯的什么罪，判处什么刑罚或者免除处罚，或者宣告无罪等处理决定时使用。对于刑法规定只实行"单罚制"的单位犯罪，即单位犯罪只处罚直接负责的主管人员和其他直接责任人员的案件，不适用本样式。

二、本判决书样式由首部、事实、理由、判决结果和尾部五个部分组成。与"一审公诉案件适用普通程序用"的刑事判决书样式相比较，按本样式制作判决书时应当注意以下几点：

（一）首部

1. 由于立法规定对单位犯罪实行"双罚制"，因此，本样式"被告单位"项下还需列"诉讼代表人"。作为单位犯罪的直接负责的主管人员和其他直接责任人员的"被告人"的基本情况，与其他自然人犯罪的"被告人"项的内容相同，但要突出其在所在单位的任职情况，以表明其行为与职务有关。

2. 诉讼代表人，应是代表被告单位出庭参加诉讼的单位的法定代表人或者主要负责人。法定代表人或者主要负责人被指控为单位犯罪中直接负责的主管人员的，应当由单位的其他负责人作为被告单位的诉讼代表人出庭参加诉讼。被告单位的诉讼代表人与被指控为单位犯罪直接负责的主管人员是同一人的，人民法院应当要求人民检察院另行确定被告单位的诉讼代表人出庭参加诉讼。

3. 人民法院审理单位犯罪案件，被告单位被注销或者宣告破产，但单位犯罪中直接负责的主管人员和其他直接责任人员应当负刑事责任的，仍应在首部写明被告单位的基本情况，并增加其被注销或者被宣告破产的内容，然后再写明其他被告人的基本情况。

（二）事实

1. 本样式事实部分"经审理查明"的内容是按被告单位和被告人的行为均已构成犯罪的模式设计的；如果条件变化，即如果被告人的行为不构成犯罪时，则应作相应的改动。

2. 对"经审理查明"的犯罪事实的叙述，按照单位犯罪的具体情况，既可一并叙述，也可分别叙述，但对于"直接负责的主管人员和其他直接责任人员"，除对单位犯罪应承担罪责外，还有其他犯罪事实的，则应单独列项表述。

（三）理由

在论证被告人的行为已经构成犯罪的情况下，要根据刑法总则和分则条文的具体规定，对本案是否构成单位犯罪和实行"双罚制"进行重点阐述。

（四）判决结果

1. 本样式是按照单位犯罪的"单位"和"直接负责的主管人员和其他直接责任人员"均定罪判刑、定罪免刑或者宣告无罪设计的。如果条件变化，如有的定罪判刑，有的定罪免刑，或者有的定罪判刑（免刑），有的宣告无罪等，则应作相应改动。但按照对单位犯罪实行"双罚制"原则，对单位不构成犯罪的，对直接负责的主管人员或者其他直接责任人员也不得以犯罪论处，除非这些人员还单独犯有其他罪行。

2. 对单位被注销或者宣告破产，但单位犯罪中直接负责的主管人员和其他直接责任人员应当负刑事责任而继续审理的，判决结果的第一项写为"对被告单位终止审理"，并在理由部分阐明终止审理的理由；第二项写为对被告人（直接负责的主管人员和其他直接责任人员）作出的判决，即定罪处刑的意见。

三、对于单位犯罪案件中有附带民事诉讼内容的，除文书名称改为"刑事附带民事判决书"外，其他相关部分均应作相应的修改或者补充。

四、按本样式制作判决书时，应当注意参阅一审公诉案件适用普通程序用的刑事判决书样式及其说明。

【法律依据】

1. **《中华人民共和国刑法》**（2020 年 12 月 26 日）

第三十条 公司、企业、事业单位、机关、团体实施的危害社会的行为，法律规定为单位犯罪的，应当负刑事责任。

第三十一条 单位犯罪的，对单位判处罚金，并对其直接负责的主管人员和其他直接责任人员判处刑罚。本法分则和其他法律另有规定的，依照规定。

2. **《最高人民法院关于适用〈中华人民共和国刑事诉讼法〉的解释》**（2021 年 1 月 26 日）

第三百三十五条 人民法院受理单位犯罪案件，除依照本解释第二百一十八条的有关规定进行审查外，还应当审查起诉书是否列明被告单位的名称、住所地、联系方式，法定代表人、实际控制人、主要负责人以及代表被告单位出庭的诉讼代表人的姓名、职务、联系方式。需要人民检察院补充材料的，应当通知人民检察院在三日以内补送。

第三百三十六条 被告单位的诉讼代表人，应当是法定代表人、实际控制人或者主要负责人；法定代表人、实际控制人或者主要负责人被指控为单位犯罪直接责任人员或者因客观原因无法出庭的，应当由被告单位委托其他负责人或者职工作为诉讼代表人。但是，有关人员被指控为单位犯罪直接责任人员或者知道案件情况、负有作证义务的除外。

依据前款规定难以确定诉讼代表人的，可以由被告单位委托律师等单位以外的人员作为诉讼代表人。

诉讼代表人不得同时担任被告单位或者被指控为单位犯罪直接责任人员的有关人员的辩护人。

第三百三十七条 开庭审理单位犯罪案件，应当通知被告单位的诉讼代表人出庭；诉讼代表人不符合前条规定的，应当要求人民检察院另行确定。

被告单位的诉讼代表人不出庭的，应当按照下列情形分别处理：

（一）诉讼代表人系被告单位的法定代表人、实际控制人或者主要负责人，无正当理由拒不出庭的，可以拘传其到庭；因客观原因无法出庭，或者下落不明的，应当要求人民检察院另行确定诉讼代表人；

（二）诉讼代表人系其他人员的，应当要求人民检察院另行确定诉讼代表人。

第三百三十八条 被告单位的诉讼代表人享有刑事诉讼法规定的有关被告人的诉讼权利。开庭时，诉讼代表人席位置于审判台前左侧，与辩护人席并列。

第三百三十九条 被告单位委托辩护人的，参照适用本解释的有关规定。

第三百四十条 对应当认定为单位犯罪的案件，人民检察院只作为自然人犯罪起诉的，人民法院应当建议人民检察院对犯罪单位追加起诉。人民检察院仍以自然人犯罪起诉的，人民法院应当依法审理，按照单位犯罪直接负责的主管人员或者其他直接责任人员追究刑事责任，并援引刑法分则关于追究单位犯罪中直接负责的主管人员和其他直接责任人员刑事责任的条款。

第三百四十一条 被告单位的违法所得及其他涉案财物，尚未被依法追缴或者查封、扣押、冻结的，人民法院应当决定追缴或者查封、扣押、冻结。

第三百四十二条 为保证判决的执行，人民法院可以先行查封、扣押、冻结被告单位的财产，或者由被告单位提出担保。

第三百四十三条 采取查封、扣押、冻结等措施，应当严格依照法定程序进行，最大限度降低对被告单位正常生产经营活动的影响。

第三百四十四条 审判期间，被告单位被吊销营业执照、宣告破产但尚未完成清算、注销登记的，应当继续审理；被告单位被撤销、注销的，对单位犯罪直接负责的主管人员和其他直接责任人员应当继续审理。

第三百四十五条 审判期间，被告单位合并、分立的，应当将原单位列为被告单位，并注明合并、分立情况。对被告单位所判处的罚金以其在新单位的财产及收益为限。

第三百四十六条 审理单位犯罪案件，本章没有规定的，参照适用本解释的有关规定。

3. 刑事附带民事判决书（一审公诉案件适用普通程序用）

×××人民法院
刑事附带民事判决书

（一审公诉案件适用普通程序用）

（××××）……刑初……号

公诉机关×××人民检察院。

附带民事诉讼原告人……（写明姓名、性别、出生年月日、民族、出生地、文化程度、职业或者工作单位和职务、住址等）。

被告人……（写明姓名、性别、出生年月日、民族、出生地、文化程度、职业或者工作单位和职务、住址、因本案所受强制措施情况等，现羁押处所）。

辩护人……（写明姓名、工作单位和职务）。

×××人民检察院以×检×诉〔   〕××号起诉书指控被告人×××犯××罪，于××××年××月××日向本院提起公诉。在诉讼过程中，附带民事诉讼原告人向本院提起附带民事诉讼。本院依法组成合议庭，公开（或者不公开）开庭进行了合并审理。×××人民检察院指派检察员×××出庭支持公诉，附带民事诉讼原告人×××及其法定（诉讼）代理人×××，被告人×××及其法定代理人×××、辩护人×××，证人×××，鉴定人×××，翻译人员×××等到庭参加诉讼。现已审理终结。

×××人民检察院指控……（概述人民检察院指控被告人犯罪的事实、证据和适用法律的意见）。附带民事诉讼原告人诉称……（概述附带民事诉讼原告人的诉讼请求和有关证据）。

被告人×××辩称……（概述被告人对人民检察院指控的犯罪事实和附带民事诉讼原告人的诉讼请求予以供述、辩解、自行辩护的意见和有关证据）。辩护人×××提出的辩护意见是……（概述辩护人的辩护意见和有关证据）。

经审理查明，……（首先写明经法庭审理查明的事实，既要写明经法庭查明的全部犯罪事实，又要写明由于被告人的犯罪行为使被害人遭受经济损失的事实；其次写明据以定案的证据及其来源；最后对控辩双方有异议的事实、证据进行分析、认证）。

本院认为，……（根据查证属实的事实、证据和法律规定，论证公诉机关指控的犯罪是否成立，被告人的行为是否构成犯罪，犯的什么罪，应否追究刑事责任；论证被害人是否由于被告人的犯罪行为而遭受经济损失，被告人对被害人的经济损失应否负民事赔偿责任；应否从轻、减轻、免除处罚或者从重处罚。对于控辩双方关于适用法律方面的意见，应当有分析地表示是否予以采纳，并阐明理由）。依照……（写明判决的法律依据）的规定，判决如下：

……［写明判决结果。分四种情况：

第一，定罪判刑并应当赔偿经济损失的，表述为：

"一、被告人×××犯××罪，……（写明主刑、附加刑）。（刑期从判决执行之日起计算。判决执行以前先行羁押的，羁押一日折抵刑期一日，即自××××年××月××日起至××××年××月××日止）。

二、被告人×××赔偿附带民事诉讼原告人×××……（写明受偿人的姓名、赔偿的金额和支付的日期）。"

第二，定罪免刑并应当赔偿经济损失的，表述为：

"一、被告人×××犯××罪，免予刑事处罚；

二、被告人×××赔偿附带民事诉讼原告人×××……（写明受偿人的姓名、赔偿的金额和支付的日期）。"

第三，宣告无罪但应当赔偿经济损失的，表述为：

"一、被告人×××无罪；

二、被告人×××赔偿附带民事诉讼原告人×××……（写明受偿人的姓名、赔偿的金额和支付的日期）。"

第四，宣告无罪且不赔偿经济损失的，表述为：

"一、被告人×××无罪；

二、被告人×××不承担民事赔偿责任。"］

如不服本判决，可在接到判决书的第二日起十日内，通过本院或者直接向×××人民法院提出上诉。书面上诉的，应当提交上诉状正本一份，副本×份。

审　判　长　×××

审　判　员　×××

审　判　员　×××

（院印）

××××年××月××日

本件与原本核对无异

书　记　员　×××

【说　明】

一、本样式根据《中华人民共和国刑法》第三十六条第一款、《中华人民共和国刑事诉讼法》第一百零一条和《最高人民法院关于适用〈中华人民共和国刑事诉讼法〉的解释》中有关附带民事诉讼的规定制订，供第一审人民法院审理公诉案件过程中，在确定被告人是否承担刑事责任的同时，附带解决被告人对于被害人所遭受的物质损失（即经济损失）是否承担民事赔偿责任时使用。

二、附带民事诉讼如系被害人提起的，应在"附带民事诉讼原告人"项内的"单位和职务、住址"之后，续写"系本案被害人"；如果被害人是无行为能力或者限制行为能力的人，应当在第一项"附带民事诉讼原告人×××"之后，列第二项"法定代理人×××"，并注明其与被害人的关系；如果被害人已经死亡，经更换当事人，由他的近亲属提起附带民事诉讼的，应当将其近亲属列为"附带民事诉讼原告人×××"，并注明其与死者的关系。

三、附带民事诉讼如系公诉机关提起的，本样式应作如下改动：

（一）删去首部的"附带民事诉讼原告人"项；

（二）将案件审判经过段的"犯×××罪……提起附带民事诉讼"，改为"犯×××罪，同时致使……（写明受损失单位的名称或者被害人的姓名）遭受经济损失一案，向本院提起刑事附带民事诉讼"；并将"附带民事诉讼原告人×××"从到庭参加诉讼的人员中删去。

（三）在控方指控项中增加有关附带民事诉讼的意见，并把"概述附带民事诉讼原告人的诉讼请求和有关证据"的内容删去。

四、根据《最高人民法院关于适用〈中华人民共和国刑事诉讼法〉的解释》第一百八十条的规定："附带民事诉讼中依法负有赔偿责任的人包括：（一）刑事被告人以及未被追究刑事责任的其他共同侵害人；（二）刑事被告人的监护人；（三）死刑罪犯的遗产继承人；（四）共同犯罪案件中，案件审结前死亡的被告人的遗产继承人；（五）对被害人的物质损失依法应当承担赔偿责任的其他单位和个人。附带民事诉讼被告人的亲友自愿代为赔偿的，可以准许。"因此，刑事附带民事诉讼如有除"被告人"以外的"附带民事诉讼被告人"的，应当在"被告人"项后单独列项，并在文书的相应部分增加有关内容。

五、刑事附带民事案件在判决理由部分，除需要引用刑法和刑事诉讼法的有关条文外，还必须同时引用民法典等相关规定，作为判决的法律依据。

六、公诉案件，人民法院在判决前，如果经调解，双方当事人就经济损失的赔偿已达成调解协议的，可以制作《刑事附带民事调解书》，经双方当事人签收后即具有法律效力，但不能制作《民事调解书》；刑事部分单独审结的，则应当制作《刑事判决书》。赔偿金额在判决前被告人已一次付清的，应当记入笔录，经双方当事人、审判人员、书记员签名或者盖章后即发生法律效力；如果当事人要求制作调解书的，也可以制作《刑事附带民事调解书》。经调解无法达成协议或者调解书签收前当事人反悔的，附带民事诉讼则应当同刑事诉讼一并判决，并制作《刑事附带民事判决书》。

七、审理刑事附带民事案件，根据《最高人民法院关于适用〈中华人民共和国刑事诉讼法〉的解释》第三百零一条的规定，对附带民事判决或者裁定的上诉、抗诉期限，应当按照刑事部分的上诉、抗诉期限确定。

八、刑事附带民事诉讼不同于单纯的刑事诉讼，它要在刑事诉讼过程中依照民事诉讼程序附带解决民事赔偿问题。因此，在制作这种判决书时，应当注意在首部、事实、理由和判决结果部分完整地反映出刑事附带民事诉讼这一特点。

九、按本样式制作判决书时，注意参阅一审公诉案件适用普通程序用的刑事判决书样式及其说明。对于附带民事赔偿部分在判决前调解达成协议，需要制作《刑事附带民事调解书》的，可以参阅样式9。

【法律依据】

1. 《中华人民共和国刑法》（2020 年 12 月 26 日）

第三十六条 由于犯罪行为而使被害人遭受经济损失的，对犯罪分子除依法给予刑事处罚外，并应根据情况判处赔偿经济损失。

承担民事赔偿责任的犯罪分子，同时被判处罚金，其财产不足以全部支付的，或者被判处没收财产的，应当先承担对被害人的民事赔偿责任。

2.《中华人民共和国刑事诉讼法》（2018 年 10 月 26 日）

第一百零一条 被害人由于被告人的犯罪行为而遭受物质损失的，在刑事诉讼过程中，有权提起附带民事诉讼。被害人死亡或者丧失行为能力的，被害人的法定代理人、近亲属有权提起附带民事诉讼。

如果是国家财产、集体财产遭受损失的，人民检察院在提起公诉的时候，可以提起附带民事诉讼。

3.《最高人民法院关于适用〈中华人民共和国刑事诉讼法〉的解释》（2021 年 1 月 26 日）

第三百八十条 上诉、抗诉必须在法定期限内提出。不服判决的上诉、抗诉的期限为十日；不服裁定的上诉、抗诉的期限为五日。上诉、抗诉的期限，从接到判决书、裁定书的第二日起计算。

对附带民事判决、裁定的上诉、抗诉期限，应当按照刑事部分的上诉、抗诉期限确定。附带民事部分另行审判的，上诉期限也应当按照刑事诉讼法规定的期限确定。

4. 刑事判决书（一审公诉案件适用简易程序用）

×××人民法院
刑事判决书

（一审公诉案件适用简易程序用）

（××××）……刑初……号

公诉机关×××人民检察院。

被告人……（写明姓名、性别、出生年月日、民族、出生地、文化程度、职业或者工作单位和职务、住址、因本案所受强制措施情况等，现羁押处所）。

辩护人……（写明姓名、工作单位和职务）。

×××人民检察院以×检×诉［　　　］××号起诉书指控被告人×××犯××罪，于××××年××月××日向本院提起公诉。本院依法适用简易程序，实行独任审判，公开（或者不公开）开庭审理了本案。×××人民检察院检察员×××出庭支持公诉，被告人×××、辩护人×××等到庭参加诉讼。现已审理终结。

×××人民检察院指控……（概述人民检察院指控被告人犯罪的事实和适用法律的意见）。

被告人×××的供述、辩解和辩护人×××的辩护意见……（予以概述）。

经审理查明，……（写明经法庭审理查明的被告人的犯罪事实和据以定案的证据）。

本院认为，……（写明判决的理由）。依照……（写明判决的法律依据）的规定，判决如下：

被告人×××犯××罪，判处……（写明判处的具体内容）。（刑期从判决执行之日起计算。判决执行以前先行羁押的，羁押一日折抵刑期一日。即自××××年××月××日起至××××年××月××日止）。

如不服本判决，可在接到判决书的第二日起十日内，通过本院或者直接向×××人民法院提出上诉。书面上诉的，应当提交上诉状正本一份，副本×份。

审　判　员　×××

（院印）

××××年××月××日

本件与原本核对无异

书　记　员　×××

【说　明】

一、本样式根据《中华人民共和国刑事诉讼法》第三编第二章第三节简易程序和《最高人民法院关于适用〈中华人民共和国刑事诉讼法〉的解释》中有关简易程序的规定制订，供基层人民法院对于公诉案件按照第一审简易程序审理终结后，作出处理决定时使用。

二、适用简易程序审理自诉案件的，按"自诉案件用"的文书样式，参照本样式制作刑事判决书。

三、对公诉人、辩护人没有出庭的，删去文书样式中相应的内容。

四、对有附带民事诉讼内容且控辩双方没有异议的，可以参阅刑事附带民事判决书样式，在本样式的相应部分增加有关内容。

五、人民法院对公诉案件的被告人可能判处免予刑事处罚的，可以适用简易程序。对这类案件制作判决书时，判决理由和判决结果部分的表述应当作相应改动。

六、审理单位犯罪案件不适用简易程序，因而也不适用本样式。①

---

① 《中华人民共和国刑事诉讼法》第二百一十五条规定，有下列情形之一的，不适用简易程序：（一）被告人是盲、聋、哑人，或者是尚未完全丧失辨认或者控制自己行为能力的精神病人的；（二）有重大社会影响的；（三）共同犯罪案件中部分被告人不认罪或者对适用简易程序有异议的；（四）其他不宜适用简易程序审理的。

5. 刑事判决书（一审自诉案件用）

×××人民法院
刑事判决书

（一审自诉案件用）

（××××）……刑初……号

自诉人……（写明姓名、性别、出生年月日、民族、出生地、文化程度、职业或者工作单位和职务、住址等）。

诉讼代理人……（写明姓名、工作单位和职务）。

被告人……（写明姓名、性别、出生年月日、民族、出生地、文化程度、职业或者工作单位和职务、住址等）。

辩护人……（写明姓名、工作单位和职务）。

自诉人×××以被告人×××犯××罪，于××××年××月××日向本院提起控诉。本院受理后，依法实行独任审判（或者组成合议庭），公开（或者不公开）开庭审理了本案。自诉人×××及其诉讼代理人×××、被告人×××及其辩护人×××等到庭参加诉讼。现已审理终结。

自诉人×××诉称……（概述自诉人指控被告人犯罪的事实、证据和诉讼请求）。

被告人×××辩称……（概述被告人对自诉人的指控予以供述、辩解、自行辩护的意见和有关证据）。辩护人×××提出的辩护意见是……（概述辩护人的辩护意见和有关证据）。

经审理查明，……（首先写明经法庭审理查明的事实；其次写明据以定案的证据及其来源；最后对控辩双方有异议的事实、证据进行分析、认证）。

本院认为……（写明根据查证属实的事实、证据和法律规定，论证自诉人的指控是否成立，被告人的行为是否构成犯罪，犯的什么罪，是否从轻、减轻、免除处罚或者从重处罚。对于控辩双方有关适用法律方面的意见，应当有分析地表示是否予以采纳，并阐明理由）。依照……（写明判决的法律依据）的规定，判决如下：

……[写明判决结果。分三种情况：

第一，定罪判刑的，表述为：

"被告人×××犯××罪，判处……（写明判处的刑罚）。（刑期从判决执行之日起计算。判决执行以前先行羁押的，羁押一日折抵刑期一日，即自××××年××月××日起至××××年××月××日止）。"

第二，定罪免刑的，表述为：

"被告人×××犯××罪，免予刑事处罚。"

第三，宣告无罪的，表述为："被告人×××无罪"。]

如不服本判决，可在接到判决书的第二日起十日内，通过本院或者直接向×××人民法院提出上诉。书面上诉的，应当提交上诉状正本一份，副本×份。

审　判　员　×××

（院印）

××××年××月××日

本件与原本核对无异

书　记　员　×××

【说　明】

一、本样式根据《中华人民共和国刑事诉讼法》第三编第二章第二节和《最高人民法院关于适用〈中华人民共和国刑事诉讼法〉的解释》中有关自诉案件第一审程序的规定制订，供基层人民法院对直接受理的自诉案件审理终结后，根据已经查明的事实、证据，依据有关法律的规定，作出处理决定时使用。

二、自诉案件和自诉人的范围，按《最高人民法院关于适用〈中华人民共和国刑事诉讼法〉的解释》第一条的规定确定。

三、自诉人如有诉讼代理人的，应当在"自诉人"项后另起一行列项书写；自诉人、被告人如系未成年人，其法定代理人同样应在各自的项后另起一行列项书写。

四、对于刑事诉讼法第二百一十条第（三）项规定的"被害人有证据证明对被告人侵犯自己人身、财产权利的行为应当依法追究刑事责任，而公安机关或者人民检察院不予追究被告人刑事责任"的自诉案件，人民法院在审理终结制作本判决书时，应当按照刑事诉讼法第一百一十二条、第一百八十条的规定，将公安机关或者人民检察院作出不予追究的书面决定的内容在"案件由来"部分表述清楚。

五、判决结果中"宣告无罪"的表述，是按经开庭审理后决定宣告无罪设计的；如果在开庭前的审查阶段即确认被告人无罪的，则应当按驳回起诉用的刑事裁定书样式制作刑事裁定书。

六、按本样式制作判决书时，注意参阅一审公诉案件适用普通程序用的刑事判决书样式及其说明。

【法律依据】

1.《中华人民共和国刑事诉讼法》（2018 年 10 月 26 日）

第一百一十二条 人民法院、人民检察院或者公安机关对于报案、控告、举报和自首的材料，应当按照管辖范围，迅速进行审查，认为有犯罪事实需要追究刑事责任的时候，应当立案；认为没有犯罪事实，或者犯罪事实显著轻微，不需要追究刑事责任的时候，不予立案，并且将不立案的原因通知控告人。控告人如果不服，可以申请复议。

第一百八十条 对于有被害人的案件，决定不起诉的，人民检察院应当将不起诉决定书送达被害人。被害人如果不服，可以自收到决定书后七日以内向上一级人民检察院申诉，请求提起公诉。人民检察院应当将复查决定告知被害人。对人民检察院维持不起诉决定的，被害人可以向人民法院起诉。被害人也可以不经申诉，直接向人民法院起诉。人民法院受理案件后，人民检察院应当将有关案件材料移送人民法院。

第二百一十条 自诉案件包括下列案件：

（一）告诉才处理的案件；

（二）被害人有证据证明的轻微刑事案件；

（三）被害人有证据证明对被告人侵犯自己人身、财产权利的行为应当依法追究刑事责任，而公安机关或者人民检察院不予追究被告人刑事责任的案件。

2.《最高人民法院关于适用〈中华人民共和国刑事诉讼法〉的解释》（2021 年 1 月 26 日）

第一条 人民法院直接受理的自诉案件包括：

（一）告诉才处理的案件；

1. 侮辱、诽谤案（刑法第二百四十六条规定的，但严重危害社会秩序和国家利益的除外）；

2. 暴力干涉婚姻自由案（刑法第二百五十七条第一款规定的）；

3. 虐待案（刑法第二百六十条第一款规定的，但被害人没有能力告诉或者因受到强制、威吓无法告诉的除外）；

4. 侵占案（刑法第二百七十条规定的）。

（二）人民检察院没有提起公诉，被害人有证据证明的轻微刑事案件：

1. 故意伤害案（刑法第二百三十四条第一款规定的）；

2. 非法侵入住宅案（刑法第二百四十五条规定的）；

3. 侵犯通信自由案（刑法第二百五十二条规定的）；

4. 重婚案（刑法第二百五十八条规定的）；

5. 遗弃案（刑法第二百六十一条规定的）；

6. 生产、销售伪劣商品案（刑法分则第三章第一节规定的，但严重危害社会秩序和国家利益的除外）；

7. 侵犯知识产权案（刑法分则第三章第七节规定的，但严重危害社会秩序和国家利益的除外）；

8. 刑法分则第四章、第五章规定的，可能判处三年有期徒刑以下刑罚的案件。

本项规定的案件，被害人直接向人民法院起诉的，人民法院应当依法受理。对其中证据不足，可以由公安机关受理的，或者认为对被告人可能判处三年有期徒刑以上刑罚的，应当告知被害人向公安机关报案，或者移送公安机关立案侦查。

（三）被害人有证据证明对被告人侵犯自己人身、财产权利的行为应当依法追究刑事责任，且有证据证明曾经提出控告，而公安机关或者人民检察院不予追究被告人刑事责任的案件。

3.《最高人民法院关于审理拒不执行判决、裁定刑事案件适用法律若干问题的解释》（2020 年 12 月 23 日）

第三条 申请执行人有证据证明同时具有下列情形，人民法院认为符合刑事诉讼法第二百一十条第三项规定的，以自诉案件立案审理：

（一）负有执行义务的人拒不执行判决、裁定，侵犯了申请执行人的人身、财产权利，应当依法追究刑事责任的；

（二）申请执行人曾经提出控告，而公安机关或者人民检察院对负有执行义务的人不予追究刑事责任的。

6. 刑事附带民事判决书（一审自诉案件用）

×××人民法院
刑事附带民事判决书

（一审自诉案件用）

（××××）……刑初……号

自诉人暨附带民事诉讼原告人……（写明姓名、性别、出生年月日、民族、出生地、文化程度、职业或者工作单位和职务、住址等）。

诉讼代理人……（写明姓名、工作单位和职务）

被告人……（写明姓名、性别、出生年月日、民族、出生地、文化程度、职业或者工作单位和职务、住址等）。

辩护人……（写明姓名、工作单位和职务）。

自诉人×××以被告人×××犯××罪，并由此造成经济损失为由，于××××年××月××日向本院提起控诉。本院受理后，依法实行独任审判（或者组成合议庭），公开（或者不公开）开庭审理了本案。自诉人×××及其诉讼代理人×××、被告人×××及其辩护人×××等到庭参加诉讼。现已审理终结。

自诉人×××诉称……（概述自诉人指控被告人犯罪和由此造成经济损失的事实、证据和诉讼请求）。

被告人×××辩称……（概述被告人对自诉人的指控予以供述、辩解、自行辩护的意见和有关证据）。辩护人×××提出的辩护意见是……（概述辩护人的辩护意见和有关证据）。

经审理查明，……（首先写明经法庭审理查明的被告人的犯罪事实包括由此造成被害人经济损失的事实；其次写明据以定案的证据及其来源；最后对控辩双方有异议的事实、证据进行分析、认证）。

本院认为，……（写明根据查证属实的事实、证据和法律规定，论证自诉人暨附带民事诉讼原告人的指控是否成立，被告人的行为是否构成犯罪，应如何处罚，被告人的行为是否给被害人造成经济损失和应否承担民事赔偿责任。对于控辩双方有关适用法律方面的意见，应当有分析地表示是否予以采纳，并阐明理由）。依照……（写明判决的法律依据）的规定，判决如下：

……［写明判决结果。分四种情况：

第一，定罪判刑并应当赔偿经济损失的，表述为：

"一、被告人×××犯××罪，……（写明判处的刑罚）；（刑期从判决执行之日起计算。判决执行以前先行羁押的，羁押一日折抵刑期一日，即自××××年××月××日起至××××年××月××日止）。

二、被告人×××赔偿自诉人×××……（写明赔偿的金额和支付日期）。"

第二，定罪免刑并应当赔偿经济损失的，表述为：

"一、被告人×××犯××罪，免予刑事处罚；

二、被告人×××赔偿自诉人×××……（写明赔偿的金额和支付日期）。"

第三，宣告无罪但应当赔偿经济损失的，表述为：

"一、被告人×××无罪；

二、被告人×××赔偿自诉人×××……（写明赔偿的金额和支付日期）。"

第四，宣告无罪并且不赔偿经济损失的，表述为：

一、被告人×××无罪；

二、被告人×××不承担民事赔偿责任。］

如不服本判决，可在接到判决书的第二日起十日内，通过本院或者直接向×××人民法院提出上诉。书面上诉的，应当提交上诉状正本一份，副本×份。

审　判　员　×××

（院印）

××××年××月××日

本件与原本核对无异

书　记　员　×××

【说　明】

一、本样式根据《中华人民共和国刑法》第三十六条、第三十七条和《中华人民共和国刑事诉讼法》第七十七条以及《最高人民法院关于适用〈中华人民共和国刑事诉讼法〉的解释》的有关规定制订，供基层人民法院审理刑事自诉并提起附带民事诉讼案件的过程中，在确定被告人是否承担刑事责任的同时，附带解决被告人对于被害人所遭受的物质损失（即经济损失）是否承担民事赔偿责任时使用。

二、本样式是按被告人的行为构成犯罪并应当赔偿经济损失的模式设计的。如果条件变化，判决结果则应作相应改动。

三、按本样式制作判决书时，注意参阅一审公诉案件适用普通程序用的刑事附带民事判决书以及一审自诉案件用的刑事判决书样式及其说明。

【法律依据】

1. 《中华人民共和国刑法》（2020年12月26日）

第三十六条 由于犯罪行为而使被害人遭受经济损失的，对犯罪分子除依法给予刑事处罚外，并应根据情况判处赔偿经济损失。

承担民事赔偿责任的犯罪分子，同时被判处罚金，其财产不足以全部支付的，或者被判处没收财产的，应当先承担对被害人的民事赔偿责任。

第三十七条 对于犯罪情节轻微不需要判处刑罚的，可以免予刑事处罚，但是可以根据案件的不同情况，予以训诫或者责令具结悔过、赔礼道歉、赔偿损失，或者由主管部门予以行政处罚或者行政处分。

2. 《中华人民共和国刑事诉讼法》（2018年10月26日）

第七十七条 被监视居住的犯罪嫌疑人、被告人应当遵守以下规定：

（一）未经执行机关批准不得离开执行监视居住的处所；

（二）未经执行机关批准不得会见他人或者通信；

（三）在传讯的时候及时到案；

（四）不得以任何形式干扰证人作证；

（五）不得毁灭、伪造证据或者串供；

（六）将护照等出入境证件、身份证件、驾驶证件交执行机关保存。

被监视居住的犯罪嫌疑人、被告人违反前款规定，情节严重的，可以予以逮捕；需要予以逮捕的，可以对犯罪嫌疑人、被告人先行拘留。

7. 刑事判决书（一审自诉、反诉并案审理用）

×××人民法院
刑事判决书

（一审自诉、反诉并案审理用）

（××××）……刑初……号

自诉人（反诉被告人）……（写明姓名、性别、出生年月日、民族、出生地、文化程度、职业或者工作单位和职务、住址等）。

诉讼代理人（辩护人）……（写明姓名、工作单位和职务）。

被告人（反诉自诉人）……（写明姓名、性别、出生年月日、民族、出生地、文化程度、职业或者工作单位和职务、住址等）。

辩护人（诉讼代理人）……（写明姓名、工作单位和职务）。

自诉人×××以被告人×××犯××罪，于××××年××月××日向本院提起控诉。被告人×××于××××年××月××日以自诉人×××犯××罪提起反诉。本院受理后，依法组成合议庭（或者实行独任审判），公开（或者不公开）开庭进行了合并审理。自诉人（反诉被告人）×××及其诉讼代理人（辩护人）×××、被告人（反诉自诉人）×××及其辩护人（诉讼代理人）×××等到庭参加诉讼。现已审理终结。

自诉人×××诉称……（概述自诉人指控被告人犯罪的事实、证据和诉讼请求）。

被告人×××辩称……（概述被告人对自诉人的指控予以供述、辩解、自行辩护的意见和有关证据）。辩护人×××提出的辩护意见是……（概述辩护人的辩护意见和有关证据）。

反诉自诉人×××诉称……（概述反诉自诉人指控反诉被告人犯罪的事实、证据和诉讼请求）。

反诉被告人×××辩称……（概述反诉被告人对反诉自诉人的指控予以供述、辩解、自行辩护的意见和有关证据）。辩护人×××提出的辩护意见是……

（概述辩护人的辩护意见和有关证据）。

经审理查明，……（首先写明经法庭审理查明的事实；其次写明据以定案的证据及其来源；最后对自诉、反诉各方有异议的事实、证据进行分析、认证）。

本院认为，……（写明根据查证属实的事实、证据和有关法律规定，论证自诉人、反诉自诉人的指控是否成立，被告人或者反诉被告人或者双方的行为是否构成犯罪，犯的什么罪，应当如何处罚。对于控辩双方有关适用法律方面的意见，应当有分析地表示是否予以采纳，并阐明理由）。依照……（写明判决的法律依据）的规定，判决如下：

……〔写明判决结果。分四种情况：

第一，被告人构成犯罪，反诉被告人无罪的，表述为：

"一、被告人×××犯××罪，……（写明判决结果）；（刑期从……）；

二、反诉被告人×××无罪。"

第二，被告人无罪，反诉被告人构成犯罪的，表述为：

"一、被告人×××无罪；

二、反诉被告人×××犯××罪，……（写明判决结果）。（刑期从……）。"

第三，双方都构成犯罪的，表述为：

"一、被告人×××犯××罪，……（写明判决结果）；（刑期从……）；

二、反诉被告人×××犯××罪，……（写明判决结果）。（刑期从……）。"

第四，双方都不构成犯罪的，表述为：

"一、被告人×××无罪；

二、反诉被告人×××无罪。"〕

如不服本判决，可在接到判决书的第二日起十日内，通过本院或者直接向×××人民法院提出上诉。书面上诉的，应当提交上诉状正本一份，副本×份。

审　判　长　×××

审　判　员　×××

审　判　员　×××

（院印）

××××年××月××日

本件与原本核对无异

书　记　员　×××

【说　明】

一、本样式根据《中华人民共和国刑事诉讼法》第二百一十三条和《最高人民法院关于适用〈中华人民共和国刑事诉讼法〉的解释》第三百三十四条的规定制订，供基层人民法院在受理自诉案件之后，被告人又提起反诉，经审查反诉能够成立，通过并案审理，作出处理决定时使用。

二、本判决书样式，适用于有附带民事诉讼内容的自诉案件时，应当作如下改动：

（一）将文书名称中的"刑事判决书"改为"刑事附带民事判决书"。

（二）在当事人称谓、控辩主张、审理查明的事实、判决理由和判决结果部分相应增加有关附带民事的内容。

三、按本样式制作判决书时，注意参阅一审公诉案件用和一审自诉案件用的刑事判决书样式及其说明。

【法律依据】

1.《中华人民共和国刑事诉讼法》（2018 年 10 月 26 日）

第二百一十三条　自诉案件的被告人在诉讼过程中，可以对自诉人提起反诉。反诉适用自诉的规定。

2.《最高人民法院关于适用〈中华人民共和国刑事诉讼法〉的解释》（2021 年 1 月 26 日）

第三百三十四条　告诉才处理和被害人有证据证明的轻微刑事案件的被告人或者其法定代理人在诉讼过程中，可以对自诉人提起反诉。反诉必须符合下列条件：

（一）反诉的对象必须是本案自诉人；

（二）反诉的内容必须是与本案有关的行为；

（三）反诉的案件必须符合本解释第一条第一项、第二项的规定。

反诉案件适用自诉案件的规定，应当与自诉案件一并审理。自诉人撤诉的，不影响反诉案件的继续审理。

8. 刑事裁定书（驳回自诉用）

×××人民法院
刑事裁定书

（驳回自诉用）

（××××）……刑初……号

自诉人……（写明姓名、性别、出生年月日、民族、出生地、文化程度、职业或者工作单位和职务、住址等）。

被告人……（写明姓名、性别、出生年月日、民族、出生地、文化程度、职业或者工作单位和职务、住址等）。

自诉人×××以被告人×××犯××罪，于××××年××月××日向本院提起控诉。

本院审查认为，……（简写驳回自诉的理由）。依照……（写明裁定的法律依据）的规定，裁定如下：

驳回自诉人×××对被告人×××的起诉。

如不服本裁定，可在接到裁定书的第二日起五日内，通过本院或者直接向×××人民法院提出上诉。书面上诉的，应当提交上诉状正本一份，副本×份。

审 判 员 ×××

（院印）

××××年××月××日

本件与原本核对无异

书 记 员 ×××

【说　明】

一、本样式根据《中华人民共和国刑事诉讼法》第二百一十一条第一款第（二）项和《最高人民法院关于适用〈中华人民共和国刑事诉讼法〉的解释》第三百二十一条的规定制订，供基层人民法院在受理自诉案件之后，经审查发现控诉缺乏罪证，自诉人提不出补充证据又不愿撤回自诉的，驳回自诉时使用。

二、本样式适用于有附带民事诉讼内容的自诉案件时，应当作如下改动：

（一）将文书名称中的"刑事裁定书"，改为"刑事附带民事裁定书"。

（二）在当事人称谓、控辩主张和驳回自诉的理由中，增加有关附带民事诉讼的内容。

（三）按本样式制作裁定书时，注意参阅一审自诉案件用的刑事附带民事判决书样式及其说明。

【法律依据】

1. 《中华人民共和国刑事诉讼法》（2018 年 10 月 26 日）

第二百一十一条 人民法院对于自诉案件进行审查后，按照下列情形分别处理：

（一）犯罪事实清楚，有足够证据的案件，应当开庭审判；

（二）缺乏罪证的自诉案件，如果自诉人提不出补充证据，应当说服自诉人撤回自诉，或者裁定驳回。

自诉人经两次依法传唤，无正当理由拒不到庭的，或者未经法庭许可中途退庭的，按撤诉处理。

法庭审理过程中，审判人员对证据有疑问，需要调查核实的，适用本法第一百九十六条的规定。

2. 《最高人民法院关于适用〈中华人民共和国刑事诉讼法〉的解释》（2021 年 1 月 26 日）

第三百二十一条 对已经立案，经审查缺乏罪证的自诉案件，自诉人提不出补充证据的，人民法院应当说服其撤回起诉或者裁定驳回起诉；自诉人撤回起诉或者被驳回起诉后，又提出了新的足以证明被告人有罪的证据，再次提起自诉的，人民法院应当受理。

9. 刑事附带民事调解书（一审自诉案件用）

×××人民法院
刑事附带民事调解书

（一审自诉案件用）

（××××）……刑初……号

自诉人暨附带民事诉讼原告人……（写明姓名、性别、出生年月日、民族、出生地、文化程度、职业或者工作单位和职务、住址等）。

被告人……（写明姓名、性别、出生年月日、民族、出生地、文化程度、职业或者工作单位和职务、住址等）。

自诉人×××以被告人×××犯××罪，并造成经济损失为由，于××××年××月××日向本院提起控诉。本院受理后，依法实行独任审判（或者组成合议庭），公开（或者不公开）开庭进行了审理。

经审理查明，……（概述经法庭审理查明的事实），双方当事人……（写明对认定的事实没有异议或者基本上没有意见的情况）。

在本院主持调解下，……（概述被告人认错，愿意承担民事赔偿责任和双方互相谅解的情况）。双方当事人自愿达成如下协议：

一、被告人×××向自诉人×××赔礼道歉；

二、自诉人×××自愿放弃对被告人×××的指控；

三、被告人×××赔偿自诉人×××……（写明赔偿数额、支付方式和给付期限）。

上述协议不违反有关法律规定，本院予以确认。

本调解书经双方当事人签收后即具有法律效力。

审　判　员　×××

（院印）

××××年××月××日

本件与原本核对无异

书　记　员　×××

【说　明】

一、本样式根据《中华人民共和国刑法》第三十六条、《中华人民共和国刑事诉讼法》第一百零一条、第二百一十二条和《最高人民法院关于适用〈中华人民共和国刑事诉讼法〉的解释》第一百九十条的规定制订，供基层人民法院在审理一审自诉案件过程中，对于告诉才处理和被害人有证据证明的轻微刑事或者刑事附带民事诉讼案件，经法院主持调解，双方当事人达成协议时使用。经调解达成协议的自诉案件，也可以不制作刑事调解书，只制作调解笔录，由当事人阅后盖章（或者签字），并由审判人员署名后存卷。

二、自诉人如有诉讼代理人的，应在"自诉人"项后另起一行列项续写；被告人如有辩护人的，应在"被告人"项后另起一行列项续写；自诉人、被告人如系未成年人的，其法定代理人同样应在各该项后另起一行列项续写。上述人员的基本情况应写明姓名、工作单位和职务。

三、对于没有附带民事诉讼的刑事自诉案件，经调解，需要制作调解书时，应作如下改动：

（一）将"刑事附带民事调解书"改为"刑事调解书"；

（二）在案由和协议条款中只写明有关刑事部分的内容。

四、本调解书样式不适用于刑事诉讼法第二百一十条第（三）项规定的案件。

五、法院认为有必要或者当事人要求在刑事调解书上写明控辩主张及其证据和法院定案的证据的，可以概括表述。

【法律依据】

1. 《中华人民共和国刑法》（2020 年 12 月 26 日）

第三十六条 由于犯罪行为而使被害人遭受经济损失的，对犯罪分子除依法给予刑事处罚外，并应根据情况判处赔偿经济损失。

承担民事赔偿责任的犯罪分子，同时被判处罚金，其财产不足以全部支付的，或者被判处没收财产的，应当先承担对被害人的民事赔偿责任。

2. 《中华人民共和国刑事诉讼法》（2018 年 10 月 26 日）

第一百零一条 被害人由于被告人的犯罪行为而遭受物质损失的，在刑事诉讼过程中，有权提起附带民事诉讼。被害人死亡或者丧失行为能力的，被害人的法定代理人、近亲属有权提起附带民事诉讼。

如果是国家财产、集体财产遭受损失的，人民检察院在提起公诉的时候，可以提起附带民事诉讼。

第二百一十条 自诉案件包括下列案件：

（一）告诉才处理的案件；

（二）被害人有证据证明的轻微刑事案件；

（三）被害人有证据证明对被告人侵犯自己人身、财产权利的行为应当依法追究刑事责任，而公安机关或者人民检察院不予追究被告人刑事责任的案件。

第二百一十二条 人民法院对自诉案件，可以进行调解；自诉人在宣告判决前，可以同被告人自行和解或者撤回自诉。本法第二百一十条第三项规定的案件不适用调解。

人民法院审理自诉案件的期限，被告人被羁押的，适用本法第二百零八条第一款、第二款的规定；未被羁押的，应当在受理后六个月以内宣判。

3. 《最高人民法院关于适用〈中华人民共和国刑事诉讼法〉的解释》（2021 年 1 月 26 日）

第一百九十条 人民法院审理附带民事诉讼案件，可以根据自愿、合法的原则进行调解。经调解达成协议的，应当制作调解书。调解书经双方当事人签收后即具有法律效力。

调解达成协议并即时履行完毕的，可以不制作调解书，但应当制作笔录，经双方当事人、审判人员、书记员签名后即发生法律效力。

10. 刑事裁定书（准许撤诉或者按撤诉处理用）

×××人民法院
刑事裁定书

（准许撤诉或者按撤诉处理用）

（××××）……刑初……号

自诉人……（写明姓名、性别、出生年月日、民族、出生地、文化程度、职业或者工作单位和职务、住址等）。

被告人……（写明姓名、性别、出生年月日、民族、出生地、文化程度、职业或者工作单位和职务、住址等）。

自诉人×××以被告人×××犯××罪，于××××年××月××日向本院提起控诉。本院受理后，在诉讼过程中……（简述自诉人申请撤诉或者法院按撤诉处理的事由）。

本院认为，……（简写是否准许撤诉或者按撤诉处理的理由）。依照……（写明裁定的法律依据）的规定，裁定如下：

……［写明裁定内容。分两种情况：

第一，准许自诉人申请撤诉的，表述为：

"准许自诉人×××撤诉。"

第二，按撤诉处理的，表述为：

"对自诉人的控诉按撤诉处理。"］

如不服本裁定，可在接到裁定书的第二日起五日内，通过本院或者直接向×××人民法院提出上诉。书面上诉的，应当提交上诉状正本一份，副本×份。

审　判　员　×××

（院印）

××××年××月××日

本件与原本核对无异

书　记　员　×××

【说　明】

一、本样式根据《中华人民共和国刑事诉讼法》第二百一十一条和《最高人民法院关于适用〈中华人民共和国刑事诉讼法〉的解释》第一百九十五条、第二百九十六条、第三百二十九条的规定制订，适用于在宣告判决前，人民检察院要求撤回起诉，经审查准许撤诉的案件和人民法院受理自诉案件之后，在审理过程中因自诉人的自诉缺乏罪证，自诉人提不出补充证据或者自诉人在宣告判决前同被告人自行和解而申请撤诉，经审查裁定准许撤诉，或者在法庭审理过程中，自诉人经两次合法传唤，无正当理由拒不到庭或者未经法庭许可中途退庭，依法按撤诉处理时使用。

二、对"自诉人申请撤诉"的具体事由，应分别表述为"因缺乏罪证，自诉人又提不出补充证据而申请撤诉"，或者"自诉人在宣告判决前，同被告人自行和解而申请撤回自诉"。

三、本裁定书样式是按自诉人系一案一人且只有本诉的情形下设计的。如果自诉人是二人以上的，部分自诉人撤诉不影响案件的继续审理；被告人提起反诉的，不影响反诉案件的继续审理。

四、对于人民检察院在宣告判决前要求撤回起诉，经审查准许撤诉的，应当对本样式首部的当事人项、案件由来和要求撤回起诉的事由，以及准许撤诉的理由作相应改动。

五、对不准许撤诉的，可以口头予以裁定，不另行制作裁定书。

六、对于有诉讼代理人、辩护人参加诉讼的自诉案件，在首部的相关部分应分别列项写明。

【法律依据】

1.《中华人民共和国刑事诉讼法》（2018 年 10 月 26 日）

第二百一十一条　人民法院对于自诉案件进行审查后，按照下列情形分别处理：

（一）犯罪事实清楚，有足够证据的案件，应当开庭审判；

（二）缺乏罪证的自诉案件，如果自诉人提不出补充证据，应当说服自诉人撤回自诉，或者裁定驳回。

自诉人经两次依法传唤，无正当理由拒不到庭的，或者未经法庭许可中途退庭的，按撤诉处理。

法庭审理过程中，审判人员对证据有疑问，需要调查核实的，适用本法第一百九十六条的规定。

2.《最高人民法院关于适用〈中华人民共和国刑事诉讼法〉的解释》（2021 年 1 月 26 日）

第一百九十五条 附带民事诉讼原告人经传唤，无正当理由拒不到庭，或者未经法庭许可中途退庭的，应当按撤诉处理。

刑事被告人以外的附带民事诉讼被告人经传唤，无正当理由拒不到庭，或者未经法庭许可中途退庭的，附带民事部分可以缺席判决。

刑事被告人以外的附带民事诉讼被告人下落不明，或者用公告送达以外的其他方式无法送达，可能导致刑事案件审判过分迟延的，可以不将其列为附带民事诉讼被告人，告知附带民事诉讼原告人另行提起民事诉讼。

第二百九十六条 在开庭后、宣告判决前，人民检察院要求撤回起诉的，人民法院应当审查撤回起诉的理由，作出是否准许的裁定。

第三百二十九条 判决宣告前，自诉案件的当事人可以自行和解，自诉人可以撤回自诉。

人民法院经审查，认为和解、撤回自诉确属自愿的，应当裁定准许；认为系被强迫、威吓等，并非自愿的，不予准许。

11. 刑事判决书（二审改判用）

×××人民法院
刑事判决书

（二审改判用）

（××××）……刑终……号

原公诉机关×××人民检察院。

上诉人（原审被告人）……（写明姓名、性别、出生年月日、民族、出生地、文化程度、职业或工作单位和职务、住址和因本案所受强制措施情况等，现羁押处所）。

辩护人……（写明姓名、工作单位和职务）。

×××人民法院审理×××人民检察院指控原审被告人×××犯××罪一案，于××××年××月××日作出（××××）×刑初字第××号刑事判决。原审被告人×××不服，提出上诉。本院依法组成合议庭，公开（或者不公开）开庭审理了本案。×××人民检察院指派检察员×××出庭履行职务。上诉人（原审被告人）×××及其辩护人×××等到庭参加诉讼。现已审理终结。

……（首先概述原判决认定的事实、证据、理由和判处结果；其次概述上诉、辩护的意见；最后概述人民检察院在二审中提出的新意见）。

经审理查明，……（首先写明经二审审理查明的事实；其次写明二审据以定案的证据；最后针对上诉理由中与原判认定的事实、证据有异议的问题进行分析、认证。）

本院认为，……（根据二审查明的事实、证据和有关法律规定，论证原审法院判决认定的事实、证据和适用法律是否正确。对于上诉人、辩护人或者出庭履行职务的检察人员等在适用法律、定性处理方面的意见，应当有分析地表示是否予以采纳，并阐明理由）。依照……（写明判决的法律依据）的规定，判决如下：

……［写明判决结果。分两种情况：

第一，全部改判的，表述为：

"一、撤销×××人民法院（××××）×刑初字第××号刑事判决；

二、上诉人（原审被告人）×××……（写明改判的具体内容）。（刑期从……）"

第二，部分改判的，表述为：

"一、维持×××人民法院（××××）×刑初字第××号刑事判决的第×项，即……（写明维持的具体内容）；

二、撤销×××人民法院（××××）×刑初字第××号刑事判决的第×项，即……（写明撤销的具体内容）；

三、上诉人（原审被告人）×××……（写明部分改判的具体内容）。（刑期从……）"。]

本判决为终审判决。

> 审　判　长　×××
> 审　判　员　×××
> 审　判　员　×××
> （院印）
> ××××年××月××日

本件与原本核对无异

> 书　记　员　×××

【说　明】

一、本样式根据《中华人民共和国刑事诉讼法》第二百三十六条第一款第（二）、（三）项的规定制订，供第二审人民法院在受理当事人不服一审判决提出上诉或者公诉机关提出抗诉的刑事案件后，经审理查明原判决在适用法律上有错误或者量刑不当，或者原判决事实不清楚、证据不足，经二审查清事实后予以改判时使用。

二、本样式是按公诉案件的被告人提出上诉的模式设计的。如果条件变换，首部各项，应作如下改动：

（一）在公诉案件中

1. 被告人的辩护人或者近亲属经被告人同意而提出上诉的，上诉人仍为原审被告人，但应将审理经过段中"原审被告人×××不服，提出上诉"一句改为"原审被告人×××的近亲属(或者辩护人)×××经征得原审被告人×××同意,提出上诉"。

2. 检察机关提出抗诉的,第一项"原公诉机关"改为"抗诉机关";第二项改为"原审被告人"项;第三项为"辩护人"项。如果在同一案件中,既有被告人上诉,又有检察机关抗诉的,第一项改为"抗诉机关"项,第二项、第三项不变。

被害人及其法定代理人请求人民检察院提出抗诉,人民检察院根据刑事诉讼法第二百二十九条规定决定抗诉的,应在审理经过段中的"原审被告人×××不服,提出上诉"一句之后,续写"被害人(或者其法定代理人)×××不服,请求×××人民检察院提出抗诉。×××人民检察院决定并于××××年××月××日向本院提出抗诉"。

(二)在自诉案件中

1. 自诉人提出上诉的,第一项写"上诉人(原审自诉人)",第二项写"原审被告人";被告人提出上诉的,第一项写"上诉人(原审被告人)",第二项写"原审自诉人";自诉人和被告人都提出上诉的,第一项写"上诉人(原审自诉人)",第二项写"上诉人(原审被告人)"。

2. 如果自诉人有诉讼代理人、被告人有辩护人的,应当分别在各自的项下增写"诉讼代理人"项或者"辩护人"项。

3. 如果自诉人、被告人系未成年人,其法定代理人或者指定代理人提出上诉的,应当把"上诉人(原审××人的×定代理人)"项增写在被代理人之前,随后续写"原审自诉人"项或者"原审被告人"项。

在共同犯罪案件的数个被告人中,有的上诉,有的不上诉的,前面列写提出上诉的"上诉人(原审被告人)"项,后面续写未提出上诉的"原审被告人"项。

首部的原公诉机关和诉讼参与人项作了改动之后,案件的由来和审判经过段以及其他有关各处,应当注意作相应的改动。

三、对于第二审人民法院未开庭审理的,在本院依法组成合议庭之后,将"公开开庭审理了本案",改写为:"经过阅卷,讯问被告人、听取其他当事人、辩护人、诉讼代理人的意见,认为事实清楚,决定不开庭审理。"

四、书写判决书的事实和理由部分时,注意掌握以下几点:

(一)二审改判用的刑事判决书写作的重点,应当针对一审判决中的错误,以及上诉、抗诉的意见和理由,进行叙事和说理。

048 | 最高人民法院刑事诉讼文书样式：制作规范与法律依据

（二）对各方意见有分歧的要详写，没有异议的可以略写；对上诉、抗诉意见都应当进行分析、论证，充分阐明肯定或者否定的理由。

（三）注意避免文字上不必要的重复。二审判决认定的事实和证据与原判没有变动的，可采取"此繁彼简"的方法，重点叙述原判认定的事实和证据，而对第二审"审理查明"的事实和证据，则进行概括叙述。

（四）判决理由中的"法律依据"，包括程序法和实体法。在具体引用时，应当先引用程序法的有关规定，再引用实体法的有关规定。如适用司法解释的，应在其后一并引用。

五、判决结果应当根据对原审判决结果的改判情况作相应改动。如果原审判决主文未分项表述，第二审人民法院依法对该主文内容作部分改判的，可表述为：

"一、维持×××人民法院（××××）×刑×字第××号刑事判决中……（写明维持的内容）；

二、撤销×××人民法院（××××）×刑×字第××号刑事判决中……（写明撤销的内容）；

三、……（写明改判的内容）。"

六、第二审人民法院对原判认定事实清楚、证据充分，只是认定的罪名不当的，在不加重原判刑罚的情况下，可以判决变更罪名。

……

九、第二审人民法院审理上诉、抗诉案件的判决结果如果是在法定刑以下判处刑罚，并且依法应当报请最高人民法院核准的，在尾部写明："本判决报请最高人民法院核准后生效"。

十、按本样式制作判决书时，注意参阅第一审公诉案件和自诉案件用的刑事判决书样式及其说明。

【法律依据】

《中华人民共和国刑事诉讼法》（2018 年 10 月 26 日）

第二百二十九条 被害人及其法定代理人不服地方各级人民法院第一审的判决的，自收到判决书后五日以内，有权请求人民检察院提出抗诉。人民检察院自收到被害人及其法定代理人的请求后五日以内，应当作出是否抗诉的决定并且答复请求人。

第二百三十六条 第二审人民法院对不服第一审判决的上诉、抗诉案件，经过审理后，应当按照下列情形分别处理：

（一）原判决认定事实和适用法律正确、量刑适当的，应当裁定驳回上诉或者抗诉，维持原判；

（二）原判决认定事实没有错误，但适用法律有错误，或者量刑不当的，应当改判；

（三）原判决事实不清楚或者证据不足的，可以在查清事实后改判；也可以裁定撤销原判，发回原审人民法院重新审判。

原审人民法院对于依照前款第三项规定发回重新审判的案件作出判决后，被告人提出上诉或者人民检察院提出抗诉的，第二审人民法院应当依法作出判决或者裁定，不得再发回原审人民法院重新审判。

12. 刑事附带民事判决书（二审改判用）

×××人民法院
刑事附带民事判决书

（二审改判用）

（××××）……刑终……号

原公诉机关×××人民检察院。

上诉人（原审被告人）……（写明姓名、性别、出生年月日、民族、出生地、文化程度、职业或者工作单位和职务、住址和因本案所受强制措施情况等，现羁押处所）。

辩护人……（写明姓名、工作单位和职务）。

原审附带民事诉讼原告人……（写明姓名、性别、出生年月日、民族、出生地、文化程度、职业或者工作单位和职务、住址等）。

委托代理人……（写明姓名、性别、工作单位和职务）。

×××人民法院审理×××人民检察院指控原审被告人×××犯××罪、原审附带民事诉讼原告人×××提起附带民事诉讼一案，于××××年××月××日作出（××××）×刑初字第××号刑事附带民事判决。原审被告人×××不服，提出上诉。本院依法组成合议庭，公开（或者不公开）开庭审理了本案。×××人民检察院指派检察员×××出庭履行职务。上诉人（原审被告人）×××及其辩护人×××、附带民事诉讼原告人×××及其诉讼代理人×××等到庭参加诉讼。现已审理终结。

……（首先概述原判决认定的事实、证据、理由和判处结果；其次概述上诉、辩护的意见；最后，概述人民检察院和原审附带民事诉讼原告人在二审中提出的新意见）。

经审理查明，……（首先写明经二审审理查明的事实；其次写明二审据以定案的证据；最后针对上诉理由中与原判认定的事实、证据有异议的问题进行分析、认证。）

本院认为，……（根据二审查明的事实、证据和有关法律规定，论证原审法院判决认定的事实、证据和适用法律包括判处被告人赔偿经济损失是否正确。对于上诉人、辩护人或者出庭履行职务的检察人员等在适用法律、定性处理和赔偿经济损失方面的意见，应当有分析地表示是否予以采纳，并阐明理由）。依照……（写明判决的法律依据）的规定，判决如下：

……［写明判决结果。分两种情况：

第一，全部改判的，表述为：

"一、撤销×××人民法院（××××）×刑初字第××号刑事附带民事判决；

二、上诉人（原审被告人）×××……（写明改判的刑事和附带民事的内容）。（刑期从……）"

第二，部分改判的，表述为：

"一、维持×××人民法院（××××）×刑初字第××号刑事附带民事判决的第×项，即……（写明维持的具体内容）；

二、撤销×××人民法院（××××）×刑初字第××号刑事附带民事判决的第×项，即……（写明撤销的具体内容）；

三、上诉人（原审被告人）×××……（写明部分改判的刑事和附带民事的具体内容）。（刑期从……）"］

本判决为终审判决。

审　判　长　×××

审　判　员　×××

审　判　员　×××

（院印）

××××年××月××日

本件与原本核对无异

书　记　员　×××

【说　明】

一、本样式根据《中华人民共和国刑事诉讼法》第二百三十六条第一款第（二）、（三）项的规定制订，供第二审人民法院在受理当事人对第一审人民法院的刑事附带民事判决的刑事或者民事部分不服，提出上诉，或者公诉机关提出抗诉的案件之后，经审理查明，原判决在适用法律上有错误，或者量刑、责令赔偿损失不当，或者事实不清、证据不足，经二审查清事实后予以改判时使用。

二、本样式是按对刑事和附带民事部分都提出上诉的模式设计的；如果只对其中一部分提出上诉，应按不同情况作相应改动。

（一）只对刑事部分提出上诉的

1. 文书名称应改为"刑事判决书"；

2. 案件由来段的"被告人×××……提出上诉"，改为"被告人×××对刑事部分判决不服，提出上诉"；

3. 事实、理由和判决结果中关于经济损失和赔偿问题的内容从略。

（二）只对附带民事部分提出上诉的

1. 文书名称不变；

2. 案件由来的"被告人×××……提出上诉"，改为"被告人（或者附带民事诉讼被告人）×××对附带民事部分判决不服，提出上诉"；

3. 事实部分应当重点写明由于被告人的犯罪行为使被害人遭受经济损失的事实和证据；

4. 理由部分应当着重写明上诉人对附带民事部分提出上诉的理由是否成立，意见应否采纳；

5. 判决结果部分可只对附带民事部分作出判决，刑事部分不再涉及。如果发现第一审判决中的刑事部分确有错误，根据《最高人民法院关于适用〈中华人民共和国刑事诉讼法〉的解释》第四百零九条的规定，应当对刑事部分按照审判监督程序进行再审，并将附带民事诉讼部分与刑事部分一并审理。

三、本样式是按公诉案件被告人提出上诉，经二审法院开庭审理的模式设计的。如果条件变化，首部各项和其他有关各处如何改动，可以参阅第二审改判用刑事判决书的样式及其说明。

四、按本样式制作判决书时，应当注意参阅一审公诉案件适用普通程序用刑事附带民事判决书的样式及其说明。

【法律依据】

1. 《中华人民共和国刑事诉讼法》（2018年10月26日）

第二百三十六条 第二审人民法院对不服第一审判决的上诉、抗诉案件，经过审理后，应当按照下列情形分别处理：

（一）原判决认定事实和适用法律正确、量刑适当的，应当裁定驳回上诉或者抗诉，维持原判；

（二）原判决认定事实没有错误，但适用法律有错误，或者量刑不当的，应当改判；

（三）原判决事实不清楚或者证据不足的，可以在查清事实后改判；也可以裁定撤销原判，发回原审人民法院重新审判。

原审人民法院对于依照前款第三项规定发回重新审判的案件作出判决后，被告人提出上诉或者人民检察院提出抗诉的，第二审人民法院应当依法作出判决或者裁定，不得再发回原审人民法院重新审判。

2.《最高人民法院关于适用〈中华人民共和国刑事诉讼法〉的解释》（2021 年 1 月 26 日）

第四百零九条 第二审人民法院审理对附带民事部分提出上诉，刑事部分已经发生法律效力的案件，应当对全案进行审查，并按照下列情形分别处理：

（一）第一审判决的刑事部分并无不当的，只需就附带民事部分作出处理；

（二）第一审判决的刑事部分确有错误的，依照审判监督程序对刑事部分进行再审，并将附带民事部分与刑事部分一并审理。

13. **刑事裁定书**（二审维持原判用）

×××人民法院
刑事裁定书

（二审维持原判用）

（××××）……刑终……号

原公诉机关×××人民检察院。

上诉人（原审被告人）……（写明姓名、性别、出生年月日、民族、出生地、文化程度、职业或者工作单位和职务、住址和因本案所受强制措施情况等，现羁押处所）。

辩护人……（写明姓名、工作单位和职务）。

×××人民法院审理×××人民检察院指控原审被告人×××犯××罪一案，于××××年××月××日作出（××××）×刑初字第××号刑事判决。原审被告人×××不服，提出上诉。本院依法组成合议庭，公开（或者不公开）开庭审理了本案。×××人民检察院指派检察员×××出庭履行职务。上诉人（原审被告人）×××及其辩护人×××等到庭参加诉讼。现已审理终结。

……（首先概述原判决认定的事实、证据、理由和判决结果；其次概述上诉、辩护的意见；最后概述人民检察院在二审中提出的新意见）。

经审理查明，……（首先写明经二审审理查明的事实；其次写明二审据以定案的证据；最后针对上诉理由中与原判认定的事实、证据有异议的问题进行分析、认证）。

本院认为，……（根据二审查明的事实、证据和有关法律规定，论证原审法院判决认定事实、证据和适用法律是正确的。对于上诉人、辩护人或者出庭履行职务的检察人员等在适用法律、定性处理方面的意见，应当逐一作出回答，阐明不予采纳的理由）。依照……（写明裁定的法律依据）的规定，裁定如下：

驳回上诉，维持原判。

本裁定为终审裁定。

审　判　长　×××

审　判　员　×××

审　判　员　×××

（院印）

××××年××月××日

本件与原本核对无异

书　记　员　×××

【说　明】

一、本样式根据《中华人民共和国刑事诉讼法》第二百三十六条第一款的规定制订，供第二审人民法院在受理当事人不服第一审人民法院判决提出上诉，或者公诉机关提出抗诉的案件后，经审理查明原审法院判决在认定事实和适用法律方面没有错误，量刑适当，决定驳回上诉、抗诉，维持原判时使用。

二、制作本裁定书主要应当针对上诉、抗诉等提出的意见，进行分析、论证，阐明原判认定的事实、证据和适用法律、定性处理为什么正确，上诉、抗诉的理由为什么不能成立。驳回的理由应当具体、充分，有理有据，说服力强。

三、为了避免文字上不必要的重复，在叙述原判决的基本内容时，可以采取"此繁彼简"的方法，重点叙述原判认定的事实和证据，而对第二审"审理查明"的事实和证据进行概括叙述。

四、本样式是按公诉案件的被告人提出上诉的模式设计的。如果条件变化，首部各项和其他相关各处应作相应改动。

……

七、第二审人民法院审理上诉、抗诉案件的裁定结果如果是在法定刑以下判处刑罚，并且依法应当报请最高人民法院核准的，在尾部写明："本裁定报经最高人民法院核准后生效"。

八、按本样式制作裁定书，注意参阅二审改判用刑事判决书的样式及其说明。

【法律依据】

《中华人民共和国刑事诉讼法》（2018 年 10 月 26 日）

第二百三十六条 第二审人民法院对不服第一审判决的上诉、抗诉案件，经过审理后，应当按照下列情形分别处理：

（一）原判决认定事实和适用法律正确、量刑适当的，应当裁定驳回上诉或者抗诉，维持原判；

（二）原判决认定事实没有错误，但适用法律有错误，或者量刑不当的，应当改判；

（三）原判决事实不清楚或者证据不足的，可以在查清事实后改判；也可以裁定撤销原判，发回原审人民法院重新审判。

原审人民法院对于依照前款第三项规定发回重新审判的案件作出判决后，被告人提出上诉或者人民检察院提出抗诉的，第二审人民法院应当依法作出判决或者裁定，不得再发回原审人民法院重新审判。

第二百四十八条 中级人民法院判处死刑缓期二年执行的案件，由高级人民法院核准。

14. 刑事附带民事裁定书（二审维持原判用）

×××人民法院
刑事附带民事裁定书

（二审维持原判用）

（××××）……刑终……号

原公诉机关×××人民检察院。

上诉人（原审被告人）……（写明姓名、性别、出生年月日、民族、出生地、文化程度、职业或者工作单位和职务、住址和因本案所受强制措施情况等，现羁押处所）。

辩护人……（写明姓名、工作单位和职务）。

原审附带民事诉讼原告人……（写明姓名、性别、出生年月日、民族、出生地、文化程度、职业或者工作单位和职务、住址等）。

×××人民法院审理×××人民检察院指控原审被告人×××犯××罪、原审附带民事诉讼原告人×××提起附带民事诉讼一案，于××××年××月××日作出（××××）×刑初字第××号刑事附带民事判决。原审被告人×××不服，提出上诉。本院依法组成合议庭，公开（或者不公开）开庭审理了本案。×××人民检察院指派检察员×××出庭履行职务。上诉人（原审被告人）×××及其辩护人×××、附带民事诉讼原告人×××及其诉讼代理人×××等到庭参加诉讼。现已审理终结。

……（首先概述原判决认定的事实、证据、理由和判处结果；其次概述上诉、辩护的意见；最后概述人民检察院和原审附带民事诉讼原告人在二审中提出的新意见）。

经审理查明，……（首先写明经二审审理查明的事实；其次写明二审据以定案的证据；最后针对上诉理由中与原判认定的事实、证据有异议的问题进行分析、认证）。

本院认为，……（根据二审查明的事实、证据和有关法律规定，论证原审法院认定事实、证据和适用法律包括判处被告人赔偿经济损失是正确的。

对于上诉人、辩护人或者出庭履行职务的检察人员等在适用法律、定性处理方面的意见，应当逐一进行回答，说明不予采纳的理由）。依照……（写明裁定的法律依据）的规定，裁定如下：

　　驳回上诉，维持原判。

　　本裁定为终审裁定。

审　判　长　×××

审　判　员　×××

审　判　员　×××

（院印）

××××年××月××日

本件与原本核对无异

书　记　员　×××

【说　明】

　　一、本样式根据《中华人民共和国刑事诉讼法》第二百三十六条第一款第（一）项的规定制订，供第二审人民法院在受理当事人不服第一审人民法院刑事附带民事判决提出上诉，或者人民检察院提出抗诉的案件后，经审理查明原判决在认定事实和适用法律方面没有错误，量刑和责令赔偿经济损失均无不当，决定驳回上诉，维持原判时使用。

　　二、本样式是按原审被告人不服原判提出上诉的模式设计的。如果条件变化，首部各项和其他相关各处如何改动，可参阅二审改判用的刑事附带民事判决书样式及其说明。对于只对第一审刑事附带民事判决中附带民事部分判决不服提出上诉（或抗诉），第二审判决结果是驳回上诉（抗诉），维持原判的，文书名称仍使用"刑事附带民事裁定书"。

　　三、按本样式制作裁定书时，请注意参阅第二审改判和维持原判用的刑事裁定书样式及其说明。

【法律依据】

　　《中华人民共和国刑事诉讼法》（2018年10月26日）

　　第二百三十六条　第二审人民法院对不服第一审判决的上诉、抗诉案件，经过审理后，应当按照下列情形分别处理：

（一）原判决认定事实和适用法律正确、量刑适当的，应当裁定驳回上诉或者抗诉，维持原判；

（二）原判决认定事实没有错误，但适用法律有错误，或者量刑不当的，应当改判；

（三）原判决事实不清楚或者证据不足的，可以在查清事实后改判；也可以裁定撤销原判，发回原审人民法院重新审判。

原审人民法院对于依照前款第三项规定发回重新审判的案件作出判决后，被告人提出上诉或者人民检察院提出抗诉的，第二审人民法院应当依法作出判决或者裁定，不得再发回原审人民法院重新审判。

15. 刑事附带民事调解书（二审自诉案件用）

×××人民法院
刑事附带民事调解书

（二审自诉案件用）

（××××）……刑终……号

上诉人（原审附带民事诉讼被告人）……（写明姓名、性别、出生年月日、民族、出生地、文化程度、职业或者工作单位和职务、住址等）。

原审自诉人暨附带民事诉讼原告人……（写明姓名、性别、出生年月日、民族、出生地、文化程度、职业或者工作单位和职务、住址等）。

×××人民法院审理自诉人暨附带民事诉讼原告人×××诉被告人×××犯××罪并赔偿经济损失一案，于××××年××月××日作出（××××）×刑初字第××号刑事附带民事判决。原审被告人×××不服，提出上诉。本院依法组成合议庭，公开（或者不公开）开庭审理了本案。

……（概述原审判决认定的事实包括给被害人造成经济损失的事实、判处结果、上诉人的上诉理由、对方当事人的辩解等）。

经审理查明，……（首先写明经二审审理查明的事实包括原审被告人给被害人造成经济损失的事实；其次写明双方当事人对此没有异议）。

经本院主持调解，……（写明被告人承认错误，愿意赔偿经济损失的态度和双方当事人互相谅解的简要情况）。双方当事人自愿达成如下协议：

一、原审自诉人×××自愿放弃对被告人×××刑事部分的指控；

二、上诉人（原审被告人）×××自愿放弃上诉；

三、原审被告人×××赔偿原审自诉人×××……（写明赔偿金额、支付方式、给付期限）。

上述协议不违反有关法律规定，本院予以确认。

本调解书经双方当事人签收后，即具有法律效力。原审（××××）×刑初字第××号刑事附带民事判决自动撤销。

审　判　长　×××

审　判　员　×××

审　判　员　×××

（院印）

××××年××月××日

本件与原本核对无异

书　记　员　×××

【说　明】

一、本样式根据《中华人民共和国刑事诉讼法》第二百一十二条、第二百四十二条和《最高人民法院关于适用〈中华人民共和国刑事诉讼法〉的解释》第四百一十一条的规定制订，供第二审人民法院在审理二审自诉刑事附带民事诉讼案件的过程中，双方当事人达成调解协议时使用。

二、首部上诉人项如系原审自诉人暨附带民事诉讼原告人时，应当在该项后括注"原审自诉人暨附带民事诉讼原告人"；原审自诉人暨附带民事诉讼原告人项则改为"原审被告人"。其他各项的内容也应当作相应的变动。原审自诉人暨附带民事诉讼原告人在二审中如有诉讼代理人的，应当在其后另行列项书写；原审被告人在二审中如有辩护人的，也应当在其后另行列项书写；自诉人暨附带民事诉讼原告人、被告人如系未成年人的，其法定代理人应当在各当事人项后，另行列项书写。

三、协议内容应当在调解书中写明确、具体。

四、本调解书样式适用于刑事自诉案件时，各部分应作相应变动，即文书名称应改为"刑事调解书"；在案件由来、原判决认定事实、本院审理查明以及协议条款中，删去有关附带民事诉讼的内容。

五、本调解书样式不适用原审法院依照刑事诉讼法第一百七十条第（三）项规定作出判决的上诉案件。

【法律依据】

1.《中华人民共和国刑事诉讼法》（2018 年 10 月 26 日）

第二百一十条　自诉案件包括下列案件：

（一）告诉才处理的案件；

（二）被害人有证据证明的轻微刑事案件；

（三）被害人有证据证明对被告人侵犯自己人身、财产权利的行为应当依法追究刑事责任，而公安机关或者人民检察院不予追究被告人刑事责任的案件。

第二百一十二条 人民法院对自诉案件，可以进行调解；自诉人在宣告判决前，可以同被告人自行和解或者撤回自诉。本法第二百一十条第三项规定的案件不适用调解。

人民法院审理自诉案件的期限，被告人被羁押的，适用本法第二百零八条第一款、第二款的规定；未被羁押的，应当在受理后六个月以内宣判。

第二百四十二条 第二审人民法院审判上诉或者抗诉案件的程序，除本章已有规定的以外，参照第一审程序的规定进行。

2.《最高人民法院关于适用〈中华人民共和国刑事诉讼法〉的解释》（2021 年 1 月 26 日）

第四百一十一条 对第二审自诉案件，必要时可以调解，当事人也可以自行和解。调解结案的，应当制作调解书，第一审判决、裁定视为自动撤销。当事人自行和解的，依照本解释第三百二十九条的规定处理；裁定准许撤回自诉的，应当撤销第一审判决、裁定。

16. 刑事裁定书（二审发回重审用）

×××人民法院
刑事裁定书

（二审发回重审用）

（××××）……刑终……号

原公诉机关×××人民检察院。

上诉人（原审被告人）……（写明姓名、性别、出生年月日、民族、出生地、文化程度、职业或者工作单位和职务、住址和因本案所受强制措施情况等，现羁押处所）。

辩护人……（写明姓名、工作单位和职务）。

×××人民法院审理×××人民检察院指控原审被告人×××犯××罪一案，于××××年××月××日作出（××××）×刑初字第××号刑事判决，认定被告人×××犯××罪，判处……（写明判决结果）。被告人×××不服，以……（概述上诉的理由）为由，提出上诉。本院依法组成合议庭审理了本案。现已审理终结。

本院认为，……（具体写明原判事实不清、证据不足，或者违反法律规定的诉讼程序的情形，阐明发回重审的理由）。依照……（写明裁定的法律依据）的规定，裁定如下：

一、撤销×××人民法院（××××）×刑初字第××号刑事判决；

二、发回×××人民法院重新审判。

本裁定为终审裁定。

审　判　长　×××

审　判　员　×××

审　判　员　×××

（院印）

××××年××月××日

本件与原本核对无异

书　记　员　×××

【说 明】

一、本样式根据《中华人民共和国刑事诉讼法》第二百三十六条第一款第（三）项、第二百三十八条和《最高人民法院关于严格执行公开审判制度的若干规定》第七条第一款第（二）项的规定制订，供第二审人民法院在受理当事人不服一审判决提出上诉或者人民检察院提出抗诉的刑事案件后，经审理认为，原判决事实不清楚或者证据不足，或者违反法律规定的诉讼程序，决定撤销原判，发回重新审判时使用。

二、由于发回重审的裁定只解决程序问题，没有对案件的实体问题作出处理，因此，不需具体叙述原判认定的事实、证据、理由和上诉、抗诉的意见和理由等。对于其核心内容，只需在案件的由来段中，用最精炼的文字，即"以……为由，提出上诉（或者抗诉）"表述即可。

三、在本裁定书中，原则上应当具体写明发回重审的理由；对于以违反法律规定的诉讼程序为由发回重审的，应当按照刑事诉讼法第一百九十一条规定的五种情形具体写明，不再向原审法院另行附函说明，特殊情况除外。

四、本样式是按公诉案件的被告人提出上诉且未经开庭审理而设计的。如果条件变化，首部各项如何改动，可参阅第二审改判用的刑事判决书、刑事附带民事判决书样式及其说明。

【法律依据】

1. 《中华人民共和国刑事诉讼法》（2018 年 10 月 26 日）

第二百三十六条 第二审人民法院对不服第一审判决的上诉、抗诉案件，经过审理后，应当按照下列情形分别处理：

（一）原判决认定事实和适用法律正确、量刑适当的，应当裁定驳回上诉或者抗诉，维持原判；

（二）原判决认定事实没有错误，但适用法律有错误，或者量刑不当的，应当改判；

（三）原判决事实不清楚或者证据不足的，可以在查清事实后改判；也可以裁定撤销原判，发回原审人民法院重新审判。

原审人民法院对于依照前款第三项规定发回重新审判的案件作出判决后，被告人提出上诉或者人民检察院提出抗诉的，第二审人民法院应当依法作出判决或者裁定，不得再发回原审人民法院重新审判。

第二百三十八条 第二审人民法院发现第一审人民法院的审理有下列违反法律规定的诉讼程序的情形之一的，应当裁定撤销原判，发回原审人民法院重新审判：

（一）违反本法有关公开审判的规定的；

（二）违反回避制度的；

（三）剥夺或者限制了当事人的法定诉讼权利，可能影响公正审判的；

（四）审判组织的组成不合法的；

（五）其他违反法律规定的诉讼程序，可能影响公正审判的。

2.《最高人民法院关于严格执行公开审判制度的若干规定》（1999 年 3 月 8 日）

第七条 凡应当依法公开审理的案件没有公开审理的，应当按下列规定处理：

（一）当事人提起上诉或者人民检察院对刑事案件的判决、裁定提起抗诉的，第二审人民法院应当裁定撤销原判决，发回重审；

（二）当事人申请再审的，人民法院可以决定再审；人民检察院按照审判监督程序提起抗诉的，人民法院应当决定再审。

上述发回重审或者决定再审的案件应当依法公开审理。

17. 刑事裁定书（二审维持、撤销、变更一审裁定用）

×××人民法院
刑事裁定书

（二审维持、撤销、变更一审裁定用）

（××××）……刑终……号

原公诉机关×××人民检察院。

上诉人（原审被告人）……（写明姓名、性别、出生年月日、民族、出生地、文化程度、职业或者工作单位和职务、住址和因本案所受强制措施情况等，现羁押处所）。

×××人民法院审理×××人民检察院指控被告人×××犯××罪一案，于××××年××月××日作出（××××）×刑初字第××号刑事裁定。原审被告人×××不服，提出上诉。本院依法组成合议庭，审理了本案。现已审理终结。

……（概述原审裁定认定的主要事实、理由和裁定结果以及上诉人的上诉理由）。

经审理查明，……（写明二审法院查明的事实）。

本院认为，……（写明二审裁定维持、变更或者撤销一审法院裁定的理由）。依照……（写明裁定的法律依据）的规定，裁定如下：

……［写明裁定结果。分三种情况：

第一，驳回上诉，维持原裁定的，表述为：

"驳回上诉，维持原裁定。"

第二，撤销原裁定，发回重审的，表述为：

"一、撤销×××人民法院（××××）×刑初字第××号刑事裁定；

二、发回×××人民法院重新审判。"

第三，变更原裁定的，表述为：

"一、撤销×××人民法院（××××）×刑初字第××号刑事裁定；

二、……（写明变更裁定的具体内容）"。］

本裁定为终审裁定。

审　判　长　×××

审　判　员　×××

审　判　员　×××

（院印）

××××年××月××日

本件与原本核对无异

书　记　员　×××

【说　明】

一、本样式根据《中华人民共和国刑事诉讼法》第二百四十条的规定制订，供第二审人民法院在受理不服第一审刑事裁定提出上诉、抗诉的刑事案件后，按照审理查明的事实，决定驳回上诉、抗诉；或者撤销原裁定，发回重审；或者变更原裁定时使用。

二、由于不服一审裁定而上诉、抗诉的案件，主要是程序问题，内容单一，因此，制作本裁定书时，要求文字简洁、明了。

三、本样式是按公诉案件的被告人提出上诉的模式设计的。如果适用于人民检察院提出抗诉的公诉案件、自诉人提出上诉的自诉案件和其他案件时，首部各项和其他各处如何改动，可以参阅第二审改判用的刑事判决书样式及其说明。

【法律依据】

《中华人民共和国刑事诉讼法》（2018 年 10 月 26 日）

第二百四十条　第二审人民法院对不服第一审裁定的上诉或者抗诉，经过审查后，应当参照本法第二百三十六条、第二百三十八条和第二百三十九条的规定，分别情形用裁定驳回上诉、抗诉，或者撤销、变更原裁定。

18. 刑事裁定书（准许撤回上诉、抗诉用）

×××人民法院
刑事裁定书

（准许撤回上诉、抗诉用）

（××××）……刑终……号

原公诉机关×××人民检察院。

上诉人（原审被告人）……（写明姓名、性别、出生年月日、民族、出生地、文化程度、职业或者工作单位和职务、住址和因本案所受强制措施情况等，现羁押处所）。

×××人民法院审理×××人民检察院指控原审被告人×××犯××罪一案，于××××年××月××日作出（××××）×刑初字第××号刑事判决，判处……（写明判处结果）。被告人×××不服，提出上诉。本院审理过程中，上诉人（原审被告人）×××申请撤回上诉。

本院认为，……（写明准许上诉人撤回上诉的理由）。依照……（写明裁定的法律依据）的规定，裁定如下：

准许上诉人×××撤回上诉。

×××人民法院（××××）×刑初字第××号刑事判决自本裁定送达之日起发生法律效力。

本裁定为终审裁定。

审　判　长　×××
审　判　员　×××
审　判　员　×××
（院印）
××××年××月××日

本件与原本核对无异

书　记　员　×××

【说　明】

一、本样式根据《最高人民法院关于适用〈中华人民共和国刑事诉讼法〉的解释》第三百八十六条、第三百九十七条的规定制订，供中级以上人民法院在受理上诉、抗诉案件后，对上诉人申请撤回上诉或者抗诉机关的上级人民检察院撤回抗诉的案件，经审查后决定准许撤回上诉、抗诉时使用。

二、本裁定书样式是按上诉人申请撤回上诉的模式设计的。如果用于人民检察院撤回抗诉的案件时，应作如下改动：

（一）"原公诉机关"改为"抗诉机关"；"上诉人"改为"原审被告人"。

（二）"被告人×××不服，提出上诉"一句改为："抗诉机关即原公诉机关×××人民检察院提出抗诉。"

（三）"上诉人……申请撤回上诉"一句改为："×××人民检察院认为抗诉不当，向本院撤回抗诉。"

（四）"本院认为"之后的"理由"改写为："×××人民检察院撤回抗诉的要求，符合法律规定。"

（五）裁定结果项表述为：

"准许×××人民检察院撤回抗诉。

×××人民法院（××××）×刑初字第××号刑事判决自本裁定送达之日起发生法律效力。"

三、第二审人民法院对接到开庭通知后人民检察院不派员出庭的抗诉案件裁定按人民检察院撤回抗诉处理的，裁定结果表述为：

"本案按×××人民检察院撤回抗诉处理。

×××人民法院（××××）×刑初字第××号刑事判决自本裁定送达之日起发生法律效力。"

四、本样式按上诉人是一案一人设计的。如果是共同犯罪案件的上诉人中有的要求撤回上诉，有的没有要求撤回上诉的，准许上诉人撤回上诉后，不影响案件的继续审理。

五、如系自诉案件的自诉人提出上诉后，不仅要求撤回上诉，而且要求撤回原诉（自诉），经审查予以准许时，裁定结果则应当表述为："准许上诉人×××撤回上诉和自诉。×××人民法院（××××）×刑初字第××号刑事判决自本裁定送达之日起即视为撤销。"在裁定书中"上诉人（即原审自诉人）×××

申请撤回上诉"一句之后增写"和自诉"。

六、对于在上诉、抗诉期满前，上诉人或者人民检察院要求撤回上诉或者抗诉的，第一审判决、裁定在上诉、抗诉期满之日起生效。因此，裁定结果中应当将"自本裁定送达之日起"，改为"自本裁定确定之日起"发生法律效力。

七、不准许上诉人撤诉的，可以口头裁定，不再制作裁定书。

【法律依据】

《最高人民法院关于适用〈中华人民共和国刑事诉讼法〉的解释》（2021 年 1 月 26 日）

第三百八十六条　在上诉、抗诉期满前撤回上诉、抗诉的，第一审判决、裁定在上诉、抗诉期满之日起生效。在上诉、抗诉期满后要求撤回上诉、抗诉，第二审人民法院裁定准许的，第一审判决、裁定应当自第二审裁定书送达上诉人或者抗诉机关之日起生效。

第三百九十七条　开庭审理上诉、抗诉的公诉案件，应当通知同级人民检察院派员出庭。

抗诉案件，人民检察院接到开庭通知后不派员出庭，且未说明原因的，人民法院可以裁定按人民检察院撤回抗诉处理。

19. 刑事裁定书（核准或者不核准法定刑以下判处刑罚用）

×××人民法院
刑事裁定书

（核准或者不核准法定刑以下判处刑罚用）

（××××）刑核×××号

原公诉机关×××人民检察院。

原审被告人……（姓名、性别、出生年月日、民族、出生地、文化程度、职业或者工作单位和职务、住址和所受强制措施情况等，现羁押处所。）

×××人民法院审理×××人民检察院指控被告人×××犯××罪一案，于××××年××月××日作出（××××）×刑初字第××号刑事判决，以被告人×××犯××罪，依法在法定刑以下判处……（具体刑罚）。控辩双方在法定期限内没有上诉、抗诉。×××人民法院依法逐级报送本院复核。本院依法组成合议庭进行审理。现已审理终结。

……（概述原判决认定的事实、证据和在法定刑以下判处刑罚的理由）。

经复核查明，……（写明经复核查明的事实、证据和有无在法定刑以下处罚的特殊情况）。

本院认为，……（阐明本院核准或者不核准对被告人在法定刑以下判处刑罚的理由）。依照……（写明裁定的法律依据）的规定，裁定如下：

[写明裁定结果。分两种情况：

第一，核准在法定刑以下判处刑罚的，表述为：

"核准×××人民法院（××××）×刑初字第××号以被告人×××犯××罪，在法定刑以下判处……（具体刑罚）的刑事判决。"

第二，不予核准的，表述为：

"一、撤销×××人民法院（××××）×刑初字第××号以被告人×××犯××罪，在法定刑以下判处……（具体刑罚）的刑事判决。

二、发回×××人民法院重新审判（或者指定其他下级人民法院重新

审判）。"］

本裁定送达后即发生法律效力。

审　判　长　×××

审　判　员　×××

审　判　员　×××

（院印）

××××年××月××日

本件与原本核对无异

书　记　员　×××

【说　明】

一、本样式根据《中华人民共和国刑法》第六十三条第二款和《最高人民法院关于适用〈中华人民共和国刑事诉讼法〉的解释》第四百一十四条、第四百一十七条的规定制订，供最高人民法院对报请复核在法定刑以下判处刑罚的案件时使用。

二、本样式按照第一审人民法院判决后，被告人不提出上诉、人民检察院不提出抗诉的情形设计的。对于按照第二审程序审理后，报请复核的案件，应当作如下改动：

（一）首部。原公诉机关项，应当按照提起第二审程序的不同情形，分别改写为"原抗诉机关"或者"原审上诉人"；在案件由，来项内，应当将"本案在法定期限内没有上诉、抗诉"一句，改写为一审判决后上诉、抗诉和第二审人民法院维持原判或者改判的情况。有关法院的称谓亦应作相应的改动。

（二）事实部分。应当相应增写第二审人民法院维持原判，或者对在法定刑以下判处被告人刑罚予以改判的事实、情节和证据。

（三）裁判结果。应当相应增写第二审人民法院维持原判或者对原判予以改判的文书名称和案号。

三、根据《最高人民法院关于适用〈中华人民共和国刑事诉讼法〉的解释》的规定，被告人不提出上诉、人民检察院不提出抗诉，原审人民法院应当在上诉、抗诉期满后三日内制作结案报告，连同应报送的卷宗、证据等材料，报请上一级人民法院复核。上一级人民法院同意原判的，应当逐级报请最高人民法院核准；上一级人民法院不同意原判的，应当裁定发回重新审判或者改变管辖，按照第一审程序重新审理。原判是由基层人民法院作出的，高级人民法院可以指定中级人民法院按照第一审程序重新审理。被告人提出上诉或者人民检察院提出抗诉的案件，应当按照第二审程序审理。上诉或者抗诉无理的，应当裁定驳回上诉或者抗诉，维持原判，并逐级报请最高人民法院核准。上诉或者抗诉有理的，应当依法改判。改判后的判决在法定刑以下判处刑罚的，仍应逐级报请最高人民法院核准。

四、高、中级人民法院对下级人民法院在法定刑以下判处被告人刑罚并上报复核的案件进行复核后，不同意原判，裁定发回重新审判或者改变管辖时，可以按照本样式制作刑事裁定书，并对有关部分的内容和写法作相应改动。

五、报请最高人民法院核准在法定刑以下判处刑罚的案件，应当报送报请核准的结案报告、判决书各十五份，以及全案诉讼卷宗和证据。地方各级人民法院对被告人在法定刑以下判处刑罚或者裁定维持的，裁判文书尾部的写法请参阅样式1、11、13的说明。

【法律依据】

1. 《中华人民共和国刑法》（2020年12月26日）

第六十三条 犯罪分子具有本法规定的减轻处罚情节的，应当在法定刑以下判处刑罚；本法规定有数个量刑幅度的，应当在法定量刑幅度的下一个量刑幅度内判处刑罚。

犯罪分子虽然不具有本法规定的减轻处罚情节，但是根据案件的特殊情况，经最高人民法院核准，也可以在法定刑以下判处刑罚。

2. 《最高人民法院关于适用〈中华人民共和国刑事诉讼法〉的解释》（2021年1月26日）

第四百一十四条 报请最高人民法院核准在法定刑以下判处刑罚的案件，应当按照下列情形分别处理：

（一）被告人未上诉、人民检察院未抗诉的，在上诉、抗诉期满后三日以内报请上一级人民法院复核。上级人民法院同意原判的，应当书面层报最高人民法院核准；不同意的，应当裁定发回重新审判，或者按照第二审程序提审；

（二）被告人上诉或者人民检察院抗诉的，上一级人民法院维持原判，或者改判后仍在法定刑以下判处刑罚的，应当依照前项规定层报最高人民法院核准。

第四百一十七条 对在法定刑以下判处刑罚的案件，最高人民法院予以核准的，应当作出核准裁定书；不予核准的，应当作出不核准裁定书，并撤销原判决、裁定，发回原审人民法院重新审判或者指定其他下级人民法院重新审判。

20. 刑事判决书（按一审程序再审改判用）

×××人民法院
刑事判决书

（按一审程序再审改判用）

（××××）……刑再初……号

原公诉机关×××人民检察院。

原审被告人……（写明姓名、性别、出生年月日、民族、出生地、文化程度、职业或者工作单位和职务、住址等，现羁押处所）。

辩护人……（写明姓名、工作单位和职务）。

×××人民检察院指控原审被告人×××犯××罪一案，本院于××××年××月××日作出（××××）×刑初字第××号刑事判决。该判决发生法律效力后，……（写明提起再审的根据）。本院依法另行组成合议庭，公开（或者不公开）开庭审理了本案。×××人民检察院检察员×××出庭履行职务。被害人×××、原审被告人×××及其辩护人×××等到庭参加诉讼。现已审理终结。

……（概述原审判决认定的事实、证据、判决的理由和判决结果）。

……（概述再审中原审被告人的辩解和辩护人的辩护意见。对人民检察院在再审中提出的意见，应当一并写明）。

经再审查明，……（写明再审认定的事实和证据，并就诉讼双方对原判有异议的事实、证据作出分析、认证）。

本院认为，……（根据再审查明的事实、证据和有关法律规定，对原判和诉讼各方的主要意见作出分析，阐明改判的理由）。依照……（写明判决的法律依据）的规定，判决如下：

……〔写明判决结果。分两种情况：

第一，全部改判的，表述为：

"一、撤销本院（××××）×刑×字第××号刑事判决；

二、原审被告人×××……（写明改判的内容）。"

第二，部分改判的，表述为：

"一、维持本院（××××）×刑×字第××号刑事判决的第×项，即……（写明维持的具体内容）；

二、撤销本院（××××）×刑×字第××号刑事判决的第×项，即……（写明撤销的具体内容）；

三、原审被告人×××……（写明部分改判的内容）。"］

如不服本判决，可在接到判决书的第二日起十日内，通过本院或者直接向×××人民法院提出上诉。书面上诉的，应当提交上诉状正本一份，副本×份。

审　判　长　×××
审　判　员　×××
审　判　员　×××
（院印）
××××年××月××日

本件与原本核对无异

书　记　员　×××

【说　明】

一、本样式根据《中华人民共和国刑事诉讼法》第二百五十三条、第二百五十四条、第二百五十五条、第二百五十六条和《最高人民法院关于适用〈中华人民共和国刑事诉讼法〉的解释》第四百六十条、第四百六十一条、第五百七十二条的规定制订，供各级人民法院对本院已经发生法律效力的一审判决，经提起再审程序后，另行组成合议庭，就案件的实体问题进行再审，确认原判在认定事实上或者适用法律上确有错误，决定予以改判时使用。

二、"提起再审的根据"有以下两种情况：

（一）第一审人民法院决定再审的，写为："本院又于××××年××月××日作出（××××）×刑监字第××号再审决定，对本案提起再审"；

（二）上级人民法院指令再审的，写为："×××人民法院于××××年××月××日作出（××××）×刑监字第××号再审决定，指令本院对本案进行再审。"

三、本样式系按公诉案件设计的。适用于自诉案件时，应当在首部作如下改动：

（一）"原审自诉人"项排在第一，"原审被告人"项排在第二，等等；

（二）"×××人民检察院指控……一案"，改为"原审自诉人×××以原审被告人×××犯××罪提出控诉"；

（三）"×××人民检察院检察员×××出庭履行职务"，改为"原审自诉人×××"。

四、本判决书的理由部分，应当根据不同情况有针对性地论述改判的理由：

（一）宣告无罪的，分为两种情况：1. 依据法律认定被告人无罪的，应当根据再审认定的事实、证据和有关法律规定，通过分析论证，说明被告人的行为不构成犯罪，原判错误；并针对被告人及其辩护人的辩护意见表示是否予以采纳。2. 证据不足，不能认定被告人有罪的，应当根据再审认定的事实、证据和有关法律规定，阐明原判认定被告人构成犯罪的证据不足，犯罪不能成立。

（二）定罪正确，量刑不当的，应当根据再审认定的事实、证据和有关法律规定，通过分析论证，说明原判定性正确，但量刑不当，以及对被告人为什么应当从轻、减轻、免除处罚或者从重处罚，并针对被告人的辩解及其辩护人的辩护意见，表示是否予以采纳。

（三）变更罪名的，应当根据再审认定的事实、证据和有关法律规定，通过分析论证，说明原判定性有误，但被告人的行为仍构成犯罪，以及犯何罪，是否应当从轻、减轻、免除处罚或者从重处罚；并针对被告人的辩解及其辩护人的辩护意见，表示是否予以采纳。

五、如果再审判决对原判结果中的内容部分维持、部分改判的，表述时，应当分项写明。如：

"（一）维持本院（××××）×刑初字第××号刑事判决中……（写明维持的内容）；

（二）撤销本院（××××）×刑初字第××号刑事判决中……（写明撤销的内容）；

（三）对原审被告人×××……（写明改判的内容）。"

【法律依据】

1.《中华人民共和国刑事诉讼法》（2018 年 10 月 26 日）

第二百五十三条 当事人及其法定代理人、近亲属的申诉符合下列情形之一的，人民法院应当重新审判：

（一）有新的证据证明原判决、裁定认定的事实确有错误，可能影响定罪量刑的；

（二）据以定罪量刑的证据不确实、不充分、依法应当予以排除，或者证明案件事实的主要证据之间存在矛盾的；

（三）原判决、裁定适用法律确有错误的；

（四）违反法律规定的诉讼程序，可能影响公正审判的；

（五）审判人员在审理该案件的时候，有贪污受贿，徇私舞弊，枉法裁判行为的。

第二百五十四条 各级人民法院院长对本院已经发生法律效力的判决和裁定，如果发现在认定事实上或者在适用法律上确有错误，必须提交审判委员会处理。

最高人民法院对各级人民法院已经发生法律效力的判决和裁定，上级人民法院对下级人民法院已经发生法律效力的判决和裁定，如果发现确有错误，有权提审或者指令下级人民法院再审。

最高人民检察院对各级人民法院已经发生法律效力的判决和裁定，上级人民检察院对下级人民法院已经发生法律效力的判决和裁定，如果发现确有错误，有权按照审判监督程序向同级人民法院提出抗诉。

人民检察院抗诉的案件，接受抗诉的人民法院应当组成合议庭重新审理，对于原判决事实不清楚或者证据不足的，可以指令下级人民法院再审。

第二百五十五条 上级人民法院指令下级人民法院再审的，应当指令原审人民法院以外的下级人民法院审理；由原审人民法院审理更为适宜的，也可以指令原审人民法院审理。

第二百五十六条 人民法院按照审判监督程序重新审判的案件，由原审人民法院审理的，应当另行组成合议庭进行。如果原来是第一审案件，应当依照第一审程序进行审判，所作的判决、裁定，可以上诉、抗诉；如果原来是第二审案件，或者是上级人民法院提审的案件，应当依照第二审程序进行审判，所作的判决、裁定，是终审的判决、裁定。

人民法院开庭审理的再审案件，同级人民检察院应当派员出席法庭。

2.《最高人民法院关于适用〈中华人民共和国刑事诉讼法〉的解释》
（2021 年 1 月 26 日）

第四百六十条 各级人民法院院长发现本院已经发生法律效力的判决、

裁定确有错误的，应当提交审判委员会讨论决定是否再审。

第四百六十一条 上级人民法院发现下级人民法院已经发生法律效力的判决、裁定确有错误的，可以指令下级人民法院再审；原判决、裁定认定事实正确但适用法律错误，或者案件疑难、复杂、重大，或者有不宜由原审人民法院审理情形的，也可以提审。

上级人民法院指令下级人民法院再审的，一般应当指令原审人民法院以外的下级人民法院审理；由原审人民法院审理更有利于查明案件事实、纠正裁判错误的，可以指令原审人民法院审理。

第四百七十二条 再审案件经过重新审理后，应当按照下列情形分别处理：

（一）原判决、裁定认定事实和适用法律正确、量刑适当的，应当裁定驳回申诉或者抗诉，维持原判决、裁定；

（二）原判决、裁定定罪准确、量刑适当，但在认定事实、适用法律等方面有瑕疵的，应当裁定纠正并维持原判决、裁定；

（三）原判决、裁定认定事实没有错误，但适用法律错误或者量刑不当的，应当撤销原判决、裁定，依法改判；

（四）依照第二审程序审理的案件，原判决、裁定事实不清、证据不足的，可以在查清事实后改判，也可以裁定撤销原判，发回原审人民法院重新审判。

原判决、裁定事实不清或者证据不足，经审理事实已经查清的，应当根据查清的事实依法裁判；事实仍无法查清，证据不足，不能认定被告人有罪的，应当撤销原判决、裁定，判决宣告被告人无罪。

21. 刑事判决书（按二审程序再审改判用）

×××人民法院
刑事判决书

（按二审程序再审改判用）

（××××）……刑再终……号

原公诉机关×××人民检察院。

原审上诉人（原审被告人）……（写明姓名、性别、出生年月日、民族、出生地、文化程度、职业或者工作单位和职务、住址等，现羁押处所）。

辩护人……（写明姓名、工作单位和职务）。

×××人民检察院指控被告人×××犯××罪一案，×××人民法院于××××年××月××日作出（××××）×刑初字第××号刑事判决，本院于××××年××月××日作出（××××）×刑终字第××号刑事判决（或者裁定）。上述裁判发生法律效力后，……（写明提起再审的根据）。本院依法另行组成合议庭，公开（或者不公开）开庭审理了本案。×××人民检察院检察员×××出庭履行职务。被害人×××、原审被告人×××及其辩护人×××等到庭参加诉讼。现已审理终结。

……（概述原判认定的事实、证据、判决的理由和判决结果）。

……（概述再审中原审被告人的辩解和辩护人的辩护意见。对人民检察院在再审中提出的意见，应当一并写明）。

经再审查明，……（写明再审认定的事实和证据，并就诉讼双方对原判有异议的事实、证据作出分析、认证）。

本院认为，……（根据再审查明的事实、证据和有关法律规定，对原判和诉讼各方主要意见作出分析，阐明改判的理由）。依照……（写明判决的法律依据）的规定，判决如下：

……［写明判决结果。分六种情况：

第一，原系一审，提审后全部改判的，表述为：

"一、撤销×××人民法院（××××）×刑初字第××号刑事判决；

二、被告人×××……（写明改判的内容）。"

第二，原系一审，提审后部分改判的，表述为：

"一、维持×××人民法院（××××）×刑初字第××号刑事判决的第×项，即……（写明维持的具体内容）；

"二、撤销×××人民法院（××××）×刑初字第××号刑事判决的第×项，即……（写明撤销的具体内容）；

三、被告人×××……（写明部分改判的内容）。"

第三，原系二审维持原判，再审后全部改判的，表述为：

"一、撤销本院（××××）×刑终字第××号刑事裁定和×××人民法院（××××）×刑初字第××号刑事判决；

二、被告人×××……（写明改判的内容）。"

第四，原系二审维持原判，再审后部分改判的，表述为：

"一、维持本院（××××）×刑终字第××号刑事裁定和×××人民法院（××××）×刑初字第××号刑事判决中……（写明维持的具体内容）；

二、撤销本院（××××）×刑终字第××号刑事裁定和×××人民法院（××××）刑初字第××号刑事判决中……（写明撤销的具体内容）；

三、被告人×××……（写明部分改判的内容）。"

第五，原系二审改判，再审后全部改判的，表述为：

"一、撤销本院（××××）×刑终字第××号刑事判决和×××人民法院（××××）×刑初字第××号刑事判决；

二、被告人×××……（写明改判的内容）。"

第六，原系二审改判，再审后部分改判的，表述为：

"一、维持本院（××××）×刑终字第××号刑事判决的第×项，即……（写明维持的具体内容）；

二、撤销本院（××××）×刑终字第××号刑事判决的第×项，即……（写明撤销的具体内容）；

三、被告人×××……（写明改判的内容）。"]

本判决为终审判决。

审　判　长　×××

审　判　员　×××

审　判　员　×××

（院印）

××××年××月××日

本件与原本核对无异

书 记 员 ×××

【说　明】

一、本样式根据《中华人民共和国刑事诉讼法》第二百五十三条和《最高人民法院关于适用〈中华人民共和国刑事诉讼法〉的解释》四百六十条、第四百六十一条、第四百七十二条的规定制订，供中级以上人民法院对下级人民法院和本院已经发生法律效力的裁判，经提起再审程序后，组成合议庭或者另行组成合议庭，就案件的实体问题进行再审，确认原判在认定事实上或者适用法律上确有错误，决定予以改判时使用。

二、如果系人民检察院按照审判监督程序提出抗诉的，首部第一项应写"抗诉机关"。

三、当事人的称谓，应当根据不同情况写明：（一）原来是第一审的，写明原审时的称谓，如"原审被告人"；（二）原来是第二审的，写明原二审时的称谓，如"原审上诉人（原审被告人）"，未上诉的写为"原审被告人"。

四、"提起再审的根据"有以下四种情况：

（一）第二审人民法院决定再审的，写为："本院又于××××年××月××日作出（××××）×刑监字第××号再审决定，对本案提起再审"；

（二）上级人民法院指令第二审人民法院再审的，写为："×××人民法院于××××年××月××日作出（××××）×刑监字第××号再审决定，指令本院对本案进行再审"；

（三）上级人民法院提审的，写为："本院于××××年××月××日作出（××××）×刑监字第×号再审决定，提审了本案"；

（四）人民检察院按照审判监督程序提出抗诉的，写为："×××人民检察院于××××年××月××日按照审判监督程序向本院提出抗诉"。

五、上级人民法院按照审判监督程序提审的案件和人民检察院按照审判监督程序提出抗诉的案件，首部合议庭的组成情况应当表述为："本院依法组成合议庭"。

六、未开庭审理的，应当将"本院依法组成合议庭"之后至"现已审理终结"之前的内容，改写为："经过阅卷，讯问被告人，听取其他当事人、辩护人、诉讼代理人的意见，认为事实清楚，决定不开庭审理。"

七、人民检察院按照审判监督程序提出抗诉的，事实部分应当首先写明人民检察院的抗诉意见，然后再写明被告人的辩解和辩护人的辩护意见。

八、本判决书理由部分的写法，可以参阅按一审程序再审改判用的刑事判决书样式说明的第四条。

九、根据《最高人民法院关于执行〈中华人民共和国刑事诉讼法〉若干问题的解释》第三百一十二条第（二）项的规定，按照第二审程序审理的案件，直接改判被告人死刑立即执行的，不论案件的死刑核准权是否下放，均应当将判决书尾部"本判决为终审判决"，改写为"本判决依法报请最高人民法院核准。"

如果系共同犯罪案件，其中有改判原审被告人死刑的，尾部应当依照样式 11 说明第七条第二款的规定制作。

【法律依据】

1.《中华人民共和国刑事诉讼法》（2018 年 10 月 26 日）

第二百五十三条 当事人及其法定代理人、近亲属的申诉符合下列情形之一的，人民法院应当重新审判：

（一）有新的证据证明原判决、裁定认定的事实确有错误，可能影响定罪量刑的；

（二）据以定罪量刑的证据不确实、不充分、依法应当予以排除，或者证明案件事实的主要证据之间存在矛盾的；

（三）原判决、裁定适用法律确有错误的；

（四）违反法律规定的诉讼程序，可能影响公正审判的；

（五）审判人员在审理该案件的时候，有贪污受贿，徇私舞弊，枉法裁判行为的。

第二百五十四条 各级人民法院院长对本院已经发生法律效力的判决和裁定，如果发现在认定事实上或者在适用法律上确有错误，必须提交审判委员会处理。

最高人民法院对各级人民法院已经发生法律效力的判决和裁定，上级人民法院对下级人民法院已经发生法律效力的判决和裁定，如果发现确有错误，有权提审或者指令下级人民法院再审。

最高人民检察院对各级人民法院已经发生法律效力的判决和裁定，上级人民检察院对下级人民法院已经发生法律效力的判决和裁定，如果发现确有错误，有权按照审判监督程序向同级人民法院提出抗诉。

人民检察院抗诉的案件，接受抗诉的人民法院应当组成合议庭重新审理，对于原判决事实不清楚或者证据不足的，可以指令下级人民法院再审。

第二百五十五条 上级人民法院指令下级人民法院再审的，应当指令原审人民法院以外的下级人民法院审理；由原审人民法院审理更为适宜的，也可以指令原审人民法院审理。

第二百五十六条 人民法院按照审判监督程序重新审判的案件，由原审人民法院审理的，应当另行组成合议庭进行。如果原来是第一审案件，应当依照第一审程序进行审判，所作的判决、裁定，可以上诉、抗诉；如果原来是第二审案件，或者是上级人民法院提审的案件，应当依照第二审程序进行审判，所作的判决、裁定，是终审的判决、裁定。

人民法院开庭审理的再审案件，同级人民检察院应当派员出席法庭。

2.《最高人民法院关于适用〈中华人民共和国刑事诉讼法〉的解释》（2021年1月26日）

第四百六十条 各级人民法院院长发现本院已经发生法律效力的判决、裁定确有错误的，应当提交审判委员会讨论决定是否再审。

第四百六十一条 上级人民法院发现下级人民法院已经发生法律效力的判决、裁定确有错误的，可以指令下级人民法院再审；原判决、裁定认定事实正确但适用法律错误，或者案件疑难、复杂、重大，或者有不宜由原审人民法院审理情形的，也可以提审。

上级人民法院指令下级人民法院再审的，一般应当指令原审人民法院以外的下级人民法院审理；由原审人民法院审理更有利于查明案件事实、纠正裁判错误的，可以指令原审人民法院审理。

第四百七十二条 再审案件经过重新审理后，应当按照下列情形分别处理：

（一）原判决、裁定认定事实和适用法律正确、量刑适当的，应当裁定驳回申诉或者抗诉，维持原判决、裁定；

（二）原判决、裁定定罪准确、量刑适当，但在认定事实、适用法律等方面有瑕疵的，应当裁定纠正并维持原判决、裁定；

（三）原判决、裁定认定事实没有错误，但适用法律错误或者量刑不当的，应当撤销原判决、裁定，依法改判；

（四）依照第二审程序审理的案件，原判决、裁定事实不清、证据不足的，可以在查清事实后改判，也可以裁定撤销原判，发回原审人民法院重新审判。

原判决、裁定事实不清或者证据不足，经审理事实已经查清的，应当根据查清的事实依法裁判；事实仍无法查清，证据不足，不能认定被告人有罪的，应当撤销原判决、裁定，判决宣告被告人无罪。

22. 刑事判决书（再审后的上诉、抗诉案件二审改判用）

×××人民法院
刑事判决书

（再审后的上诉、抗诉案件二审改判用）

（××××）……刑再终……号

原公诉机关××××人民检察院。

上诉人（原审被告人）……（写明姓名、性别、出生年月日、民族、出生地、文化程度、职业或者工作单位和职务、住址等，现羁押处所）。

辩护人……（写明姓名、工作单位和职务）。

×××人民检察院指控被告人×××犯××罪一案，×××人民法院于××××年××月××日作出（××××）×刑再初字第××号刑事判决（或者裁定）。被告人×××不服，提出上诉。本院依法组成合议庭，公开（或者不公开）开庭审理了本案。×××人民检察院检察员×××出庭履行职务。被害人×××、上诉人（原审被告人）×××及其辩护人×××等到庭参加诉讼。现已审理终结。

……［概述一审法院的再审判决（或者裁定）认定的事实、证据、判决的理由和判决结果］。

……（概述上诉人、辩护人的主要意见。对人民检察院在二审中提出的意见，应当一并写明）。

经审理查明，……（写明二审认定的事实和证据，并就诉讼双方对原判有异议的事实、证据作出分析、认证）。

本院认为，……（根据二审查明的事实、证据和有关法律规定，对原判和诉讼各方的主要意见作出分析，阐明改判的理由）。依照……（写明判决的法律依据）的规定，判决如下：

……［写明判决结果。分四种情况：

第一，一审法院再审裁定维持原判，二审全部改判的，表述为：

"一、撤销×××人民法院（××××）×刑再初字第××号刑事裁定和×××人民法院（××××）×刑初字第××号刑事判决；

二、被告人×××……（写明改判的内容）。"

第二，一审法院再审裁定维持原判，二审部分改判的，表述为：

"一、维持×××人民法院（××××）×刑再初字第××号刑事裁定和×××人民法院（××××）×刑初字第××号刑事判决中……（写明维持的具体内容）；

二、撤销×××人民法院（××××）×刑再初字第××号刑事裁定和×××人民法院（××××）×刑初字第××号刑事判决中……（写明撤销的具体内容）；

三、被告人×××……（写明部分改判的内容）。"

第三，一审法院再审撤销原判，二审又全部撤销再审判决的，表述为：

"一、撤销×××人民法院（××××）×刑再初字第××号刑事判决和×××人民法院（××××）×刑初字第××号刑事判决；

二、被告人×××……（写明改判的内容）。"

第四，一审法院再审撤销原判，二审部分维持、部分撤销再审判决的，表述为：

"一、维持×××人民法院（××××）×刑再初字第××号刑事判决的第×项，即……（写明维持的具体内容）；

二、撤销×××人民法院（××××）×刑再初字第××号刑事判决的第×项，即……（写明撤销的具体内容）；

三、被告人×××……（写明部分改判的内容）。"］

本判决为终审判决。

审　判　长　×××

审　判　员　×××

审　判　员　×××

（院印）

××××年××月××日

本件与原本核对无异

书　记　员　×××

【说　明】

一、本样式根据《中华人民共和国刑事诉讼法》第二百五十六条和第二百三十六条的规定制订，供第二审人民法院在收到不服第一审人民法院的再审裁定或者判决提出上诉或者抗诉的刑事案件后，按照第二审程序审理查明第一审人民法院的再审裁定或者判决，在认定事实上或者适用法律上仍有错误，或者仍然事实不清，经进一步查证属实后，决定依法改判时使用。

二、人民检察院抗诉的，事实部分应当首先写明人民检察院的抗诉意见，然后再写明被告人的辩解和辩护人的辩护意见。

三、本判决书理由部分的写法，可以参阅一审程序再审改判用的刑事判决书样式说明的第四条。

四、制作本判决书时，可以参阅二审改判用刑事判决书样式的说明。

【法律依据】

《中华人民共和国刑事诉讼法》（2018 年 10 月 26 日）

第二百五十六条 人民法院按照审判监督程序重新审判的案件，由原审人民法院审理的，应当另行组成合议庭进行。如果原来是第一审案件，应当依照第一审程序进行审判，所作的判决、裁定，可以上诉、抗诉；如果原来是第二审案件，或者是上级人民法院提审的案件，应当依照第二审程序进行审判，所作的判决、裁定，是终审的判决、裁定。

人民法院开庭审理的再审案件，同级人民检察院应当派员出席法庭。

第二百三十六条 第二审人民法院对不服第一审判决的上诉、抗诉案件，经过审理后，应当按照下列情形分别处理：

（一）原判决认定事实和适用法律正确、量刑适当的，应当裁定驳回上诉或者抗诉，维持原判；

（二）原判决认定事实没有错误，但适用法律有错误，或者量刑不当的，应当改判；

（三）原判决事实不清楚或者证据不足的，可以在查清事实后改判；也可以裁定撤销原判，发回原审人民法院重新审判。

原审人民法院对于依照前款第三项规定发回重新审判的案件作出判决后，被告人提出上诉或者人民检察院提出抗诉的，第二审人民法院应当依法作出判决或者裁定，不得再发回原审人民法院重新审判。

23. **刑事裁定书**（按一审程序再审维持原判用）

×××人民法院
刑事裁定书

（按一审程序再审维持原判用）

（××××）……刑再初……号

原公诉机关××××人民检察院。

原审被告人……（写明姓名、性别、出生年月日、民族、出生地、文化程度、职业或者工作单位和职务、住址等，现羁押处所）。

辩护人……（写明姓名、工作单位和职务）。

×××人民检察院指控被告人×××犯××罪一案，本院于××××年××月××日作出（××××）×刑初字第××号刑事判决。该判决发生法律效力后，……（写明提起再审的根据）。本院依法另行组成合议庭，公开（或者不公开）开庭审理了本案。×××人民检察院检察员×××出庭履行职务。被害人×××、原审被告人×××及其辩护人×××等到庭参加诉讼。现已审理终结。

……（概述原审判决认定的事实、证据、判决的理由和结果）。

……（概述再审中原审被告人的辩解和辩护人的辩护意见。对人民检察院在再审中提出的意见，应当一并写明）。

经再审查明，……（写明再审认定的事实和证据，并就诉讼双方对原判有异议的事实、证据作出分析、认证）。

本院认为，……（根据再审查明的事实、证据和有关法律规定，通过分析论证，具体写明原判定罪准确，量刑适当，应予维持，被告人的辩解和辩护人的辩护意见不予采纳的理由）。依照……（写明裁定的法律依据）的规定，裁定如下：

维持本院（××××）×刑×字第××号刑事判决。

如不服本裁定，可在接到裁定书的第二日起五日内，通过本院或者直接向×××人民法院提出上诉。书面上诉的，应当提交上诉状正本一份，副本×份。

审　判　长　×××

审　判　员　×××

审　判　员　×××

（院印）

××××年××月××日

本件与原本核对无异

书　记　员　×××

【说　明】

一、本样式根据《中华人民共和国刑事诉讼法》第二百五十六条和《最高人民法院关于适用〈中华人民共和国刑事诉讼法〉的解释》第四百七十二条的规定制订，供各级人民法院对本院已经发生法律效力的一审判决，经提起再审程序后，另行组成合议庭，就案件的实体问题进行再审，确认原判在认定事实上和适用法律上没有错误，决定维持原判时使用。

二、制作本裁定书时，可以参阅一审程序再审改判用的刑事判决书样式说明的第二条和第三条。

【法律依据】

1. 《中华人民共和国刑事诉讼法》（2018 年 10 月 26 日）

第二百五十六条　人民法院按照审判监督程序重新审判的案件，由原审人民法院审理的，应当另行组成合议庭进行。如果原来是第一审案件，应当依照第一审程序进行审判，所作的判决、裁定，可以上诉、抗诉；如果原来是第二审案件，或者是上级人民法院提审的案件，应当依照第二审程序进行审判，所作的判决、裁定，是终审的判决、裁定。

人民法院开庭审理的再审案件，同级人民检察院应当派员出席法庭。

2. 《最高人民法院关于适用〈中华人民共和国刑事诉讼法〉的解释》（2021 年 1 月 26 日）

第四百七十二条　再审案件经过重新审理后，应当按照下列情形分别处理：

（一）原判决、裁定认定事实和适用法律正确、量刑适当的，应当裁定驳回申诉或者抗诉，维持原判决、裁定；

（二）原判决、裁定定罪准确、量刑适当，但在认定事实、适用法律等方面有瑕疵的，应当裁定纠正并维持原判决、裁定；

（三）原判决、裁定认定事实没有错误，但适用法律错误或者量刑不当的，应当撤销原判决、裁定，依法改判；

（四）依照第二审程序审理的案件，原判决、裁定事实不清、证据不足的，可以在查清事实后改判，也可以裁定撤销原判，发回原审人民法院重新审判。

原判决、裁定事实不清或者证据不足，经审理事实已经查清的，应当根据查清的事实依法裁判；事实仍无法查清，证据不足，不能认定被告人有罪的，应当撤销原判决、裁定，判决宣告被告人无罪

24. **刑事裁定书**（按二审程序再审维持原判用）

×××人民法院
刑事裁定书

（按二审程序再审维持原判用）

（××××）……刑再终……号

原公诉机关×××人民检察院。

原审上诉人（原审被告人）……（写明姓名、性别、出生年月日、民族、出生地、文化程度、职业或者工作单位和职务、住址等，现羁押处所）。

辩护人……（写明姓名、工作单位和职务）。

×××人民检察院指控被告人×××犯××罪一案，×××人民法院于××××年××月××日作出（××××）×刑初字第××号刑事判决，本院于××××年××月××日作出（××××）×刑终字第××号刑事判决（或裁定）。上述裁判发生法律效力后，……（写明提起再审的根据）。本院依法另行组成合议庭，公开（或者不公开）开庭审理了本案。×××人民检察院检察员×××出庭履行职务。被害人×××、原审被告人×××及其辩护人×××等到庭参加诉讼。现已审理终结。

……（概述原判认定的事实、证据、判决的理由和结果）。

……（概述再审中原审被告人的辩解和辩护人的辩护意见。对人民检察院在再审中提出的意见，应当一并写明）。

经再审查明，……（写明再审认定的事实和证据，并就诉讼双方对原判有异议的事实、证据作出分析、认证）。

本院认为，……（根据再审查明的事实、证据和有关法律规定，通过分析论证，具体写明原判定罪准确，量刑适当，应予维持，被告人的辩解和辩护人的辩护意见不予采纳的理由）。依照……（写明裁定的法律依据）的规定，裁定如下：

……[写明裁定结果。分三种情况：

第一，原系一审的，表述为：

"维持×××人民法院（××××）×刑初字第××号刑事判决。"

第二，原系二审维持原判的，表述为：

"维持本院（××××）×刑终字第××号刑事裁定和×××人民法院（××××）×刑初字第××号刑事判决。"

第三，原系二审改判的，表述为：

"维持本院（××××）×刑终字第××号刑事判决。"〕

本裁定为终审裁定。

审　判　长　×××
审　判　员　×××
审　判　员　×××
（院印）
××××年××月××日

本件与原本核对无异

书　记　员　×××

【说　明】

一、本样式根据《中华人民共和国刑事诉讼法》第二百五十六条和《最高人民法院关于适用〈中华人民共和国刑事诉讼法〉的解释》第四百七十二条的规定制订，供中级以上人民法院对下级人民法院和本院已经发生法律效力的裁判，经提起再审程序后，组成合议庭或者依法另行组成合议庭，就案件的实体问题进行再审，确认原判在认定事实上和适用法律上没有错误，决定维持原判时使用。

二、制作本裁定书时，可以参阅二审程序再审改判用的刑事判决书样式说明的第三条、第四条、第五条、第六条、第七条、第八条、第九条。

【法律依据】

1. 《中华人民共和国刑事诉讼法》（2018 年 10 月 26 日）

第二百五十六条　人民法院按照审判监督程序重新审判的案件，由原审人民法院审理的，应当另行组成合议庭进行。如果原来是第一审案件，应当依照第一审程序进行审判，所作的判决、裁定，可以上诉、抗诉；如果原来是第二审案件，或者是上级人民法院提审的案件，应当依照第二审程序进行审判，所作的判决、裁定，是终审的判决、裁定。

人民法院开庭审理的再审案件，同级人民检察院应当派员出席法庭。

2.《最高人民法院关于适用〈中华人民共和国刑事诉讼法〉的解释》（2021年1月26日）

第四百七十二条 再审案件经过重新审理后，应当按照下列情形分别处理：

（一）原判决、裁定认定事实和适用法律正确、量刑适当的，应当裁定驳回申诉或者抗诉，维持原判决、裁定；

（二）原判决、裁定定罪准确、量刑适当，但在认定事实、适用法律等方面有瑕疵的，应当裁定纠正并维持原判决、裁定；

（三）原判决、裁定认定事实没有错误，但适用法律错误或者量刑不当的，应当撤销原判决、裁定，依法改判；

（四）依照第二审程序审理的案件，原判决、裁定事实不清、证据不足的，可以在查清事实后改判，也可以裁定撤销原判，发回原审人民法院重新审判。

原判决、裁定事实不清或者证据不足，经审理事实已经查清的，应当根据查清的事实依法裁判；事实仍无法查清，证据不足，不能认定被告人有罪的，应当撤销原判决、裁定，判决宣告被告人无罪。

25. 刑事裁定书（再审后的上诉、抗诉案件二审维持原判用）

×××人民法院
刑事裁定书

（再审后的上诉、抗诉案件二审维持原判用）

（××××）……刑再终……号

原公诉机关×××人民检察院。

上诉人（原审被告人）……（写明姓名、性别、出生年月日、民族、出生地、职业、文化程度或者工作单位和职务、住址等，现羁押处所）。

辩护人……（写明姓名、工作单位和职务）。

×××人民检察院指控被告人×××犯××罪一案，×××人民法院于××××年××月××日作出（××××）×刑再初字第××号刑事判决（或者裁定）。被告人×××不服，提出上诉。本院依法组成合议庭，公开（或者不公开）开庭审理了本案。×××人民检察院检察员×××出庭履行职务。被害人×××、上诉人（原审被告人）×××及其辩护人×××等到庭参加诉讼。现已审理终结。

……［概述一审法院的再审判决（或者裁定）认定的事实、证据、判决的理由和结果］。

……（概述上诉、辩护的主要意见。对人民检察院在二审中提出的意见，应当一并写明）。

经审理查明，……（写明二审法院认定的事实和证据，并就诉讼双方对原判有异议的事实、证据作出分析、认证）。

本院认为，……（根据二审查明的事实、证据和有关法律规定，通过分析论证，具体写明原判定罪准确，量刑适当，应予维持，上诉理由不能成立，辩护意见不予采纳的理由）。依照……（写明裁定的法律依据）的规定，裁定如下：

……［写明裁定结果。分两种情况：

第一，一审法院再审系裁定维持原判的，表述为：

"驳回上诉，维持×××人民法院（××××）×刑再初字第××号刑事裁定和×××人民法院（××××）×刑初字第××号刑事判决。"

第二，一审法院再审系判决改变原判的，表述为：

"驳回上诉，维持×××人民法院（××××）×刑再初字第××号刑事判决。"]

本裁定为终审裁定。

审　判　长　×××

审　判　员　×××

审　判　员　×××

（院印）

××××年××月××日

本件与原本核对无异

书　记　员　×××

【说　明】

一、本样式根据《中华人民共和国刑事诉讼法》第二百五十六条和第二百三十六条的规定制订，供第二审人民法院在收到不服第一审人民法院的再审裁定或者判决提出上诉或者抗诉的刑事案件后，按照第二审程序审理查明第一审人民法院的再审裁定或者判决，在认定事实上和适用法律上没有错误，决定维持原判时使用。

二、人民检察院抗诉的，事实部分应当首先写明人民检察院的抗诉意见，然后再写明原审被告人的辩解和辩护人的辩护意见。

三、制作本裁定书时，可以参阅二审维持原判决用刑事裁定书样式的说明。

【法律依据】

《中华人民共和国刑事诉讼法》（2018 年 10 月 26 日）

第二百五十六条　人民法院按照审判监督程序重新审判的案件，由原审人民法院审理的，应当另行组成合议庭进行。如果原来是第一审案件，应当依照第一审程序进行审判，所作的判决、裁定，可以上诉、抗诉；如果原来是第二审案件，或者是上级人民法院提审的案件，应当依照第二审程序进行审判，所作的判决、裁定，是终审的判决、裁定。

人民法院开庭审理的再审案件，同级人民检察院应当派员出席法庭。

第二百三十六条 第二审人民法院对不服第一审判决的上诉、抗诉案件，经过审理后，应当按照下列情形分别处理：

（一）原判决认定事实和适用法律正确、量刑适当的，应当裁定驳回上诉或者抗诉，维持原判；

（二）原判决认定事实没有错误，但适用法律有错误，或者量刑不当的，应当改判；

（三）原判决事实不清楚或者证据不足的，可以在查清事实后改判；也可以裁定撤销原判，发回原审人民法院重新审判。

原审人民法院对于依照前款第三项规定发回重新审判的案件作出判决后，被告人提出上诉或者人民检察院提出抗诉的，第二审人民法院应当依法作出判决或者裁定，不得再发回原审人民法院重新审判

26. 刑事裁定书（减刑用）

×××人民法院
刑事裁定书

（减刑用）

（××××）……刑执……号

罪犯……（写明姓名、性别、出生年月日、民族、出生地、文化程度和现服刑监所）。

×××人民法院于××××年××月××日作出了（××××）×刑初字第××号刑事判决，以被告人×××犯××罪，判处……（写明主刑的刑种、刑期和附加剥夺政治权利及其刑期）。……（写明上诉、抗诉后二审法院的裁判结果和执行中的刑种、刑期变更情况）。执行机关……（写明机关名称）于××××年××月××日提出减刑建议书，报送本院审理。本院依法组成合议庭进行了审理。现已审理终结。

执行机关……（简述执行机关所提罪犯确有悔改或者立功、重大立功表现的事实和证据）。

经审理查明，……（写明确认罪犯在服刑期间确有悔改表现或者立功、重大立功表现的具体事实和证据）。

本院认为，……（写明应予减刑的理由）。依照……（写明裁定的法律依据）的规定，裁定如下：

……（写明罪犯姓名和对其减刑的具体内容）。

本裁定送达后即发生法律效力。

审　判　长　×××
审　判　员　×××
审　判　员　×××
（院印）

×××年××月××日

本件与原本核对无异

书 记 员 ×××

【说　明】

一、本样式根据《中华人民共和国刑法》第七十八条、第七十九条，《中华人民共和国刑事诉讼法》第二百七十三条第二款，《最高人民法院关于适用〈中华人民共和国刑事诉讼法〉的解释》第五百三十四条、第五百三十八条和《最高人民法院关于办理减刑、假释若干问题的规定》第一条、第二条、第四条、第五条、第六条的4规定制订，供中级以上人民法院对于在服刑期间确有悔改或者立功、重大立功表现的被判处管制、拘役、有期徒刑、无期徒刑的犯罪分子予以减刑时使用。

二、样式首部的案件由来部分，关于二审裁判结果的表述，分三种情况：

（一）二审维持原判的，写为："被告人×××不服，提出上诉（或者×××人民检察院提出抗诉）。×××人民法院于×××年××月××日以（××××）×刑终字第××号刑事裁定，驳回上诉（或者抗诉），维持原判。"

（二）二审部分改判的，写为："被告人×××不服，提出上诉（或者×××人民检察院提出抗诉）。×××人民法院于×××年××月××日以（××××）×刑终字第××号刑事判决，……（写明维持、撤销和改判的具体内容)。"

（三）二审全部改判的，写为："被告人×××不服，提出上诉（或者×××人民检察院提出抗诉）。×××人民法院于×××年××月××日以（××××）×刑终字第××号刑事判决，撤销原判，改判被告人×××犯××罪，判处……（写明主刑的刑种、刑期和附加剥夺政治权利及其刑期）等。同时将前句"刑事判决"后的"以罪犯×××犯××罪，判处……等"删去。

三、在裁定书中叙述罪犯表现，必须写明罪犯确有悔改或者立功、重大立功表现的具体事实，这是裁定予以减刑的事实根据，切勿写空话、套话。

四、裁定结果的表述应当确切、明了。现将各种不同裁定结果的写法规范如下：

（一）在主刑方面

1. 由较重的刑种减为较轻的刑种的，表述为："将罪犯×××的刑罚，减为……（写明减轻后的刑种、刑期）。"

2. 由同一刑种的较长刑期减为较短刑期的，表述为："对罪犯×××减去……（写明刑种和减去的刑期）。"

3. 减轻有期徒刑或者拘役，同时缩短缓刑考验期限的，表述为："将罪犯×××的刑罚，减为……（写明减轻后的刑种、刑期和缩短后的缓刑考验期限）。"

（二）在附加刑方面

在减刑的同时，又缩短剥夺政治权利期限的，应当在主刑后面续写"剥夺政治权利改为……（写明具体期限）。"对于依法不予缩短剥夺政治权利期限的，则应当续写"剥夺政治权利×年不变。"

五、在裁定生效后，对变更刑种后的刑期，从裁定减刑之日起计算。

六、依照《中华人民共和国刑法》第七十九条的规定，对减刑案件，人民法院应当组成合议庭进行审理，不得独任审判。因此，减刑裁定书应当由合议庭署名。

【法律依据】

1. 《中华人民共和国刑法》（2020 年 12 月 26 日）

第七十八条 被判处管制、拘役、有期徒刑、无期徒刑的犯罪分子，在执行期间，如果认真遵守监规，接受教育改造，确有悔改表现的，或者有立功表现的，可以减刑；有下列重大立功表现之一的，应当减刑：

（一）阻止他人重大犯罪活动的；

（二）检举监狱内外重大犯罪活动，经查证属实的；

（三）有发明创造或者重大技术革新的；

（四）在日常生产、生活中舍己救人的；

（五）在抗御自然灾害或者排除重大事故中，有突出表现的；

（六）对国家和社会有其他重大贡献的。

减刑以后实际执行的刑期不能少于下列期限：

（一）判处管制、拘役、有期徒刑的，不能少于原判刑期的二分之一；

（二）判处无期徒刑的，不能少于十三年；

（三）人民法院依照本法第五十条第二款规定限制减刑的死刑缓期执行的犯罪分子，缓期执行期满后依法减为无期徒刑的，不能少于二十五年，缓期执行期满后依法减为二十五年有期徒刑的，不能少于二十年。

第七十九条 对于犯罪分子的减刑，由执行机关向中级以上人民法院提出减刑建议书。人民法院应当组成合议庭进行审理，对确有悔改或者立功事实的，裁定予以减刑。非经法定程序不得减刑。

2.《中华人民共和国刑事诉讼法》（2018 年 10 月 26 日）

第二百七十三条 罪犯在服刑期间又犯罪的，或者发现了判决的时候所没有发现的罪行，由执行机关移送人民检察院处理。

被判处管制、拘役、有期徒刑或者无期徒刑的罪犯，在执行期间确有悔改或者立功表现，应当依法予以减刑、假释的时候，由执行机关提出建议书，报请人民法院审核裁定，并将建议书副本抄送人民检察院。人民检察院可以向人民法院提出书面意见。

3.《最高人民法院关于适用〈中华人民共和国刑事诉讼法〉的解释》（2021 年 1 月 26 日）

第五百三十四条 对减刑、假释案件，应当按照下列情形分别处理：

（一）对被判处死刑缓期执行的罪犯的减刑，由罪犯服刑地的高级人民法院在收到同级监狱管理机关审核同意的减刑建议书后一个月以内作出裁定；

（二）对被判处无期徒刑的罪犯的减刑、假释，由罪犯服刑地的高级人民法院在收到同级监狱管理机关审核同意的减刑、假释建议书后一个月以内作出裁定，案情复杂或者情况特殊的，可以延长一个月；

（三）对被判处有期徒刑和被减为有期徒刑的罪犯的减刑、假释，由罪犯服刑地的中级人民法院在收到执行机关提出的减刑、假释建议书后一个月以内作出裁定，案情复杂或者情况特殊的，可以延长一个月；

（四）对被判处管制、拘役的罪犯的减刑，由罪犯服刑地的中级人民法院在收到同级执行机关审核同意的减刑建议书后一个月以内作出裁定。

对社区矫正对象的减刑，由社区矫正执行地的中级以上人民法院在收到社区矫正机构减刑建议书后三十日以内作出裁定。

第五百三十八条 审理减刑、假释案件，应当组成合议庭，可以采用书面审理的方式，但下列案件应当开庭审理：

（一）因罪犯有重大立功表现提请减刑的；

（二）提请减刑的起始时间、间隔时间或者减刑幅度不符合一般规定的；

（三）被提请减刑、假释罪犯系职务犯罪罪犯，组织、领导、参加、包庇、纵容黑社会性质组织罪犯，破坏金融管理秩序罪犯或者金融诈骗罪犯的；

（四）社会影响重大或者社会关注度高的；

（五）公示期间收到不同意见的；

（六）人民检察院提出异议的；

（七）有必要开庭审理的其他案件。

4.《最高人民法院关于办理减刑、假释案件具体应用法律的规定》（2016年11月14日）

第二条 对于罪犯符合刑法第七十八条第一款规定"可以减刑"条件的案件，在办理时应当综合考察罪犯犯罪的性质和具体情节、社会危害程度、原判刑罚及生效裁判中财产性判项的履行情况、交付执行后的一贯表现等因素。

第三条 "确有悔改表现"是指同时具备以下条件：

（一）认罪悔罪；

（二）遵守法律法规及监规，接受教育改造；

（三）积极参加思想、文化、职业技术教育；

（四）积极参加劳动，努力完成劳动任务。

对职务犯罪、破坏金融管理秩序和金融诈骗犯罪、组织（领导、参加、包庇、纵容）黑社会性质组织犯罪等罪犯，不积极退赃、协助追缴赃款赃物、赔偿损失，或者服刑期间利用个人影响力和社会关系等不正当手段意图获得减刑、假释的，不认定其"确有悔改表现"。

罪犯在刑罚执行期间的申诉权利应当依法保护，对其正当申诉不能不加分析地认为是不认罪悔罪。

第四条 具有下列情形之一的，可以认定为有"立功表现"：

（一）阻止他人实施犯罪活动的；

（二）检举、揭发监狱内外犯罪活动，或者提供重要的破案线索，经查证属实的；

（三）协助司法机关抓捕其他犯罪嫌疑人的；

（四）在生产、科研中进行技术革新，成绩突出的；

（五）在抗御自然灾害或者排除重大事故中，表现积极的；

（六）对国家和社会有其他较大贡献的。

第（四）项、第（六）项中的技术革新或者其他较大贡献应当由罪犯在刑罚执行期间独立或者为主完成，并经省级主管部门确认。

第五条 具有下列情形之一的，应当认定为有"重大立功表现"：

（一）阻止他人实施重大犯罪活动的；

（二）检举监狱内外重大犯罪活动，经查证属实的；

（三）协助司法机关抓捕其他重大犯罪嫌疑人的；

（四）有发明创造或者重大技术革新的；

（五）在日常生产、生活中舍己救人的；

（六）在抗御自然灾害或者排除重大事故中，有突出表现的：

（七）对国家和社会有其他重大贡献的。

第（四）项中的发明创造或者重大技术革新应当是罪犯在刑罚执行期间独立或者为主完成并经国家主管部门确认的发明专利，且不包括实用新型专利和外观设计专利；第（七）项中的其他重大贡献应当由罪犯在刑罚执行期间独立或者为主完成，并经国家主管部门确认。

第六条 被判处有期徒刑的罪犯减刑起始时间为：不满五年有期徒刑的，应当执行一年以上方可减刑；五年以上不满十年有期徒刑的，应当执行一年六个月以上方可减刑；十年以上有期徒刑的，应当执行二年以上方可减刑。有期徒刑减刑的起始时间自判决执行之日起计算。

确有悔改表现或者有立功表现的，一次减刑不超过九个月有期徒刑；确有悔改表现并有立功表现的，一次减刑不超过一年有期徒刑；有重大立功表现的，一次减刑不超过一年六个月有期徒刑；确有悔改表现并有重大立功表现的，一次减刑不超过二年有期徒刑。

被判处不满十年有期徒刑的罪犯，两次减刑间隔时间不得少于一年；被判处十年以上有期徒刑的罪犯，两次减刑间隔时间不得少于一年六个月。减刑间隔时间不得低于上次减刑减去的刑期。

罪犯有重大立功表现的，可以不受上述减刑起始时间和间隔时间的限制。

第七条 对符合减刑条件的职务犯罪罪犯，破坏金融管理秩序和金融诈骗犯罪罪犯，组织、领导、参加、包庇、纵容黑社会性质组织犯罪罪犯，危害国家安全犯罪罪犯，恐怖活动犯罪罪犯，毒品犯罪集团的首要分子及毒品再犯，累犯，确有履行能力而不履行或者不全部履行生效裁判中财产性判项的罪犯，被判处十年以下有期徒刑的，执行二年以上方可减刑，减刑幅度应当比照本规定第六条从严掌握，一次减刑不超过一年有期徒刑，两次减刑之间应当间隔一年以上。

对被判处十年以上有期徒刑的前款罪犯，以及因故意杀人、强奸、抢劫、绑架、放火、爆炸、投放危险物质或者有组织的暴力性犯罪被判处十年以上有期徒刑的罪犯，数罪并罚且其中两罪以上被判处十年以上有期徒刑的罪犯，执行二年以上方可减刑，减刑幅度应当比照本规定第六条从严掌握，一次减刑不超过一年有期徒刑，两次减刑之间应当间隔一年六个月以上。

罪犯有重大立功表现的，可以不受上述减刑起始时间和间隔时间的限制。

第八条　被判处无期徒刑的罪犯在刑罚执行期间，符合减刑条件的，执行二年以上，可以减刑。减刑幅度为：确有悔改表现或者有立功表现的，可以减为二十二年有期徒刑；确有悔改表现并有立功表现的，可以减为二十一年以上二十二年以下有期徒刑；有重大立功表现的，可以减为二十年以上二十一年以下有期徒刑；确有悔改表现并有重大立功表现的，可以减为十九年以上二十年以下有期徒刑。无期徒刑罪犯减为有期徒刑后再减刑时，减刑幅度依照本规定第六条的规定执行。两次减刑间隔时间不得少于二年。

罪犯有重大立功表现的，可以不受上述减刑起始时间和间隔时间的限制。

第九条　对被判处无期徒刑的职务犯罪罪犯，破坏金融管理秩序和金融诈骗犯罪罪犯，组织、领导、参加、包庇、纵容黑社会性质组织犯罪罪犯，危害国家安全犯罪罪犯，恐怖活动犯罪罪犯，毒品犯罪集团的首要分子及毒品再犯，累犯以及因故意杀人、强奸、抢劫、绑架、放火、爆炸、投放危险物质或者有组织的暴力性犯罪的罪犯，确有履行能力而不履行或者不全部履行生效裁判中财产性判项的罪犯，数罪并罚被判处无期徒刑的罪犯，符合减刑条件的，执行三年以上方可减刑，减刑幅度应当比照本规定第八条从严掌握，减刑后的刑期最低不得少于二十年有期徒刑；减为有期徒刑后再减刑时，减刑幅度比照本规定第六条从严掌握，一次不超过一年有期徒刑，两次减刑之间应当间隔二年以上。

罪犯有重大立功表现的，可以不受上述减刑起始时间和间隔时间的限制。

27. 刑事裁定书（假释用）

×××人民法院
刑事裁定书

（假释用）

（××××）……刑执……号

罪犯……（姓名、性别、出生年月日、民族、出生地、文化程度、现服刑监所和原住址）。

×××人民法院于××××年××月××日作出了（××××）×刑初字第××号刑事判决，以被告人×××犯××罪，判处……（写明具体刑种、刑期）。……（上诉、抗诉的写明二审裁判结果。未经二审的写明"判决发生法律效力后"）交付执行。……（续写执行中的刑种、刑期变更情况）。执行机关……（写明机关名称）于××××年××月××日提出假释建议书，报送本院审理。本院依法组成合议庭进行了审理。现已审理终结。

执行机关……（简述执行机关所提罪犯确有悔改表现、假释后不致再危害社会或者具有的特殊情况）。

经审理查明，……（写明确认罪犯在服刑期间确有悔改表现，假释后不致再危害社会或者有特殊情况的具体事实和证据）。

本院认为，……（写明应予假释的理由）。依照……（写明裁定的法律依据）的规定，裁定如下：

对罪犯×××予以假释，剥夺政治权利×年不变。（假释考验期限，从假释之日起计算，即自××××年××月××日起，至××××年××月××日止。）

本裁定送达后即发生法律效力。

审　判　长　×××
审　判　员　×××
审　判　员　×××

（院印）

××××年××月××日

本件与原本核对无异

书　记　员　×××

【说　明】

一、本样式根据《中华人民共和国刑法》第八十一条、第八十二条、第八十三条和《中华人民共和国刑事诉讼法》第二百七十三条第二款，《最高人民法院关于适用〈中华人民共和国刑事诉讼法〉的解释》第四百二十条，以及《最高人民法院关于办理减刑、假释案件具体应用法律若干问题的规定》第二十三条、第二十四条的规定制订，供人民法院对于在服刑期间确有悔改表现，假释后不致再危害社会，或者具有特殊情况的罪犯依法予以假释时使用。

二、样式首部的案件由来部分，关于二审裁判结果的写法，可以参阅样式35的说明二。

三、对于依法应报送最高人民法院核准的具有特殊情况的假释案件，在裁定的有关部分应当写明相应的事实、理由和法律依据。根据《最高人民法院关于办理减刑、假释案件具体应用法律若干问题的规定》第二十四条的规定，刑法第八十一条第一款规定的"特殊情况"，是指有国家政治、国防、外交等方面特殊需要的情况。

根据《最高人民法院关于适用〈中华人民共和国刑事诉讼法〉的解释》的规定，裁定书尾部"本裁定送达后即发生法律效力"，应当改写为"本裁定依法报请最高人民法院核准。"

【法律依据】

1.《中华人民共和国刑法》（2020年12月26日）

第八十一条　被判处有期徒刑的犯罪分子，执行原判刑期二分之一以上，被判处无期徒刑的犯罪分子，实际执行十三年以上，如果认真遵守监规，接受教育改造，确有悔改表现，没有再犯罪的危险的，可以假释。如果有特殊情况，经最高人民法院核准，可以不受上述执行刑期的限制。

对累犯以及因故意杀人、强奸、抢劫、绑架、放火、爆炸、投放危险物质或者有组织的暴力性犯罪被判处十年以上有期徒刑、无期徒刑的犯罪分子，不得假释。

对犯罪分子决定假释时，应当考虑其假释后对所居住社区的影响。

第八十二条 对于犯罪分子的假释，依照本法第七十九条规定的程序进行。非经法定程序不得假释。

第八十三条 有期徒刑的假释考验期限，为没有执行完毕的刑期；无期徒刑的假释考验期限为十年。

假释考验期限，从假释之日起计算。

2. 《中华人民共和国刑事诉讼法》（2018 年 10 月 26 日）

第二百七十三条 罪犯在服刑期间又犯罪的，或者发现了判决的时候所没有发现的罪行，由执行机关移送人民检察院处理。

被判处管制、拘役、有期徒刑或者无期徒刑的罪犯，在执行期间确有悔改或者立功表现，应当依法予以减刑、假释的时候，由执行机关提出建议书，报请人民法院审核裁定，并将建议书副本抄送人民检察院。人民检察院可以向人民法院提出书面意见。

3. 《最高人民法院关于适用〈中华人民共和国刑事诉讼法〉的解释》（2021 年 1 月 26 日）

第四百二十条 报请最高人民法院核准因罪犯具有特殊情况，不受执行刑期限制的假释案件，应当按照下列情形分别处理：

（一）中级人民法院依法作出假释裁定后，应当报请高级人民法院复核。高级人民法院同意的，应当书面报请最高人民法院核准；不同意的，应当裁定撤销中级人民法院的假释裁定；

（二）高级人民法院依法作出假释裁定的，应当报请最高人民法院核准。

第五百三十四条 对减刑、假释案件，应当按照下列情形分别处理：

（一）对被判处死刑缓期执行的罪犯的减刑，由罪犯服刑地的高级人民法院在收到同级监狱管理机关审核同意的减刑建议书后一个月以内作出裁定；

（二）对被判处无期徒刑的罪犯的减刑、假释，由罪犯服刑地的高级人民法院在收到同级监狱管理机关审核同意的减刑、假释建议书后一个月以内作出裁定，案情复杂或者情况特殊的，可以延长一个月；

（三）对被判处有期徒刑和被减为有期徒刑的罪犯的减刑、假释，由罪犯服刑地的中级人民法院在收到执行机关提出的减刑、假释建议书后一个月以内作出裁定，案情复杂或者情况特殊的，可以延长一个月；

（四）对被判处管制、拘役的罪犯的减刑，由罪犯服刑地的中级人民法院在收到同级执行机关审核同意的减刑建议书后一个月以内作出裁定。

对社区矫正对象的减刑，由社区矫正执行地的中级以上人民法院在收到社区矫正机构减刑建议书后三十日以内作出裁定。

4.《最高人民法院关于办理减刑、假释案件具体应用法律的规定》（2016年11月14日）

第二十三条 被判处有期徒刑的罪犯假释时，执行原判刑期二分之一的时间，应当从判决执行之日起计算，判决执行以前先行羁押的，羁押一日折抵刑期一日。

被判处无期徒刑的罪犯假释时，刑法中关于实际执行刑期不得少于十三年的时间，应当从判决生效之日起计算。判决生效以前先行羁押的时间不予折抵。

被判处死刑缓期执行的罪犯减为无期徒刑或者有期徒刑后，实际执行十五年以上，方可假释，该实际执行时间应当从死刑缓期执行期满之日起计算。死刑缓期执行期间不包括在内，判决确定以前先行羁押的时间不予折抵。

第二十四条 刑法第八十一条第一款规定的"特殊情况"，是指有国家政治、国防、外交等方面特殊需要的情况。

28. 刑事裁定书（核准或者不予核准有特殊情况的假释用）

×××人民法院
刑事裁定书

（核准或者不予核准有特殊情况的假释用）

（××××）……刑执核……号

罪犯……（姓名、性别、出生年月日、民族、出生地、文化程度、现服刑监所和原住址）。

×××人民法院于×××年××月××日作出（××××）×刑初字第××号刑事判决，以被告人×××犯××罪，判处……（写明具体刑种、刑期）。……（上诉、抗诉的写明二审裁判结果。未经二审的写明"判决发生法律效力后交付执行"）。……（续写执行中的刑种、刑期变更情况）。执行机关……（写明机关名称）于××××年××月××日以该犯具有特殊情况，不受执行刑期限制为由，向×××中级（或者高级）人民法院提出假释建议书。经×××中级（或者高级）人民法院审理后，依法报请本院核准。本院依法组成合议庭进行了审理。现已审理终结。

……（简述原审人民法院认定罪犯有特殊情况的事实和证据）。

经审理查明，……（写明有特殊情况的具体事实或者不属于特殊情况的事实）。

本院认为，……（写明应予假释或者不准假释的理由）。依照……（写明裁定的法律依据）的规定，裁定如下：

……［写明裁定结果。分两种情况：

第一，核准假释的，表述为：

"一、核准×××人民法院（××××）×刑执字第××号对罪犯×××假释的刑事裁定。

二、对犯罪×××予以假释。

第二，不核准假释的，表述为：

"一、撤销×××人民法院（××××）×刑执字第××号对罪犯×××假释的刑事裁定；

二、对罪犯×××不准假释。"]

本裁定送达后即发生法律效力。

审 判 长 ×××

审 判 员 ×××

审 判 员 ×××

（院印）

××××年××月××日

本件与原本核对无异

书 记 员 ×××

【说 明】

一、本样式根据《中华人民共和国刑法》第八十一条第一款，《最高人民法院关于适用〈中华人民共和国刑事诉讼法〉的解释》第四百二十条、第四百二十一条的规定制订，供最高人民法院对罪犯在服刑期间具有特殊情况依法核准假释用。

二、对于因犯罪分子具有特殊情况，不受执行刑期限制的假释案件，中级人民法院依法作出假释裁定后，应即报请高级人民法院复核。高级人民法院同意假释的，应当制作报请核准假释的报告，报请最高人民法院核准；高级人民法院不同意假释的，应当裁定撤销中级人民法院的假释裁定。

三、报请核准因犯罪分子具有特殊情况，不受执行刑期限制的假释案件，应当报送报请核准假释案件的报告、罪犯具有特殊情况的报告、假释裁定书各十五份，以及全案卷宗。

【法律依据】

1. 《中华人民共和国刑法》（2020 年 12 月 26 日）

第八十一条 被判处有期徒刑的犯罪分子，执行原判刑期二分之一以上，被判处无期徒刑的犯罪分子，实际执行十三年以上，如果认真遵守监规，接受教育改造，确有悔改表现，没有再犯罪的危险的，可以假释。如果有特殊情况，经最高人民法院核准，可以不受上述执行刑期的限制。

对累犯以及因故意杀人、强奸、抢劫、绑架、放火、爆炸、投放危险物质或者有组织的暴力性犯罪被判处十年以上有期徒刑、无期徒刑的犯罪分子，不得假释。

对犯罪分子决定假释时，应当考虑其假释后对所居住社区的影响。

2. 《最高人民法院关于适用〈中华人民共和国刑事诉讼法〉的解释》（2021 年 1 月 26 日）

第四百二十条 报请最高人民法院核准因罪犯具有特殊情况，不受执行刑期限制的假释案件，应当按照下列情形分别处理：

（一）中级人民法院依法作出假释裁定后，应当报请高级人民法院复核。高级人民法院同意的，应当书面报请最高人民法院核准；不同意的，应当裁定撤销中级人民法院的假释裁定；

（二）高级人民法院依法作出假释裁定的，应当报请最高人民法院核准。

第四百二十一条 报请最高人民法院核准因罪犯具有特殊情况，不受执行刑期限制的假释案件，应当报送报请核准的报告、罪犯具有特殊情况的报告、假释裁定书各五份，以及全部案卷。

第四百二十二条 对因罪犯具有特殊情况，不受执行刑期限制的假释案件，最高人民法院予以核准的，应当作出核准裁定书；不予核准的，应当作出不核准裁定书，并撤销原裁定。

29. 刑事裁定书（维持或者撤销减刑、假释用）

×××人民法院
刑事裁定书

（维持或者撤销减刑、假释用）

（××××）……刑执……号

罪犯……（姓名、性别、年龄、民族、出生地、文化程度、现服刑监所或者住址）。

××××年××月××日，本院作出了（××××）×刑执字第××号刑事裁定，将（对）罪犯……（写明减刑的具体刑期或者宣告假释）。×××人民检察院认为对罪犯×××减刑（或者假释）的裁定不当，在法定期间向本院提出书面纠正意见。本院依法重新组成合议庭进行了审理。现已审理终结。

×××人民检察院认为……（写明认为减刑或者假释裁定不当的事实和理由）。

经审理查明，……（写明对人民检察院纠正意见中所列事实、证据查证的结果）。

本院认为，……（写明维持或者撤销减刑或假释裁定的理由）。依照……（写明裁定的法律依据）的规定，裁定如下：

……〔写明裁定结果。分两种情况：

第一，裁定维持减刑或者假释的，分别表述为：

（一）裁定维持减刑的，表述为：

维持本院××××年××月××日（××××）×刑执字第××号对罪犯×××减刑的刑事裁定。

（二）裁定维持假释的，表述为：

维持本院××××年××月××日（××××）×刑执字第××号对罪犯×××予以假释的刑事裁定。

第二，裁定撤销减刑或者假释的，分别表述为：

（一）裁定撤销减刑的，表述为：

撤销本院××××年××月××日（××××）×刑执字第××号对罪犯×××减刑的刑事裁定。

（二）裁定撤销假释的，表述为：

"一、撤销本院××××年××月××日（××××）×刑执字第××号对罪犯×××予以假释的刑事裁定；

二、对罪犯×××收监执行未执行完毕的刑罚（即自××××年××月××日起，至××××年××月××日止）。"]

本裁定为最终裁定。

审　判　长　×××

审　判　员　×××

审　判　员　×××

（院印）

××××年××月××日

本件与原本核对无异

书　记　员　×××

【说　明】

一、本样式根据《中华人民共和国刑事诉讼法》第二百七十四条、《中华人民共和国刑法》第八十六条第三款和《最高人民法院关于适用〈中华人民共和国刑事诉讼法〉的解释》第五百三十九条、第五百四十二条的规定制订，供中级人民法院和高级人民法院对本院作出的减刑、假释裁定，经重新审理后作出最终裁定时使用。

二、本样式是按人民检察院对人民法院作出的减刑、假释裁定提出书面纠正意见的情形设计的。对于被假释的犯罪分子，在假释考验期限内再犯罪，或者被发现判决宣告以前还有其他罪没有判决，应当撤销假释的，由审判新罪的人民法院在审判新罪时予以撤销。对于在假释考验期限内，有违反法律、行政法规或者国务院公安部门有关假释的监督管理规定的行为，尚未构成新的犯罪，依照法定程序撤销假释的，参阅本样式制作。

三、对于本院发现已发生法律效力的减刑、假释裁定确有错误，依法应当纠正的，将首部案件由来段的"×××人民检察院……"，改写为"本院发现原裁定对罪犯×××减刑（或者宣告假释）不当，决定另行组成合议庭重新审理"，尾部改写为"本裁定送达后即发生法律效力"。

【法律依据】

1. 《中华人民共和国刑法》（2020 年 12 月 26 日）

第八十六条 被假释的犯罪分子，在假释考验期限内犯新罪，应当撤销假释，依照本法第七十一条的规定实行数罪并罚。

在假释考验期限内，发现被假释的犯罪分子在判决宣告以前还有其他罪没有判决的，应当撤销假释，依照本法第七十条的规定实行数罪并罚。

被假释的犯罪分子，在假释考验期限内，有违反法律、行政法规或者国务院有关部门关于假释的监督管理规定的行为，尚未构成新的犯罪的，应当依照法定程序撤销假释，收监执行未执行完毕的刑罚。

2. 《中华人民共和国刑事诉讼法》（2018 年 10 月 26 日）

第二百七十四条 人民检察院认为人民法院减刑、假释的裁定不当，应当在收到裁定书副本后二十日以内，向人民法院提出书面纠正意见。人民法院应当在收到纠正意见后一个月以内重新组成合议庭进行审理，作出最终裁定。

3. 《最高人民法院关于适用〈中华人民共和国刑事诉讼法〉的解释》（2021 年 1 月 26 日）

第五百三十九条 人民法院作出减刑、假释裁定后，应当在七日以内送达提请减刑、假释的执行机关、同级人民检察院以及罪犯本人。人民检察院认为减刑、假释裁定不当，在法定期限内提出书面纠正意见的，人民法院应当在收到意见后另行组成合议庭审理，并在一个月以内作出裁定。

对假释的罪犯，适用本解释第五百一十九条的有关规定，依法实行社区矫正。

第五百四十二条 罪犯在缓刑、假释考验期限内犯新罪或者被发现在判决宣告前还有其他罪没有判决，应当撤销缓刑、假释的，由审判新罪的人民法院撤销原判决、裁定宣告的缓刑、假释，并书面通知原审人民法院和执行机关。

30. 刑事裁定书（撤销缓刑用）

×××人民法院
刑事裁定书

（撤销缓刑用）

（××××）……刑执……号

罪犯……（姓名、性别、年龄、民族、出生地、文化程度、现住址）

××××年××月××日，本院作出了（××××）×刑×字第××号刑事判决（或者裁定），以……罪，判处被告人×××……（具体刑种、刑期）、宣告缓刑……（刑期）。原判已发生法律效力并交付执行。×××执行机关于××××年××月××日书面建议本院撤销对罪犯×××的缓刑。本院依法组成合议庭进行了审理。现已审理终结。

执行机关……（简述公安机关提出罪犯在缓刑考验期限内，违反法律、行政法规或者国务院公安部门有关缓刑的监督管理规定的事实和理由）。

经审理查明：……（详述查证后认定的罪犯在缓刑考验期限内，违反法律、行政法规或者国务院公安部门有关缓刑的监督管理规定的事实和证据）。

本院认为……（写明撤销缓刑的具体理由）。依照《中华人民共和国刑法》第七十七条第二款和《最高人民法院关于执行〈中华人民共和国刑事诉讼法〉若干问题的解释》第三百五十七条的规定，裁定如下：

一、撤销本院（××××）×刑×字第××号刑事判决中对罪犯×××宣告缓刑……（期限）的执行部分；

二、对罪犯×××收监执行原判……（刑种、刑期）。（刑期自××××年××月××日起至××××年××月××日止）。

本裁定送达后即发生法律效力。

审　判　长　×××
审　判　员　×××

审　判　员　×××

（院印）

××××年××月××日

本件与原本核对无异

书　记　员　×××

【说　明】

一、本样式根据《中华人民共和国刑法》第七十七条第二款和《最高人民法院关于适用〈中华人民共和国刑事诉讼法〉的解释》第五百四十三条的规定制订，供各级人民法院对被宣告缓刑的犯罪分子，在缓刑考验期限内违反法律、行政法规或者国务院公安部门有关监督管理规定，情节严重，应当撤销缓刑，执行原判刑罚时使用。

二、对于在缓刑考验期限内再犯罪或者发现判决宣告以前还有其他罪没有判决，应当撤销缓刑的，由审判新罪的人民法院在审判新罪时予以撤销。审判新罪的下级人民法院可以撤销上级人民法院判决或者裁定宣告的缓刑。

【法律依据】

1. 《中华人民共和国刑法》（2020 年 12 月 26 日）

第七十七条　被宣告缓刑的犯罪分子，在缓刑考验期限内犯新罪或者发现判决宣告以前还有其他罪没有判决的，应当撤销缓刑，对新犯的罪或者新发现的罪作出判决，把前罪和后罪所判处的刑罚，依照本法第六十九条的规定，决定执行的刑罚。

被宣告缓刑的犯罪分子，在缓刑考验期限内，违反法律、行政法规或者国务院有关部门关于缓刑的监督管理规定，或者违反人民法院判决中的禁止令，情节严重的，应当撤销缓刑，执行原判刑罚。

2. 《最高人民法院关于适用〈中华人民共和国刑事诉讼法〉的解释》（2021 年 1 月 26 日）

第五百四十三条　人民法院收到社区矫正机构的撤销缓刑建议书后，经审查，确认罪犯在缓刑考验期限内具有下列情形之一的，应当作出撤销缓刑的裁定：

（一）违反禁止令，情节严重的；

（二）无正当理由不按规定时间报到或者接受社区矫正期间脱离监管，超过一个月的；

（三）因违反监督管理规定受到治安管理处罚，仍不改正的；

（四）受到执行机关二次警告，仍不改正的；

（五）违反法律、行政法规和监督管理规定，情节严重的其他情形。

人民法院收到社区矫正机构的撤销假释建议书后，经审查，确认罪犯在假释考验期限内具有前款第二项、第四项规定情形之一，或者有其他违反监督管理规定的行为，尚未构成新的犯罪的，应当作出撤销假释的裁定。

31. 刑事裁定书（减、免罚金用）

×××人民法院
刑事裁定书

（减、免罚金用）

（××××）……刑执……号

罪犯……（写明姓名和案由）一案，本院于××××年××月××日作出了（××××）×刑×字第××号刑事判决（或者裁定），其中对罪犯×××判处罚金人民币……（写明具体数额）。在执行期间，罪犯×××……（写明罪犯申请减、免罚金的事由和罚金数额）。本院经查证，罪犯×××……（扼要写明查证的事实），缴纳罚金确有困难。依照……（写明裁定的法律依据）的规定，裁定如下：

……（写明对罪犯×××减少罚金的数额和"余额继续追缴"或者免除罚金的具体数额）。

本裁定送达后即发生法律效力。

审　判　长　×××
审　判　员　×××
审　判　员　×××
（院印）
××××年××月××日

本件与原本核对无异

书　记　员　×××

【说　明】

一、本样式根据《中华人民共和国刑法》第五十三条、《中华人民共和国刑事诉讼法》第二百七十一条和《最高人民法院关于适用〈中华人民共和国刑事诉讼法〉的解释》第五百二十三条的规定制订，供各级人民法院在执行独立判处罚金刑或者附加判处罚金刑的判决、裁定期间，对由于遭遇不能抗拒的灾祸缴纳罚金确有困难的罪犯，减少或者免除罚金时使用。

二、罚金在判决规定的期限内一次或者分期缴纳。期满无故不缴纳的，人民法院应当强制缴纳。经强制缴纳仍不能全部缴纳的，人民法院在任何时候，包括在判处的主刑执行完毕后，发现被执行人有可以执行的财产的，应当随地追缴。因此，对于裁定减少罚金数额后，依法仍应追缴的余额，应当在裁定结果中写明。

三、本裁定书由作出发生法律效力的判决或者裁定的人民法院制作。

【法律依据】

1. 《中华人民共和国刑法》（2020 年 12 月 26 日）

第五十三条 罚金在判决指定的期限内一次或者分期缴纳。期满不缴纳的，强制缴纳。对于不能全部缴纳罚金的，人民法院在任何时候发现被执行人有可以执行的财产，应当随时追缴。

由于遭遇不能抗拒的灾祸等原因缴纳确实有困难的，经人民法院裁定，可以延期缴纳、酌情减少或者免除。

2. 《中华人民共和国刑事诉讼法》（2018 年 10 月 26 日）

第二百七十一条 被判处罚金的罪犯，期满不缴纳的，人民法院应当强制缴纳；如果由于遭遇不能抗拒的灾祸等原因缴纳确实有困难的，经人民法院裁定，可以延期缴纳、酌情减少或者免除。

3. 《最高人民法院关于适用〈中华人民共和国刑事诉讼法〉的解释》（2021 年 1 月 26 日）

第五百二十三条 罚金在判决规定的期限内一次或者分期缴纳。期满无故不缴纳或者未足额缴纳的，人民法院应当强制缴纳。经强制缴纳仍不能全部缴纳的，在任何时候，包括主刑执行完毕后，发现被执行人有可供执行的财产的，应当追缴。

行政机关对被告人就同一事实已经处以罚款的，人民法院判处罚金时应当折抵，扣除行政处罚已执行的部分。

32. 刑事裁定书（终止审理用）

×××人民法院
刑事裁定书

（终止审理用）

（××××）……刑×……号

公诉机关××××人民检察院。

被告人……（写明姓名、性别、出生年月日、民族、出生地、文化程度、职业或者工作单位和职务）。

×××人民检察院于××××年××月××日以×检×诉［　　　］××号起诉书，指控被告人×××犯××罪，向本院提起公诉。在审理过程中，被告人×××于××××年××月××日死亡（或者犯罪已过追诉时效期限，并且不是必须追诉或者经特赦令免除刑罚的）。依照……（写明裁定的法律依据）的规定，裁定如下：

本案终止审理。

本裁定送达后即发生法律效力。

审　判　长　×××
审　判　员　×××
审　判　员　×××
（院印）
××××年××月××日

本件与原本核对无异

书　记　员　×××

【说　明】

一、本样式根据《中华人民共和国刑事诉讼法》第十六条第（五）项和《最高人民法院关于适用〈中华人民共和国刑事诉讼法〉的解释》第二百九十五条第（八）、（九）项的规定制订，供各级人民法院对于刑事案件的被告人在审理过程中死亡，或者犯罪已过追诉时效期限，并且不是必须追诉或者经特赦令免除刑罚，决定终止审理时使用。但是根据已经查明的案件事实和认定的证据材料，能够确认被告人无罪，应当判决宣告被告人无罪的除外。

二、本样式适用于自诉案件时，应当将"公诉机关"改写为"自诉人"；将"×××人民检察院"改写为"自诉人×××"；将"向本院提起公诉"改写为"向本院提起控诉"。

三、本样式系按一人一案的模式设计的。如果死亡的被告人系共同犯罪案件的成员，裁定结果则应当表述为："对被告人×××终止审理。"

四、本样式系按第一审程序设计的，适用于第二审程序时，应当按照第二审刑事裁定书或者判决书的特点，对首部有关各处作相应的改动。

五、本裁定书的案号应当根据不同审级确定。被告人已死亡的，本裁定书应当向其法定代理人及其近亲属送达。

【法律依据】

1. 《中华人民共和国刑事诉讼法》（2018 年 10 月 26 日）

第十六条 有下列情形之一的，不追究刑事责任，已经追究的，应当撤销案件，或者不起诉，或者终止审理，或者宣告无罪：

（一）情节显著轻微、危害不大，不认为是犯罪的；

（二）犯罪已过追诉时效期限的；

（三）经特赦令免除刑罚的；

（四）依照刑法告诉才处理的犯罪，没有告诉或者撤回告诉的；

（五）犯罪嫌疑人、被告人死亡的；

（六）其他法律规定免予追究刑事责任的。

2. 《最高人民法院关于适用〈中华人民共和国刑事诉讼法〉的解释》（2021 年 1 月 26 日）

第二百九十五条 对第一审公诉案件，人民法院审理后，应当按照下列情形分别作出判决、裁定：

（一）起诉指控的事实清楚，证据确实、充分，依据法律认定指控被告人的罪名成立的，应当作出有罪判决；

（二）起诉指控的事实清楚，证据确实、充分，但指控的罪名不当的，应当依据法律和审理认定的事实作出有罪判决；

（三）案件事实清楚，证据确实、充分，依据法律认定被告人无罪的，应当判决宣告被告人无罪；

（四）证据不足，不能认定被告人有罪的，应当以证据不足、指控的犯罪不能成立，判决宣告被告人无罪；

（五）案件部分事实清楚，证据确实、充分的，应当作出有罪或者无罪的判决；对事实不清、证据不足部分，不予认定；

（六）被告人因未达到刑事责任年龄，不予刑事处罚的，应当判决宣告被告人不负刑事责任；

（七）被告人是精神病人，在不能辨认或者不能控制自己行为时造成危害结果，不予刑事处罚的，应当判决宣告被告人不负刑事责任；被告人符合强制医疗条件的，应当依照本解释第二十六章的规定进行审理并作出判决；

（八）犯罪已过追诉时效期限且不是必须追诉，或者经特赦令免除刑罚的，应当裁定终止审理；

（九）属于告诉才处理的案件，应当裁定终止审理，并告知被害人有权提起自诉；

（十）被告人死亡的，应当裁定终止审理；但有证据证明被告人无罪，经缺席审理确认无罪的，应当判决宣告被告人无罪。

对涉案财物，人民法院应当根据审理查明的情况，依照本解释第十八章的规定作出处理。

具有第一款第二项规定情形的，人民法院应当在判决前听取控辩双方的意见，保障被告人、辩护人充分行使辩护权。必要时，可以再次开庭，组织控辩双方围绕被告人的行为构成何罪及如何量刑进行辩论。

33. 刑事裁定书 （中止审理用）

×××人民法院
刑事裁定书

（中止审理用）

（××××）……刑……号

公诉机关×××人民检察院。

被告人……（写明姓名、性别、出生年月日、民族、出生地、文化程度、职业或者工作单位和职务、住址以及因本案所受强制措施情况等，现羁押处所）。

×××人民检察院于××××年××月××日以×检×诉〔　　〕××号起诉书，指控被告人×××犯××罪，向本院提起公诉。

本院在审理过程中，因……（写明需要中止审理的原因）。依照……（写明裁定的法律依据）的规定，裁定如下：

本案中止审理。

审　判　长　×××
审　判　员　×××
审　判　员　×××
（院印）
××××年××月××日

本件与原本核对无异

书　记　员　×××

【说　明】

一、本样式根据《最高人民法院关于适用〈中华人民共和国刑事诉讼法〉的解释》第三百一十四条、第三百三十二条的规定制订，供各级人民法院对于刑事案件的被告人在审理过程中，因患精神病或者其他严重疾病，或者脱逃，或者其他不能抗拒的原因，致使案件无法继续审理，决定中止案件审理时使用。

二、对于自诉案件、二审刑事案件或者再审案件需要中止审理的，可以参阅本样式拟制。

三、本裁定书的案号应当根据不同审级确定。

【法律依据】

《最高人民法院关于适用〈中华人民共和国刑事诉讼法〉的解释》（2021年1月26日）

第三百一十四条 有多名被告人的案件，部分被告人具有刑事诉讼法第二百零六条第一款规定情形的，人民法院可以对全案中止审理；根据案件情况，也可以对该部分被告人中止审理，对其他被告人继续审理。

对中止审理的部分被告人，可以根据案件情况另案处理。

第三百三十二条 被告人在自诉案件审判期间下落不明的，人民法院可以裁定中止审理；符合条件的，可以对被告人依法决定逮捕。

34. 刑事裁定书（恢复审理用）

×××人民法院
刑事裁定书

（恢复审理用）

（××××）……刑……号

公诉机关×××人民检察院。

被告人……（写明姓名、性别、出生年月日、民族、出生地、文化程度、职业或者工作单位和职务、住址以及因本案所受强制措施情况等，现羁押处所）。

本院于××××年××月××日以（××××）×刑×字第××号刑事裁定，对×××人民检察院起诉的被告人×××……（写明案由）一案中止审理。

经查……（写明中止审理原因消失的具体情形）。依照……（写明裁定的法律依据），裁定如下：

本案恢复审理。

审　判　长　×××

审　判　员　×××

审　判　员　×××

（院印）

××××年××月××日

本件与原本核对无异

书　记　员　×××

【说　明】

一、本样式根据《中华人民共和国刑事诉讼法》第一百零六条、《最高人民法院关于适用〈中华人民共和国刑事诉讼法〉的解释》第二百零三条、第三百一十四条、第三百三十二条的规定制订，供人民法院在裁定中止审理的原因消失后，决定恢复审理时使用。

　　二、本样式是按照公诉案件裁定中止审理的模式设计的。适用于自诉案件，或者当事人由于不能抗拒的原因或者有其他正当理由耽误期限，在法定期限内申请继续进行在期满以前诉讼活动的案件时，应当参阅本样式制作，并且在有关之处作相应的改动。

【法律依据】

　　1. 《中华人民共和国刑事诉讼法》（2018 年 10 月 26 日）

　　第一百零六条　当事人由于不能抗拒的原因或者有其他正当理由而耽误期限的，在障碍消除后五日以内，可以申请继续进行应当在期满以前完成的诉讼活动。

　　前款申请是否准许，由人民法院裁定。

　　2. 《最高人民法院关于适用〈中华人民共和国刑事诉讼法〉的解释》（2021 年 1 月 26 日）

　　第二百零三条　当事人由于不能抗拒的原因或者有其他正当理由而耽误期限，依法申请继续进行应当在期满前完成的诉讼活动的，人民法院查证属实后，应当裁定准许。

　　第三百一十四条　有多名被告人的案件，部分被告人具有刑事诉讼法第二百零六条第一款规定情形的，人民法院可以对全案中止审理；根据案件情况，也可以对该部分被告人中止审理，对其他被告人继续审理。

　　对中止审理的部分被告人，可以根据案件情况另案处理。

　　第三百三十二条　被告人在自诉案件审判期间下落不明的，人民法院可以裁定中止审理；符合条件的，可以对被告人依法决定逮捕。

35. **刑事裁定书**（将冻结的存款、汇款上缴国库或者发还被害人用）

×××人民法院
刑事裁定书

（将冻结的存款、汇款上缴国库或者发还被害人用）

（××××）……刑……号

被告人……（姓名、性别、出生年月日、民族、出生地、文化程度、职业或者工作单位和职务）。

犯罪嫌疑人×××因××一案，×××人民检察院（或者公安机关）……（写明对其采取的侦查措施或者处理结果）。其间，因犯罪嫌疑人×××死亡，×××人民检察院（或者公安机关）申请本院裁定通知冻结犯罪嫌疑人×××存款、汇款等的金融机构或者邮电部门，将该犯罪嫌疑人的存款、汇款等上缴国库（或者发还被害人×××）。经阅卷、审查有关证据材料……（写明审查确认的事实）。依照《最高人民法院关于执行〈中华人民共和国刑事诉讼法〉若干问题的解释》第二百九十四条第二款的规定……（写明应当上缴国库或者发还被害人的理由）。裁定如下：

犯罪嫌疑人×××的存款（汇款）……（写明具体存汇地点和数额）上缴国库（或者发还被害人×××）。

本裁定送达后即发生法律效力。

审　判　长　×××

审　判　员　×××

审　判　员　×××

（院印）

××××年××月××日

本件与原本核对无异

书　记　员　×××

【说　明】

　　一、本样式根据《最高人民法院关于适用〈中华人民共和国刑事诉讼法〉的解释》第四百四十五条的规定制订，供各级人民法院对人民检察院、公安机关因犯罪嫌疑人死亡，申请人民法院裁定通知冻结犯罪嫌疑人存款、汇款等的金融机构或者邮电部门，将该犯罪嫌疑人的存款、汇款等上缴国库或者发还被害人的案件，经过阅卷、审查有关证据材料后作出裁定时使用。

　　二、"审查确认的事实"，应当包括审查确认人民检察院（或者公安机关）对犯罪嫌疑人采取的强制措施的时间、原因、种类，侦查、起诉的情况，犯罪嫌疑人死亡的时间、原因，冻结犯罪嫌疑人存款、汇款等的时间、数量和金融机构或者邮电部门的名称，等等。

　　三、"上缴国库或者发还被害人的理由"，应当围绕案情，依据法律，具体阐明应当"上缴国库"还是"发还被害人"的理由。

【法律依据】

《最高人民法院关于适用〈中华人民共和国刑事诉讼法〉的解释》
（2021 年 1 月 26 日）

　　第四百四十五条　查封、扣押、冻结的财物及其孳息，经审查，确属违法所得或者依法应当追缴的其他涉案财物的，应当判决返还被害人，或者没收上缴国库，但法律另有规定的除外。

　　对判决时尚未追缴到案或者尚未足额退赔的违法所得，应当判决继续追缴或者责令退赔。

　　判决返还被害人的涉案财物，应当通知被害人认领；无人认领的，应当公告通知；公告满一年无人认领的，应当上缴国库；上缴国库后有人认领，经查证属实的，应当申请退库予以返还；原物已经拍卖、变卖的，应当返还价款。

　　对侵犯国有财产的案件，被害单位已经终止且没有权利义务继受人，或者损失已经被核销的，查封、扣押、冻结的财物及其孳息应当上缴国库。

36. 刑事裁定书（补正裁判文书失误用）

×××人民法院
刑事裁定书

（补正裁判文书失误用）

（××××）……刑……号

被告人……（写明姓名和案由）一案，本院于××××年××月××日作出（××××）×刑×字第××号刑事判决书（裁定书或调解书）。现发现其中有错误（遗漏）字句，特此补充裁定如下：

原××书……（写明错、漏的字句及其所在页次和行数）；

现更正为……（写明改正、补充的字句）。

审　判　长　×××

审　判　员　×××

审　判　员　×××

（院印）

××××年××月××日

本件与原本核对无异

书　记　员　×××

【说　明】

一、本样式供各级人民法院对于在本院发出的刑事判决书、刑事裁定书或者刑事调解书中，发现有个别文字上的错误或者遗漏，予以改正、补充时使用。

二、本裁定书改正、补充的内容，仅限于裁判文书中的文字技术上的失误，不涉及对实体（包括金额或者数额）和程序问题的处理。

三、本裁定书的案号应当与被补正的裁判文书相一致。

二、决定、命令、布告类

37. 逮捕决定书（自行决定逮捕用）

第一联

×××人民法院

逮捕决定书（审批联）

（自行决定逮捕用）

（　）……刑……号

案　由						
被逮捕人	姓名		性别		出生年月日	年　月　日
	民族		出生地		文化程度	
	职业		工作单位			
	住址					
被逮捕人家属姓名			工作单位			
执行逮捕机关						
逮捕原因					经办人 年　月　日	

审批决定		
		批准人 年　　月　　日

本联存卷

第二联

×××人民法院
逮捕决定书

（　　）……刑……号

本院正在审理的被告人　　　，有证据证明犯有　　　罪，根据《中华人民共和国刑事诉讼法》第五十九条和第六十条第一款的规定，决定予以逮捕，请予执行。

此致

公安局

（院印）

年　　月　　日

附：被逮捕人情况

被逮捕人	姓名		性别		出生年月日		年　月　日
	民族		出生地		文化程度		
	职业		工作单位				
	住址						
被逮捕人 家属姓名			工作单位				

本联送达执行逮捕的公安机关

第三联

×××人民法院
逮捕决定书（回执）

（××××）……刑……号

人民法院：

根据你院（　　）刑字第　号逮捕决定书，我局已于　　年　　月　　日将　　（性别　　，　　年　　月　　日出生）逮捕，现羁押在　　。

（公章）

年　　月　　日

本联由执行逮捕的公安机关填写并加盖公章后退回法院

【说　明】

一、本样式根据《中华人民共和国刑事诉讼法》第八十一条的规定制订，供各级人民法院在审理刑事案件中，对于有证据证明有犯罪事实，可能判处有期徒刑以上刑罚，有逮捕必要而尚未逮捕的被告人，决定予以逮捕时使用。

二、本样式系填充式，但应当由专人慎重保管使用。填用时须经院长批准。

【法律依据】

《中华人民共和国刑事诉讼法》（2018 年 10 月 26 日）

第八十条　逮捕犯罪嫌疑人、被告人，必须经过人民检察院批准或者人民法院决定，由公安机关执行。

第八十一条　对有证据证明有犯罪事实，可能判处徒刑以上刑罚的犯罪嫌疑人、被告人，采取取保候审尚不足以防止发生下列社会危险性的，应当予以逮捕：

（一）可能实施新的犯罪的；

（二）有危害国家安全、公共安全或者社会秩序的现实危险的；

（三）可能毁灭、伪造证据，干扰证人作证或者串供的；

（四）可能对被害人、举报人、控告人实施打击报复的；

（五）企图自杀或者逃跑的。

批准或者决定逮捕，应当将犯罪嫌疑人、被告人涉嫌犯罪的性质、情节、认罪认罚等情况，作为是否可能发生社会危险性的考虑因素。

对有证据证明有犯罪事实，可能判处十年有期徒刑以上刑罚的，或者有证据证明有犯罪事实，可能判处徒刑以上刑罚，曾经故意犯罪或者身份不明的，应当予以逮捕。

被取保候审、监视居住的犯罪嫌疑人、被告人违反取保候审、监视居住规定，情节严重的，可以予以逮捕。

38. 取保候审决定书（刑事案件用）

第一联

×××人民法院
取保候审决定书（审批联）

（刑事案件用）

（××××）……刑……号

	案由							
被告人	姓名		性别		出生年月日		年 月 日	
	文化程度		工作单位					
	住址							
保证形式	交纳保证金数额							
	保证人姓名住址				与被告人关系			
执行机关					取保候审期限		个月	
取保候审原因	经办人						年 月 日	
领导审批	批准人						年 月 日	

本联存卷

第二联

×××人民法院
取保候审决定书

（××××）×刑×××号

根据《中华人民共和国刑事诉讼法》第五十一条第一款的规定，决定对本院正在审理的　　一案的被告人　　采取取保候审的强制措施。取保候审的期限为　个月。在取保候审期间，被告人应当遵守以下规定：

（一）未经执行的公安机关批准不得离开所居住的市、县；

（二）在传讯的时候及时到案；

（三）不得以任何形式干扰证人作证；

（四）不得毁灭、伪造证据或者串供。

如违反上述规定，依照《中华人民共和国刑事诉讼法》第五十六条第二款的规定处理。

本决定由　　公安局执行。

本决定应当向被取保候审的被告人宣布，并由被告人在决定书上签名。

（院印）

年　月　日

向被告人宣布的时间：

年　月　日　时　被告人签名：

【说　明】

一、本样式根据《中华人民共和国刑事诉讼法》第七十一条的规定制订，供各级人民法院在审理刑事案件中，对被告人采取取保候审强制措施时使用。

二、保证人与保证金不能同时使用。人民法院应当在审批时确定采用何种保证形式。

三、本样式为填充式。决定书正本一式三份，一份向被告人宣布并签名后存卷；一份交给被告人收执；另一份连同取保候审执行通知书送达负责执行的公安机关。

【法律依据】

《中华人民共和国刑事诉讼法》（2018年10月26日）

第六十七条 人民法院、人民检察院和公安机关对有下列情形之一的犯罪嫌疑人、被告人，可以取保候审：

（一）可能判处管制、拘役或者独立适用附加刑的；

（二）可能判处有期徒刑以上刑罚，采取取保候审不致发生社会危险性的；

（三）患有严重疾病、生活不能自理，怀孕或者正在哺乳自己婴儿的妇女，采取取保候审不致发生社会危险性的；

（四）羁押期限届满，案件尚未办结，需要采取取保候审的。

取保候审由公安机关执行。

第七十一条 被取保候审的犯罪嫌疑人、被告人应当遵守以下规定：

（一）未经执行机关批准不得离开所居住的市、县；

（二）住址、工作单位和联系方式发生变动的，在二十四小时以内向执行机关报告；

（三）在传讯的时候及时到案；

（四）不得以任何形式干扰证人作证；

（五）不得毁灭、伪造证据或者串供。

人民法院、人民检察院和公安机关可以根据案件情况，责令被取保候审的犯罪嫌疑人、被告人遵守以下一项或者多项规定：

（一）不得进入特定的场所；

（二）不得与特定的人员会见或者通信；

（三）不得从事特定的活动；

（四）将护照等出入境证件、驾驶证件交执行机关保存。

被取保候审的犯罪嫌疑人、被告人违反前两款规定，已交纳保证金的，没收部分或者全部保证金，并且区别情形，责令犯罪嫌疑人、被告人具结悔过，重新交纳保证金、提出保证人，或者监视居住、予以逮捕。

对违反取保候审规定，需要予以逮捕的，可以对犯罪嫌疑人、被告人先行拘留。

39. 解除取保候审决定书（刑事案件用）

第一联

×××人民法院
解除取保候审决定书（审批联）

（刑事案件用）

（××××）……刑……号

案由							
被告人	姓名		性别		出生年月日		年　月　日
	文化程度		工作单位				
	住址						
保证形式							
执行机关					取保候审期限		个月
解除取保候审原因	经办人						年　月　日
领导审批	批准人						年　月　日

本联存卷

第二联

×××人民法院
解除取保候审决定书

（××××）……刑……号

本院于　　年　月　　日决定对被告人　　采取取保候审的强制措施。现因　　　，本院决定对被告人　　取保候审的强制措施予以解除。

（院印）

年　　月　　日

向被告人宣布的时间：

年　　月　　日　　时　　被告人签名：

【说　明】

一、本样式根据《中华人民共和国刑事诉讼法》第七十九条第二款的规定制订，供各级人民法院在审理刑事案件中，对被告人解除取保候审的强制措施时使用。

二、本决定应当向被解除取保候审的被告人宣布，并由被告人在决定书上签名。

三、本样式为填充式。决定书正本一式三份，一份向被告人宣布并签名后存卷；一份交给被告人收执；另一份连同解除取保候审执行通知书送达负责执行的公安机关。

【法律依据】

《中华人民共和国刑事诉讼法》（2018年10月26日）

第七十九条　人民法院、人民检察院和公安机关对犯罪嫌疑人、被告人取保候审最长不得超过十二个月，监视居住最长不得超过六个月。

在取保候审、监视居住期间，不得中断对案件的侦查、起诉和审理。对于发现不应当追究刑事责任或者取保候审、监视居住期限届满的，应当及时解除取保候审、监视居住。解除取保候审、监视居住，应当及时通知被取保候审、监视居住人和有关单位。

40. 监视居住决定书（刑事案件用）

第一联

×××人民法院
监视居住决定书（审批联）

（刑事案件用）

（××××）……刑……号

	案由						
被告人	姓名		性别		出生年月日		年　月　日
	文化程度		工作单位				
	住址						
	执行机关				监视居住期限		个月
监视居住原因	经办人					年　月　日	
领导审批	批准人					年　月　日	

本联存卷

第二联

×××人民法院
监视居住决定书

（××××）……刑……号

根据《中华人民共和国刑事诉讼法》第五十一条第一款的规定，决定对本院正在审理的　　一案的被告人

采取监视居住的强制措施。监视居住的期限为　个月。在监视居住期间，被告人应当遵守以下规定：

（一）未经执行机关批准不得离开住处，无固定住处的，未经批准不得离开指定的居所；

（二）未经执行机关批准不得会见他人；

（三）在传讯的时候及时到案；

（四）不得以任何形式干扰证人作证；

（五）不得毁灭、伪造证据或者串供。

本决定由　　公安局执行。

（院印）

年　　月　　日

向被告人宣布的时间：

年　　月　　日　　时

被告人签名：

【说　明】

一、本样式根据《中华人民共和国刑事诉讼法》第七十七条第一款的规定制订，供各级人民法院在审理刑事案件中，对被告人采取监视居住强制措施时使用。

二、本决定应当向被监视居住的被告人宣布，并由被告人在决定书上签名。

三、本样式为填充式。决定书正本一式三份，一份向被告人宣布并签名后存卷；一份交给被告人收执；另一份连同监视居住执行通知书，送达负责执行的公安机关。

【法律依据】

《中华人民共和国刑事诉讼法》（2018 年 10 月 26 日）

第七十四条 人民法院、人民检察院和公安机关对符合逮捕条件，有下列情形之一的犯罪嫌疑人、被告人，可以监视居住：

（一）患有严重疾病、生活不能自理的；

（二）怀孕或者正在哺乳自己婴儿的妇女；

（三）系生活不能自理的人的唯一扶养人；

（四）因为案件的特殊情况或者办理案件的需要，采取监视居住措施更为适宜的；

（五）羁押期限届满，案件尚未办结，需要采取监视居住措施的。

对符合取保候审条件，但犯罪嫌疑人、被告人不能提出保证人，也不交纳保证金的，可以监视居住。

监视居住由公安机关执行。

第七十七条 被监视居住的犯罪嫌疑人、被告人应当遵守以下规定：

（一）未经执行机关批准不得离开执行监视居住的处所；

（二）未经执行机关批准不得会见他人或者通信；

（三）在传讯的时候及时到案；

（四）不得以任何形式干扰证人作证；

（五）不得毁灭、伪造证据或者串供；

（六）将护照等出入境证件、身份证件、驾驶证件交执行机关保存。

被监视居住的犯罪嫌疑人、被告人违反前款规定，情节严重的，可以予以逮捕；需要予以逮捕的，可以对犯罪嫌疑人、被告人先行拘留。

41. 解除监视居住决定书（刑事案件用）

第一联

×××人民法院
解除监视居住决定书（审批联）

（刑事案件用）

（××××）……刑……号

案由							
被告人	姓名		性别		出生年月日		年 月 日
	文化程度		工作单位				
	住址						
执行机关					监视居住期限		个月
解除监视居住原因	经办人						年 月 日
领导审批	批准人						年 月 日

本联存卷

第二联

×××人民法院
解除监视居住决定书

（××××）……刑……号

本院于　　年　　月　　日决定对被告人　　　　采取监视居住的强制措施。现因　　　　，本院决定对被告人　　　　监视居住的强制措施予以解除。

（院印）

年　月　日

向被告人宣布的时间：　　年　　月　　日　　时

被告人签名：

【说　明】

一、本样式根据《中华人民共和国刑事诉讼法》第七十九条第二款的规定制订，供各级人民法院在审理刑事案件中，对被告人解除监视居住强制措施时使用。

二、本决定应当向被解除监视居住的被告人宣布，并由被告人在决定书上签名。

三、本样式为填充式。决定书正本一式三份，一份向被告人宣布并签名后存卷；一份交给被告人收执；另一份连同解除监视居住执行通知书，送达负责执行的公安机关。

【法律依据】

《中华人民共和国刑事诉讼法》（2018 年 10 月 26 日）

第七十九条　人民法院、人民检察院和公安机关对犯罪嫌疑人、被告人取保候审最长不得超过十二个月，监视居住最长不得超过六个月。

在取保候审、监视居住期间，不得中断对案件的侦查、起诉和审理。对于发现不应当追究刑事责任或者取保候审、监视居住期限届满的，应当及时解除取保候审、监视居住。解除取保候审、监视居住，应当及时通知被取保候审、监视居住人和有关单位。

42. 对申请回避的决定书（刑事案件用）

×××人民法院
对申请回避的决定书

（刑事案件用）

（××××）……刑……号

申请人×××……（写明提出申请回避的当事人及其法定代理人的姓名和基本情况）

本院在审理×××人民检察院指控被告人×××犯××罪（自诉案件写"自诉人×××控诉被告人×××犯××罪"）一案中，申请人……（写明申请人申请回避的审判人员或者书记员、翻译人员、鉴定人员等的姓名和申请其回避的理由）。

本院院长（或者本院审判委员会讨论）认为，……（写明准许回避申请或者驳回回避申请的理由）。依照《中华人民共和国刑事诉讼法》第三十条第一款的规定，决定如下：

……（写明决定结果）。

如不服本决定，可以向本院申请复议一次（准许回避申请的不写此句）。

（院印）

××××年××月××日

【说　明】

一、本样式根据《中华人民共和国刑事诉讼法》第二十九条、第三十一条第一款、第三款的规定制订，供各级人民法院决定准许或者驳回回避申请时使用。

二、人民法院对申请回避所作的决定，可以采取口头的或者书面的形式。采取口头形式的，应当记录在卷；采取书面形式的，可以按照本样式制作决定书。

三、根据《中华人民共和国刑事诉讼法》第三十条第一款规定，院长担任审判长时的回避，由审判委员会决定；审判人员和其他人员（包括书记员、翻译人员和鉴定人员）的回避，由院长决定；上述人员的回避在决定书中应当分别加以表述，并写明准许或者驳回回避申请的理由。

四、决定结果的表述，准许申请的写："准许×××提出的回避申请。"驳回申请的写："驳回×××提出的回避申请。"

五、如系共同犯罪案件，只写第一被告人姓名，并在其后加一"等"字。

【法律依据】

《中华人民共和国刑事诉讼法》（2018 年 10 月 26 日）

第二十九条 审判人员、检察人员、侦查人员有下列情形之一的，应当自行回避，当事人及其法定代理人也有权要求他们回避：

（一）是本案的当事人或者是当事人的近亲属的；

（二）本人或者他的近亲属和本案有利害关系的；

（三）担任过本案的证人、鉴定人、辩护人、诉讼代理人的；

（四）与本案当事人有其他关系，可能影响公正处理案件的。

第三十一条 审判人员、检察人员、侦查人员的回避，应当分别由院长、检察长、公安机关负责人决定；院长的回避，由本院审判委员会决定；检察长和公安机关负责人的回避，由同级人民检察院检察委员会决定。

对侦查人员的回避作出决定前，侦查人员不能停止对案件的侦查。

对驳回申请回避的决定，当事人及其法定代理人可以申请复议一次。

43. 对申请回避的复议决定书（刑事案件用）

×××人民法院
对申请回避的复议决定书

（刑事案件用）

（××××）……刑……号

申请复议人……（写明提出申请回避复议的当事人及其法定代理人的姓名和基本情况）。

本院在审理×××人民检察院指控被告人×××犯××罪（自诉案件写"自诉人×××控诉被告人×××犯××罪"）一案中，申请人×××申请……（写明职务及姓名）回避。本院于××××年××月××日作出（××××）××字第××号《对申请回避的决定书》后，申请人×××不服，申请复议。

经本院复议，……（写明准许或者驳回复议申请的理由），依照《中华人民共和国刑事诉讼法》第三十条第一款、第三款的规定，决定如下：

……（写明决定结果）。

本决定为最终决定。

（院印）

××××年××月××日

【说　明】

一、本样式根据《中华人民共和国刑事诉讼法》第三十一条第三款的规定制定，供各级人民法院对当事人及其法定代理人有关回避的复议申请作出决定时使用。

二、如有此项复议申请的，可以参阅本样式制作复议决定书。

三、制作本决定书时，可以参阅对申请回避的决定书（刑事案件用）样式的说明第二、三、四、五条。

【法律依据】

《中华人民共和国刑事诉讼法》（2018 年 10 月 26 日）

第三十一条 审判人员、检察人员、侦查人员的回避，应当分别由院长、检察长、公安机关负责人决定；院长的回避，由本院审判委员会决定；检察长和公安机关负责人的回避，由同级人民检察院检察委员会决定。

对侦查人员的回避作出决定前，侦查人员不能停止对案件的侦查。

对驳回申请回避的决定，当事人及其法定代理人可以申请复议一次。

44. 改变管辖决定书（提审、指定管辖用）

×××人民法院
改变管辖决定书

（提审、指定管辖用）

（××××）……刑……号

×××人民法院：

关于……（写明控辩双方名称、姓名和案由）一案，根据《中华人民共和国刑事诉讼法》第二十三条的规定，决定由本院依照第一审程序审理此案。你院收到此决定书后，即书面通知提起公诉的×××人民检察院。

（院印）

××××年××月××日

【说　明】

一、本样式根据《中华人民共和国刑事诉讼法》第二十四条和《最高人民法院关于适用〈中华人民共和国刑事诉讼法〉的解释》第十六条的规定制订，供上级人民法院认为有必要审理下级人民法院管辖的第一审刑事案件，决定改变管辖时使用。

二、本样式专为上级人民法院审理下级人民法院管辖的第一审刑事案件而变更管辖设计的。如系指定管辖，决定书的写法应当作相应的变动：

（一）文书名称写为《指定管辖决定书》。

（二）如指定下级人民法院审判管辖不明的案件，决定书可以表述为："关于……（写明控辩双方名称、姓名和案由）一案，根据《中华人民共和国刑事诉讼法》第二十七条的规定，指定你院审判"。

（三）如指定下级人民法院将案件移送其他人民法院审判，决定书则可以表述为："关于……（写明控辩双方名称、姓名和案由）一案，根据《中华人民共和国刑事诉讼法》第二十七条的规定，指定你院将该案移送×××人民法院审判。你院收到此决定书后，即书面通知提起公诉的人民检察院（如系自诉案件，此句应当改写为：应将全部案卷材料移送被指定管辖的×××人民法院，并书面通知当事人）"。

【法律依据】

1. 《中华人民共和国刑事诉讼法》（2018 年 10 月 26 日）

第二十四条 上级人民法院在必要的时候，可以审判下级人民法院管辖的第一审刑事案件；下级人民法院认为案情重大、复杂需要由上级人民法院审判的第一审刑事案件，可以请求移送上一级人民法院审判。

第二十七条 上级人民法院可以指定下级人民法院审判管辖不明的案件，也可以指定下级人民法院将案件移送其他人民法院审判。

2. 《最高人民法院关于适用〈中华人民共和国刑事诉讼法〉的解释》（2021 年 1 月 26 日）

第十六条 上级人民法院决定审判下级人民法院管辖的第一审刑事案件的，应当向下级人民法院下达改变管辖决定书，并书面通知同级人民检察院。

45. 同意或者不同意移送管辖决定书（刑事案件用）

×××人民法院
同意或者不同意移送管辖决定书

（刑事案件用）

（××××）……刑……号

×××人民法院：

你院××××年××月××日关于……（写明被告人姓名和案由）一案请求移送本院审判的报告收到。经审查，根据《中华人民共和国刑事诉讼法》第二十三条的规定，同意将该案移送本院审判。你院收到此决定书后，即办理有关移送事宜，并书面通知提起公诉的×××人民检察院。

（院印）
××××年××月××日

抄送：×××人民检察院

【说　明】

一、本样式根据《最高人民法院关于适用〈中华人民共和国刑事诉讼法〉的解释》第十七条第二款的规定制订，供上级人民法院同意或者不同意下级人民法院移送案件时使用。

二、本样式专为上级人民法院同意移送管辖设计的。如经审查，认为没有必要移送，文书名称应当改为《不同意移送管辖决定书》；正文中应当改写为："经审查，认为该案不符合《中华人民共和国刑事诉讼法》第二十四条规定的移送条件，不应当移送本院审理，由你院依法审判"。

【法律依据】

1.《中华人民共和国刑事诉讼法》（2018 年 10 月 26 日）

第二十四条　上级人民法院在必要的时候，可以审判下级人民法院管辖的第一审刑事案件；下级人民法院认为案情重大、复杂需要由上级人民法院审判的第一审刑事案件，可以请求移送上一级人民法院审判。

2.《最高人民法院关于适用〈中华人民共和国刑事诉讼法〉的解释》（2021 年 1 月 26 日）

第十七条　基层人民法院对可能判处无期徒刑、死刑的第一审刑事案件，应当移送中级人民法院审判。

基层人民法院对下列第一审刑事案件，可以请求移送中级人民法院审判：

（一）重大、复杂案件；

（二）新类型的疑难案件；

（三）在法律适用上具有普遍指导意义的案件。

需要将案件移送中级人民法院审判的，应当在报请院长决定后，至迟于案件审理期限届满十五日以前书面请求移送。中级人民法院应当在接到申请后十日以内作出决定。不同意移送的，应当下达不同意移送决定书，由请求移送的人民法院依法审判；同意移送的，应当下达同意移送决定书，并书面通知同级人民检察院。

第十八条　有管辖权的人民法院因案件涉及本院院长需要回避或者其他原因，不宜行使管辖权的，可以请求移送上一级人民法院管辖。上一级人民法院可以管辖，也可以指定与提出请求的人民法院同级的其他人民法院管辖。

46. 不予受理决定书（公诉案件用）

×××人民法院
不予受理决定书

（公诉案件用）

（××××）……号

公诉机关×××人民检察院。

被告人……（写明姓名、性别、出生年月日、民族、出生地、文化程度、住址和因本案所受强制措施等情况，现羁押处所）。

本院××××年××月××日收到×××人民检察院×检×诉〔　　〕××号起诉书及所附材料。经审查，……（写明决定不予受理的理由）。依照《最高人民法院关于执行〈中华人民共和国刑事诉讼法〉若干问题的解释》第一百一十七条第×项的规定，决定如下：

对×××人民检察院×检×诉〔　　〕××号起诉书起诉的案件，本院不予受理。

（院印）

××××年××月××日

【说　明】

一、本样式根据《最高人民法院关于适用〈中华人民共和国刑事诉讼法〉的解释》第二百一十九条第（四）、（五）项规定制订，供第一审人民法院对人民检察院提起公诉的案件决定不予受理时使用。

二、本决定书为拟制式。正文部分，应当写明经审查后决定不予受理的理由，包括两种情况：一是经人民法院依法裁定准许人民检察院撤诉的案件，没有新的事实、证据，人民检察院重新起诉的；二是符合刑事诉讼法第十五条第（二）项至第（六）项规定的情形，应当不予受理的。并且应当引用最高人民法院的上述司法解释作为决定的依据。

三、决定书正本只送达提起公诉的人民检察院。

【法律依据】

1. **《最高人民法院关于适用〈中华人民共和国刑事诉讼法〉的解释》**（2021 年 1 月 26 日）

第二百一十九条 人民法院对提起公诉的案件审查后，应当按照下列情形分别处理：

（一）不属于本院管辖的，应当退回人民检察院；

（二）属于刑事诉讼法第十六条第二项至第六项规定情形的，应当退回人民检察院；属于告诉才处理的案件，应当同时告知被害人有权提起自诉；

（三）被告人不在案的，应当退回人民检察院；但是，对人民检察院按照缺席审判程序提起公诉的，应当依照本解释第二十四章的规定作出处理；

（四）不符合前条第二项至第九项规定之一，需要补充材料的，应当通知人民检察院在三日以内补送；

（五）依照刑事诉讼法第二百条第三项规定宣告被告人无罪后，人民检察院根据新的事实、证据重新起诉的，应当依法受理；

（六）依照本解释第二百九十六条规定裁定准许撤诉的案件，没有新的影响定罪量刑的事实、证据，重新起诉的，应当退回人民检察院；

（七）被告人真实身份不明，但符合刑事诉讼法第一百六十条第二款规定的，应当依法受理。

对公诉案件是否受理，应当在七日以内审查完毕。

2. **《中华人民共和国刑事诉讼法》**（2018 年 10 月 26 日）

第十六条 有下列情形之一的，不追究刑事责任，已经追究的，应当撤销案件，或者不起诉，或者终止审理，或者宣告无罪：

（一）情节显著轻微、危害不大，不认为是犯罪的；

（二）犯罪已过追诉时效期限的；

（三）经特赦令免除刑罚的；

（四）依照刑法告诉才处理的犯罪，没有告诉或者撤回告诉的；

（五）犯罪嫌疑人、被告人死亡的；

（六）其他法律规定免予追究刑事责任的。

47. 调取证据材料决定书（刑事案件用）

×××人民法院
调取证据材料决定书

（刑事案件用）

（××××）……刑……号

×××人民检察院：

本院在审理被告人×××（写明案由）一案中，……（写明需要调取证据材料的理由）。依照《最高人民法院关于执行〈中华人民共和国刑事诉讼法〉若干问题的解释》第一百五十八条规定，请你院在收到本决定书后三日内，向本院移交下列证据材料：

……（写明调取证据材料的名称和件数。调取多种证据材料的，可以分项书写。）

（院印）

年　月　日

【说　明】

本样式根据《最高人民法院关于适用〈中华人民共和国刑事诉讼法〉的解释》第二百七十五条规定制订，供人民法院在审理刑事案件中，向人民检察院调取证据材料时使用。

【法律依据】

《最高人民法院关于适用〈中华人民共和国刑事诉讼法〉的解释》（2021 年 1 月 26 日）

第二百七十五条　人民法院向人民检察院调取需要调查核实的证据材料，或者根据被告人、辩护人的申请，向人民检察院调取在调查、侦查、审查起诉期间收集的有关被告人无罪或者罪轻的证据材料，应当通知人民检察院在收到调取证据材料决定书后三日以内移交。

48. 按撤诉处理决定书

×××人民法院
按撤诉处理决定书

（××××）……刑初……号

人民检察院：

你院　　年　月　　日指控被告人　　犯　　罪一案，向本院提起公诉。在法庭审理过程中，检察人员发现本案需要补充侦查，提出了延期审理的建议。经审查，同意延期审理。该案延期审理后，至今已超过法定的补充侦查期限。本院根据《最高人民法院关于执行〈中华人民共和国刑事诉讼法〉若干问题的解释》第一百五十七条第二款关于"法庭宣布延期审理后，人民检察院在补充侦查的期限内没有提请人民法院恢复法庭审理的，人民法院应当决定按人民检察院撤诉处理"的规定，决定如下：

本案按人民检察院撤诉处理。

（院印）

年　　月　　日

【说　明】

本样式根据最高人民法院《最高人民法院关于适用〈中华人民共和国刑事诉讼法〉的解释》第二百七十四条第二款的规定制订，供各级人民法院在审理第一审公诉案件按撤诉处理时使用。

【法律依据】

1.《中华人民共和国刑事诉讼法》（2018 年 10 月 26 日）

第二百一十一条　人民法院对于自诉案件进行审查后，按照下列情形分别处理：

（一）犯罪事实清楚，有足够证据的案件，应当开庭审判；

（二）缺乏罪证的自诉案件，如果自诉人提不出补充证据，应当说服自诉人撤回自诉，或者裁定驳回。

自诉人经两次依法传唤，无正当理由拒不到庭的，或者未经法庭许可中途退庭的，按撤诉处理。

法庭审理过程中，审判人员对证据有疑问，需要调查核实的，适用本法第一百九十六条的规定。

2.《最高人民法院关于适用〈中华人民共和国刑事诉讼法〉的解释》（2021 年 1 月 26 日）

第二百七十四条 审判期间，公诉人发现案件需要补充侦查，建议延期审理的，合议庭可以同意，但建议延期审理不得超过两次。

人民检察院将补充收集的证据移送人民法院的，人民法院应当通知辩护人、诉讼代理人查阅、摘抄、复制。

补充侦查期限届满后，人民检察院未将补充的证据材料移送人民法院的，人民法院可以根据在案证据作出判决、裁定。

49. 拘留决定书（刑事案件用）

×××人民法院
拘留决定书

（刑事案件用）

（××××）……刑……号

被拘留人……（写明姓名、性别、出生年月日、民族、出生地、文化程度、职业或者工作单位和职务、住址）。

本院在审判……（写明当事人姓名和案由）一案过程中，……（写明被拘留人妨害刑事诉讼的事实和予以拘留的理由）。依照《中华人民共和国刑事诉讼法》第一百六十一条第一款的规定，决定如下：

对×××拘留×日。

如不服本决定，可以在收到决定书后向×××人民法院申请复议。复议期间不停止执行。

（院印）

××××年××月××日

【说　明】

一、本样式根据《中华人民共和国刑事诉讼法》第一百九十九条的规定制订，供各级人民法院对妨害刑事诉讼的行为人依法决定拘留时使用。

二、在拘留决定书中，应当写明被拘留人妨害刑事诉讼的具体事实，包括行为的时间、地点、情节和后果等，并应阐明必须予以拘留的理由，引用刑事诉讼法的相应条款。

三、依照《中华人民共和国刑事诉讼法》第一百九十九条第一款的规定，被拘留人对拘留决定不服的，可以向上一级人民法院申请复议。复议期间不停止执行。

四、拘留决定书的原本附卷，正本送达被拘留人和执行拘留的公安机关。

【法律依据】

《中华人民共和国刑事诉讼法》（2018 年 10 月 26 日）

第一百九十九条 在法庭审判过程中，如果诉讼参与人或者旁听人员违反法庭秩序，审判长应当警告制止。对不听制止的，可以强行带出法庭；情节严重的，处以一千元以下的罚款或者十五日以下的拘留。罚款、拘留必须经院长批准。被处罚人对罚款、拘留的决定不服的，可以向上一级人民法院申请复议。复议期间不停止执行。

对聚众哄闹、冲击法庭或者侮辱、诽谤、威胁、殴打司法工作人员或者诉讼参与人，严重扰乱法庭秩序，构成犯罪的，依法追究刑事责任。

50. 罚款决定书（刑事案件用）

×××人民法院
罚款决定书

（刑事案件用）

（××××）……刑……号

被罚款人……（写明姓名、性别、出生年月日、民族、出生地、文化程度、职业或者工作单位和职务、住址）。

本院在审判……（写明当事人姓名和案由）一案过程中，……（写明被罚款人妨害刑事诉讼的事实和应当予以罚款的理由）。依照《中华人民共和国刑事诉讼法》第一百六十一条第一款的规定，决定如下：

对×××罚款×××元，限在××××年××月××日前交纳。

如不服本决定，可以在收到决定书后向×××人民法院申请复议。复议期间不停止执行。

（院印）

××××年××月××日

【说　明】

一、本样式根据《中华人民共和国刑事诉讼法》第一百九十九条第一款的规定制订，供各级人民法院在办理刑事案件中，对妨害刑事诉讼的行为人，依法决定罚款时使用。

二、制作本决定书时，可以参阅样式58的说明第二、三项。

三、本决定书的原本附卷，正本送达被罚款人和有关单位。

【法律依据】

《中华人民共和国刑事诉讼法》（2018 年 10 月 26 日）

第一百九十九条 在法庭审判过程中，如果诉讼参与人或者旁听人员违反法庭秩序，审判长应当警告制止。对不听制止的，可以强行带出法庭；情节严重的，处以一千元以下的罚款或者十五日以下的拘留。罚款、拘留必须经院长批准。被处罚人对罚款、拘留的决定不服的，可以向上一级人民法院申请复议。复议期间不停止执行。

对聚众哄闹、冲击法庭或者侮辱、诽谤、威胁、殴打司法工作人员或者诉讼参与人，严重扰乱法庭秩序，构成犯罪的，依法追究刑事责任。

51. 复议决定书（上级人民法院复议案件用）

×××人民法院
复议决定书

（上级人民法院复议案件用）

（××××）……刑……号

申请复议人……（写明申请复议人的姓名及其基本情况）。

申请复议人不服×××人民法院××××年××月××日（××××）××字第××号××决定，向本院提出复议申请。申请复议人提出……（简要写明申请的理由和复议请求）。

经审查，本院认为……（写明作出复议决定的理由）。依照……（写明据以作出复议决定的法律条款项）的规定，决定如下：

……〔写明复议决定的内容。分两种情况：

一、维持原决定的，表述为：

"驳回申请，维持原决定。"

二、撤销原决定的，表述为：

"一、撤销×××人民法院××××年××月××日（××××）××字第××号××决定；

二、……（写明变更的决定内容。不需作出变更决定的，此项不写）"〕

（院印）

××××年××月××日

【说　明】

本样式根据《中华人民共和国刑事诉讼法》第一百九十九条第一款和《最高人民法院关于适用〈中华人民共和国刑事诉讼法〉的解释》第三百零七条第二款的规定制订，供上级人民法院审查申请复议人不服下级人民法院作出的拘留或者罚款决定，作出复议决定时使用。

【法律依据】

1.《中华人民共和国刑事诉讼法》（2018 年 10 月 26 日）

第一百九十九条 在法庭审判过程中，如果诉讼参与人或者旁听人员违反法庭秩序，审判长应当警告制止。对不听制止的，可以强行带出法庭；情节严重的，处以一千元以下的罚款或者十五日以下的拘留。罚款、拘留必须经院长批准。被处罚人对罚款、拘留的决定不服的，可以向上一级人民法院申请复议。复议期间不停止执行。

对聚众哄闹、冲击法庭或者侮辱、诽谤、威胁、殴打司法工作人员或者诉讼参与人，严重扰乱法庭秩序，构成犯罪的，依法追究刑事责任。

2.《最高人民法院关于适用〈中华人民共和国刑事诉讼法〉的解释》（2021 年 1 月 26 日）

第三百零七条 有关人员危害法庭安全或者扰乱法庭秩序的，审判长应当按照下列情形分别处理：

（一）情节较轻的，应当警告制止；根据具体情况，也可以进行训诫；

（二）训诫无效的，责令退出法庭；拒不退出的，指令法警强行带出法庭；

（三）情节严重的，报经院长批准后，可以对行为人处一千元以下的罚款或者十五日以下的拘留。

未经许可对庭审活动进行录音、录像、拍照或者使用即时通讯工具等传播庭审活动的，可以暂扣相关设备及存储介质，删除相关内容。

有关人员对罚款、拘留的决定不服的，可以直接向上一级人民法院申请复议，也可以通过决定罚款、拘留的人民法院向上一级人民法院申请复议。通过决定罚款、拘留的人民法院申请复议的，该人民法院应当自收到复议申请之日起三日以内，将复议申请、罚款或者拘留决定书和有关事实、证据材料一并报上一级人民法院复议。复议期间，不停止决定的执行。

52. 审判委员会讨论案件决定书（刑事案件用）

×××人民法院
审判委员会讨论案件决定书

（刑事案件用）

时　间		地点	
汇报单位		汇报人	
被告人姓名		案由	
合议庭意见			
出席人			
列席人			

讨论决定：

主持人：

年　月　日

【说　明】

一、本样式根据《中华人民共和国刑事诉讼法》第一百八十五条的规定制订，供各级人民法院对经开庭审理并且评议后，合议庭认为难以作出决定的疑难、复杂、重大的案件，报请院长决定提交审判委员会讨论作出决定时使用。

二、本样式系按照合议庭提请院长决定提交审判委员会讨论作出决定的模式设计的。对于独任审判的案件，如果独任审判员认为有必要提请院长决定提交审判委员会讨论决定的，也适用本样式。

三、样式中的"主持人"，是指讨论本案的审判委员会本次会议的主持人。主持人签名后，应当加盖院审判委员会的印章。

四、本样式连同《提请审判委员会讨论案件报告表》、《审判委员会讨论案件笔录》一并附卷。

五、本决定书系内部使用的诉讼文书，应当归人副卷，并注意保密。

【法律依据】

《中华人民共和国刑事诉讼法》（2018 年 10 月 26 日）

第一百八十五条 合议庭开庭审理并且评议后，应当作出判决。对于疑难、复杂、重大的案件，合议庭认为难以作出决定的，由合议庭提请院长决定提交审判委员会讨论决定。审判委员会的决定，合议庭应当执行。

53. **再审决定书**（刑事案件用）

×××人民法院
再审决定书

（刑事案件用）

（××××）……刑监……号

原审被告人……（写明姓名和案由）一案，本院（或者×××人民法院）于××××年××月××日以（××××）×刑×字第××号刑事判决（裁定），认定被告人×××犯××罪，判处……（写明判处内容）。判决（裁定）已经发生法律效力。……（简述提起再审的来由）。本院认为：……（简要写明应予再审的理由）。据此，依照……（写明决定的法律依据）的规定，决定如下：

……（写明决定内容，分三种情况：

第一，本院决定再审的，写："本案由本院另行组成合议庭进行再审"；

第二，本院决定提审的，写："本案由本院进行提审"；

第三，指令下级人民法院再审的，写："指令×××人民法院另行组成合议庭对本案进行再审"。）

本案在再审期间不停止原判决（裁定）的执行。

（院印）

××××年××月××日

【说　明】

一、本样式根据《中华人民共和国刑事诉讼法》第二百五十三条、第二百五十四条第一款、第二款和《最高人民法院关于适用〈中华人民共和国刑事诉讼法〉的解释》第四百五十七条、第四百六十条、第四百六十一条的规定制订，供各级人民法院按照审判监督程序，对刑事案件依法提起再审时使用。

二、再审决定书样式中"简述提起再审的来由",一般是指该案当事人及其法定代理人、近亲属提出申诉,或者是本院院长发现在认定事实上或者适用法律上确有错误,或者是上级人民法院发现确有错误等三种情况。

三、对于人民检察院按照审判监督程序提出抗诉的案件,依照刑事诉讼法第二百五十四条第四款和《最高人民法院关于适用〈中华人民共和国刑事诉讼法〉的解释》第四百六十三条的规定,接受抗诉的人民法院应当组成合议庭重新审理,不必另行制作再审决定书。但对原判决事实不清楚或者证据不足,需要指令下级人民法院再审的,可以参照本样式制作再审决定书。此项决定书首部应当改写为:"抗诉机关……(写明人民检察院的全称)",并另行列项写明:"原审被告人……(姓名、性别、出生年月日、民族、出生地、文化程度、现服刑处所或者住址)"。

四、本决定书为拟制式。决定书正本应当送达原审被告人、检察机关或者原审自诉人,发送其他有关诉讼参与人。

【法律依据】

1.《中华人民共和国刑事诉讼法》(2018年10月26日)

第二百五十三条 当事人及其法定代理人、近亲属的申诉符合下列情形之一的,人民法院应当重新审判:

(一)有新的证据证明原判决、裁定认定的事实确有错误,可能影响定罪量刑的;

(二)据以定罪量刑的证据不确实、不充分、依法应当予以排除,或者证明案件事实的主要证据之间存在矛盾的;

(三)原判决、裁定适用法律确有错误的;

(四)违反法律规定的诉讼程序,可能影响公正审判的;

(五)审判人员在审理该案件的时候,有贪污受贿,徇私舞弊,枉法裁判行为的。

第二百五十四条 各级人民法院院长对本院已经发生法律效力的判决和裁定,如果发现在认定事实上或者在适用法律上确有错误,必须提交审判委员会处理。

最高人民法院对各级人民法院已经发生法律效力的判决和裁定,上级人民法院对下级人民法院已经发生法律效力的判决和裁定,如果发现确有错误,有权提审或者指令下级人民法院再审。

最高人民检察院对各级人民法院已经发生法律效力的判决和裁定，上级人民检察院对下级人民法院已经发生法律效力的判决和裁定，如果发现确有错误，有权按照审判监督程序向同级人民法院提出抗诉。

人民检察院抗诉的案件，接受抗诉的人民法院应当组成合议庭重新审理，对于原判决事实不清楚或者证据不足的，可以指令下级人民法院再审。

2.《最高人民法院关于适用〈中华人民共和国刑事诉讼法〉的解释》（2021 年 1 月 26 日）

第四百五十七条 对立案审查的申诉案件，应当在三个月以内作出决定，至迟不得超过六个月。因案件疑难、复杂、重大或者其他特殊原因需要延长审查期限的，参照本解释第二百一十条的规定处理。

经审查，具有下列情形之一的，应当根据刑事诉讼法第二百五十三条的规定，决定重新审判：

（一）有新的证据证明原判决、裁定认定的事实确有错误，可能影响定罪量刑的；

（二）据以定罪量刑的证据不确实、不充分、依法应当排除的；

（三）证明案件事实的主要证据之间存在矛盾的；

（四）主要事实依据被依法变更或者撤销的；

（五）认定罪名错误的；

（六）量刑明显不当的；

（七）对违法所得或者其他涉案财物的处理确有明显错误的；

（八）违反法律关于溯及力规定的；

（九）违反法定诉讼程序，可能影响公正裁判的；

（十）审判人员在审理该案件时有贪污受贿、徇私舞弊、枉法裁判行为的。

申诉不具有上述情形的，应当说服申诉人撤回申诉；对仍然坚持申诉的，应当书面通知驳回。

第四百六十条 各级人民法院院长发现本院已经发生法律效力的判决、裁定确有错误的，应当提交审判委员会讨论决定是否再审。

第四百六十一条 上级人民法院发现下级人民法院已经发生法律效力的判决、裁定确有错误的，可以指令下级人民法院再审；原判决、裁定认定事实正确但适用法律错误，或者案件疑难、复杂、重大，或者有不宜由原审人民法院审理情形的，也可以提审。

上级人民法院指令下级人民法院再审的，一般应当指令原审人民法院以外的下级人民法院审理；由原审人民法院审理更有利于查明案件事实、纠正裁判错误的，可以指令原审人民法院审理。

第四百六十三条 对人民检察院依照审判监督程序提出抗诉的案件，接受抗诉的人民法院应当组成合议庭审理。对原判事实不清、证据不足，包括有新的证据证明原判可能有错误，需要指令下级人民法院再审的，应当在立案之日起一个月以内作出决定，并将指令再审决定书送达抗诉的人民检察院。

54. 暂予监外执行决定书（刑事案件用）

×××人民法院
暂予监外执行决定书

（刑事案件用）

（××××）……刑执……号

罪犯……（写明姓名、性别、出生年月日、民族、出生地、文化程度、住址等）。

××××年××月××日本院作出了（××××）×刑×字第××号刑事判决，以……罪判处罪犯×××……（刑罚种类和刑期）。现×××（写明建议对罪犯暂予监外执行的机关名称）建议对罪犯×××暂予监外执行。

经查，罪犯×××确系怀孕的妇女（或写"经查，罪犯×××确系正在哺乳自己婴儿的妇女"），不宜收监执行。依照《中华人民共和国刑事诉讼法》第二百一十四条第一款第（二）项的规定，决定将罪犯×××暂予监外执行。

（院印）

××××年××月××日

【说　明】

一、本样式根据《中华人民共和国刑事诉讼法》第二百六十五条和《最高人民法院关于适用〈中华人民共和国刑事诉讼法〉的解释》第五百一十五条的规定制订，供人民法院对判处有期徒刑或者拘役，符合暂予监外执行法定条件的罪犯，决定予以监外执行时使用。

二、本样式是按刑事诉讼法第二百六十五条第一款第（二）项的规定的情形设计的。对符合法定其他情形的，则应当在决定书正文的相关部分作相应改动：

（一）对于有严重疾病需要保外就医的，应当改写为："经查，罪犯×××

患有……（写明具体疾病种类名称）"。所引法律条文应当相应改为"《中华人民共和国刑事诉讼法》第二百六十五条第一款第（一）项";

（二）对于生活不能自理，适用暂予监外执行不致危害社会的，应改写为："经查，罪犯×××丧失生活自理能力"。所引法律条文应当相应改为"《中华人民共和国刑事诉讼法》第二百六十五条第一款第（三）项"。

三、本决定书应当送达负责监管的执行机关即罪犯住所地公安机关、同级人民检察院、罪犯本人。

【法律依据】

1.《中华人民共和国刑事诉讼法》（2018 年 10 月 26 日）

第二百六十五条 对被判处有期徒刑或者拘役的罪犯，有下列情形之一的，可以暂予监外执行：

（一）有严重疾病需要保外就医的；

（二）怀孕或者正在哺乳自己婴儿的妇女；

（三）生活不能自理，适用暂予监外执行不致危害社会的。

对被判处无期徒刑的罪犯，有前款第二项规定情形的，可以暂予监外执行。

对适用保外就医可能有社会危险性的罪犯，或者自伤自残的罪犯，不得保外就医。

对罪犯确有严重疾病，必须保外就医的，由省级人民政府指定的医院诊断并开具证明文件。

在交付执行前，暂予监外执行由交付执行的人民法院决定；在交付执行后，暂予监外执行由监狱或者看守所提出书面意见，报省级以上监狱管理机关或者设区的市一级以上公安机关批准。

2.《最高人民法院关于适用〈中华人民共和国刑事诉讼法〉的解释》（2021 年 1 月 26 日）

第五百一十五条 被判处无期徒刑、有期徒刑或者拘役的罪犯，符合刑事诉讼法第二百六十五条第一款、第二款的规定，人民法院决定暂予监外执行的，应当制作暂予监外执行决定书，写明罪犯基本情况、判决确定的罪名和刑罚、决定暂予监外执行的原因、依据等。

人民法院在作出暂予监外执行决定前，应当征求人民检察院的意见。

人民检察院认为人民法院的暂予监外执行决定不当，在法定期限内提出书面意见的，人民法院应当立即对该决定重新核查，并在一个月以内作出决定。

对暂予监外执行的罪犯，适用本解释第五百一十九条的有关规定，依法实行社区矫正。

人民法院决定暂予监外执行的，由看守所或者执行取保候审、监视居住的公安机关自收到决定之日起十日以内将罪犯移送社区矫正机构。

55. 收监执行决定书（刑事案件用）

×××人民法院
收监执行决定书

（刑事案件用）

（××××）……刑执……号

罪犯……（写明姓名、性别、出生年月日、民族、出生地、文化程度、现羁押处所等）

本院于××××年××月××日，作出了（××××）×刑×字第××号刑事判决，以罪犯×××犯××罪，判处……（刑罚种类和刑期）。在交付执行中，×××监狱以……（写明监狱不收监执行的理由）为由，不予收监执行。本院依法进行了审理。

经查，罪犯×××……（写明罪犯应予收监执行的事实和理由）。依照《中华人民共和国刑事诉讼法》第二百一十四条第四款的规定，决定将罪犯×××收监执行。

（院印）

××××年××月××日

【说　明】

一、本样式根据《中华人民共和国刑事诉讼法》第二百六十五条第一款和《最高人民法院关于适用〈中华人民共和国刑事诉讼法〉的解释》的规定制订，供人民法院对公安机关将罪犯交付执行，监狱不予收监执行，而建议监外执行的情形进行审查后，决定将罪犯收监执行时使用。

二、"写明罪犯不符合暂予监外执行的事由"，应当根据上述解释第三百五十四条的规定，结合具体情况，有针对性地说明应予收监执行的理由。

三、本样式是按一审判决生效后，监狱对罪犯不予收监执行的模式设计的。如果适用于二审和再审案件时，有关之处应当作相应改动。

四、本决定书应当送达交付执行的公安机关。

【法律依据】

《中华人民共和国刑事诉讼法》（2018 年 10 月 26 日）

第二百六十五条 对被判处有期徒刑或者拘役的罪犯，有下列情形之一的，可以暂予监外执行：

（一）有严重疾病需要保外就医的；

（二）怀孕或者正在哺乳自己婴儿的妇女；

（三）生活不能自理，适用暂予监外执行不致危害社会的。

对被判处无期徒刑的罪犯，有前款第二项规定情形的，可以暂予监外执行。

对适用保外就医可能有社会危险性的罪犯，或者自伤自残的罪犯，不得保外就医。

对罪犯确有严重疾病，必须保外就医的，由省级人民政府指定的医院诊断并开具证明文件。

在交付执行前，暂予监外执行由交付执行的人民法院决定；在交付执行后，暂予监外执行由监狱或者看守所提出书面意见，报省级以上监狱管理机关或者设区的市一级以上公安机关批准。

56. 查封（扣押、冻结）令（刑事案件用）

×××人民法院
查封（扣押、冻结）令

（刑事案件用）

（××××）……刑……号

本院根据……（写明适用的法律依据）的规定，特派……（写明执行人员的职务、姓名）等，对……（写明被查封或扣押财产或冻结存款的当事人的姓名或者单位名称）在……（写明应予查封或者扣押、冻结的财产所在地及其名称、数量等），予以查封（或者扣押、冻结）。

此令。

院长　×××

（院印）

××××年××月××日

【说　明】

一、本样式根据《中华人民共和国刑事诉讼法》第一百零二条和第一百九十六条的规定制订，供各级人民法院在审理刑事案件过程中，查封、扣押或者冻结财产时使用。

二、命令的标题，如果是单独查封财产的，写"查封令"；单独扣押财产的，写"扣押令"；单独冻结的，写"冻结令"。

三、本命令应当由执行人员当场宣布；执行情况另行制作笔录。

【法律依据】

《中华人民共和国刑事诉讼法》（2018年10月26日）

第一百零二条　人民法院在必要的时候，可以采取保全措施，查封、扣押或者冻结被告人的财产。附带民事诉讼原告人或者人民检察院可以申请人民法院采取保全措施。人民法院采取保全措施，适用民事诉讼法的有关规定。

第一百九十六条 法庭审理过程中，合议庭对证据有疑问的，可以宣布休庭，对证据进行调查核实。

人民法院调查核实证据，可以进行勘验、检查、查封、扣押、鉴定和查询、冻结。

57. **解除查封（扣押、冻结）令**（刑事案件用）

×××人民法院
解除查封（扣押、冻结）令
（刑事案件用）

（××××）……刑……号

本院××××年××月××日依法查封（扣押、冻结）……（写明被查封或扣押财产或冻结存款的当事人的姓名或者单位名称）的……（写明被查封或者扣押、冻结的财产的所在地及其名称、数量等），现决定予以解除查封（或者扣押、冻结）。

此令。

院长　×××

（院印）
××××年××月××日

【说　明】

一、本样式根据刑事审判工作实际需要制订，供各级人民法院解除查封、扣押、冻结财产时使用。

二、解除查封（扣押、冻结）令应当由执行人员当场宣布，并另行制作笔录。

三、报告类

58. 关于……（被告人姓名和案由）一案的审理报告（一审刑事案件用）

关于……（被告人姓名和案由）一案的审理报告

（一审刑事案件用）

（××××）……刑初……号

一、控辩双方和其他诉讼参与人的基本情况

公诉机关×××人民检察院。

被害人……（写明姓名、性别、出生年月日、民族、出生地、文化程度、职业或者工作单位和职务、住址，与被告人的关系和受害情况等）。

自诉人……（写明姓名、性别、出生年月日、民族、出生地、文化程度、职业或者工作单位和职务、住址等。）

附带民事诉讼原告人……（写明姓名、性别、出生年月日、民族、出生地、文化程度、职业或者工作单位和职务、住址等。）

委托（或者法定、指定）代理人……（写明姓名、性别、职业或者工作单位和职务、住址以及与被代理人的关系等。此项系指被害人、自诉人、附带民事诉讼原告人的委托代理人和未成年当事人的法定代理人或者指定代理人。有此项的，应列在被代理人之后另起一行续写）。

被告人……（首先写明姓名、性别、出生年月日、民族、出生地、文化程度、党派、职业或者工作单位和职务、住址，因本案被拘留、逮捕或者被采取其他强制措施的时间和情况，现羁押处所；其次写明何时、何地、何故受过何种处罚，包括劳动教养、行政拘留、犯罪判刑或者免刑和是否累犯等情况；再次写明被告人的家庭情况，如有亲属侨居外国或者在台、港、澳的，亦应写明其情况）。

辩护人……（写明姓名、工作单位和职务）。

如果被告人和其他诉讼参与人有多人的，应在其相关项目之后增项续写。

二、案件的由来和审理经过

被告人……（写明其姓名和案由）一案，由×××人民检察院于××××年××月××日以×检×诉〔　　〕××号起诉书，向本院提起公诉（自诉案件改为："自诉人×××以被告人×××犯××罪一案，于××××年××月××日向本院提起控诉"）。

本院审查后，认为符合法定开庭条件，决定开庭审判，依法组成合议庭（独任审判的改为："依法由审判员×××独任审判"），于××××年××月××日公开（或者不公开）开庭审理了本案。×××人民检察院检察长（或者检察员）×××出庭支持公诉（自诉案件改为："自诉人×××"），被害人×××及其诉讼代理人×××，被告人×××及其辩护人×××，鉴定人×××、翻译人员×××等到庭参加诉讼（没有到庭参加诉讼的不写）。现已审理终结。

三、案件的侦破、揭发情况

……（简要写明案件的发生、揭发或者侦查，破获过程的情况，包括时间、地点和方式方法以及涉及的主要人员等。有曲折过程、复杂情况和问题的，应当详细写明。自诉案件此项从略）。

四、控辩双方的主要控辩内容

……（写明检察机关或者自诉人对被告人指控的罪名、犯罪事实、犯罪情节、证据、适用法律的意见、诉讼请求事项及其理由和根据。有附带民事诉讼的，应当一并写明原告人所诉的主要内容，包括事实、情节、证据、诉讼请求事项及其理由和根据，等等）。

……（写明被告人及其辩护人对起诉书指控的罪名、犯罪事实和证据、犯罪情节的供认情况，辩解内容、辩护意见和有关证据。被告人的口供有反复的，应当一并写明。自诉案件中被告人提出反诉并已依法受理的，应当同时写明反诉的内容，包括事实、情节、证据、诉讼请求事项及其理由和根据；被反诉人有答辩的，也应一并写明答辩的内容，包括主要意见、理由和证据，等等。对被告人提出的反诉未予受理的，也应简要写明反诉的内容，并具体写明不予受理的理由和法律依据）。

五、审理查明的事实和证据

……（写明经法庭审理查证后所认定的事实和具体证据。犯罪事实应包括作案的时间、地点、动机、目的、实施过程、犯罪情节、危害后果，以及被告人作案后的表现等。证据应是经过庭审查证属实的。证据要具体列举，并用括号注明其系控方举证还是辩方提供、所在的卷宗页次或者出处。对据以认定犯罪事实的有关物证、书证、证人证言、被害人陈述、勘验或者检查笔录、鉴定结论、视听资料、同案人供述和被告人供述、辩解等证据及其与本案的联系，进行分析论证；证据之间有矛盾的，要在控辩双方举证、质证的基础上进行实事求是的分析认证；对不真实的或者不能采用的证据和不能认定的事实和情节，应当作出有根据有分析的说明，尤其有争议的事实和证据，更要重点分析论证）。

六、需要说明的问题

……（需要说明的问题，一般是属于涉及认定犯罪事实、情节、证据和定罪量刑而又不宜写入裁判文书的事实、理由等部分的问题，以及其他对案件的审判有影响的问题等。根据具体案件的实际情况，有什么需要说明的问题，就写明什么问题。例如，侦查中使用了不正当手段的；预审中有诱供逼供，有伪证、假证的；被告人或者诉讼参与人的亲属有妨碍侦查、预审、审判活动的非法行为的；执行法定的预审、起诉和审判程序上有不合法之处的；开庭审理中出现不正常情况的；发现未起诉的漏罪、漏犯的；被告人检举揭发他人的罪行，提供他人犯罪的重要线索的；有较大争论而又难以认定或者否定的事实、情节的；有关方面对本案的意见，等等，都应当把问题的情况和意见如实地写明。案件本身没有什么问题需要说明的，此项就不写）。

七、处理意见和理由

合议庭评议认为……（此项应当写明的内容，实际上就是判决书中的理由和判决两部分的内容。要根据法庭核实的证据和查明的事实与情节，依照有关法律、法规和司法解释等规定，运用有关法学理论，首先写明对控辩双方不同的意见及其理由的分析评论，哪些正确应予采纳，哪些不正确不予采纳；其次写明对被告人行为的性质、情节、社会危害性大小，定罪的证据是否充分，能否认定被告人有罪，构成何种罪的分析论述，一案多名被告人的应当分别论述清楚；最后写明被告人是否应当负刑事责任及其责任的大小，有无法定从轻、减轻或者从重的情节和其他可以从宽、从严的情节，在法定量刑幅度的基础上应判处什么刑罚，还是应当免予刑事处分，或者应当宣告无罪。有附带民事诉讼的，要一并写明对被告人应否承担赔偿经济损失和赔偿多少的处理意见。提出处理实体问题的具体意见时，应当写明所适用的法律和司法解释规定的具体条款。需要提出司法建议的，应当写明其内容和哪个单位提出建议。等等)。

审判员（或者代理审判员）署名：

××××年××月××日

【说　明】

一、本样式供各级人民法院审理第一审程序的刑事案件时使用。

二、案件审理报告的标题要特定化，即公诉案件应当写明被告人的姓名和案由，自诉案件应当写明双方当事人的姓名和案由等。不能简化为"审理报告"或者"案件审理报告"，也不能写成"审结报告"。

三、案件审理报告，是独任审判员或者合议庭在评议案件之后，报送院领导审核案件或者审判委员会讨论决定案件的综合性书面材料，是在案件审理完毕之后，对前一段诉讼活动、审理过程、案情全貌作出的全面总结，并对案件的事实认定、定性处理提出意见。它既是案件在判处以前报送领导审核、审判委员会讨论决定案件和制作裁判文书的基础，也是日后检查案件质量，总结审判工作经验教训的重要根据。

四、案件审理报告写得是否符合要求，不仅影响着合议庭的评议、领导的审核和审判委员会的审议，而且直接影响着据以制作的裁判文书的质量。因此，要求审判人员制作审理报告时，要参阅样式规定的项目和内容要素，如实地反映审理阶段的诉讼活动、审理过程和案情全貌，并对事实的认定和定性处理认真提出意见。叙述事实要实事求是，不夸大，不缩小，能认定的事实才予以认定；不能认定的和存在的问题要作出分析说明。所提定性处理的意见，要严格依法办事。援引的法条要准确、完整、具体。审理报告的内容要兼收并蓄，它比同一审级程序的裁判文书的内容应更加全面、系统、丰富、具体，案件的来龙去脉、过程、情节和问题应当交代得更为清楚明白。对合议庭少数人的不同意见，应当一并写明。

五、审理报告的尾部，由审理本案的独任审判员或者合议庭成员署名，并写明年月日。

六、本文书系不公开的内部文书，应归入副卷，并注意保密。

七、按本样式制作案件审理报告时，注意参阅第一审公诉或者自诉案件用的刑事判决书样式或者刑事附带民事判决书样式及其说明。

59. 关于……（被告人姓名和案由）一案的审理报告（二审刑事案件用）

关于……（被告人姓名和案由）一案的审理报告

（二审刑事案件用）

（××××）……刑终……号

一、一审控辩双方和其他诉讼参与人的基本情况

原公诉机关（如系抗诉的应括注抗诉机关）×××人民检察院。

被害人……（写明姓名、性别、出生年月日、民族、出生地、文化程度、职业或者工作单位和职务、住址，与被告人的关系和受害情况等）。

原审被告人（如系被告人上诉的应括注"上诉人"）×××……（首先写明其性别、出生年月日、民族、出生地、文化程度、党派、职业或工作单位和职务、住址、因本案被拘留、逮捕或者所受其他强制措施的情况，现羁押处所；其次写明历史上何时、何地、何故受过何种处罚，包括劳动教养、行政拘留、犯罪判刑和是否构成累犯等情况；再次写明被告人的家庭情况，如有亲属侨居外国或者在台、港、澳的，亦应写明其情况）。

辩护人×××……（写明其工作单位和职务，与原审被告人有无亲属关系）。

如果原审被告人和其他诉讼参与人有多人的，应在其相关项目之后增项续写。

二、案件的由来和审理经过

原审被告人……（写明姓名和案由）一案，×××人民法院于××××年××月××日作出（××××）×刑初字第××号刑事判决，……（写明判决结果）。被告人（或自诉人）×××不服，提出上诉（或×××人民检察院提出抗诉）。

本院受理后，依法组成合议庭，于××××年××月××日公开（或者不公开）开庭审理了本案，×××人民检察院检察长（或者检察员）×××出庭履行职务（自诉案件改为："原审自诉人×××"），被害人×××及其诉讼代理人×××，原审被告人×××及其辩护人×××和证人×××等到庭参加诉讼（未开庭的删去"于

××××年××月××日公开……到庭参加诉讼"）。本案现已审理终结。

三、案件的侦破、揭发情况

……（简要写明案件的发生、揭发或侦查、破获过程的情况。包括时间、地点和方式方法以及其中涉及的主要人物等。有曲折过程、复杂情况和问题的，应详写。自诉案件无此项内容）。

四、原判要点和上诉、抗诉的主要内容

……（首先简述原审判决书认定的事实和证据；其次写明定性处理的理由和根据；最后写明诉讼双方的主要意见和理由及其根据等）。

五、二审审理查明的事实和证据

……（写明本院经过审理后认定的事实，确认原判认定的事实哪些是正确的或者全部是正确的，有哪些可靠的证据可以证明；哪些是错误的或者全部是错误的，有哪些理由和根据。如果上诉、抗诉对事实和证据方面提出异议，应有重点地逐条分析论述，确认何者能够成立，何者不能成立，理由和根据是什么。）

六、需要说明的问题

……（有什么问题就写什么问题，没有就不写此项）。

七、处理意见和理由

合议庭评议认为，……［根据二审确认的事实和情节，依照我国的法律、法规和司法解释等的规定，参考有关法学理论，重点分析上诉、抗诉对定罪量刑方面的意见和理由能否成立，全面论述原审被告人是否构成犯罪，犯什么罪（一案多人的还应分清各被告人的刑事责任），应当从宽还是从严处理，原判决定性和适用法律是否正确，量刑是否适当，审判程序是否合法，写明依照我国刑事诉讼法一百六十二条和第一百八十九条、第一百九十一条及有关的刑事法律依据，提出对原判决的维持、改判或者发回重审的具体意见。需要向有关单位提出司法建议的，一并在此写明］。

审判员（或者代理审判员）署名：

××××年××月××日

【说　明】

一、本样式供中级以上人民法院审理第二审刑事案件时使用。

二、按本样式制作审理报告时，应当参阅第一审刑事案件审理报告样式和说明。

【法律依据】

《中华人民共和国刑事诉讼法》（2018 年 10 月 26 日）

第二百条 在被告人最后陈述后，审判长宣布休庭，合议庭进行评议，根据已经查明的事实、证据和有关的法律规定，分别作出以下判决：

（一）案件事实清楚，证据确实、充分，依据法律认定被告人有罪的，应当作出有罪判决；

（二）依据法律认定被告人无罪的，应当作出无罪判决；

（三）证据不足，不能认定被告人有罪的，应当作出证据不足、指控的犯罪不能成立的无罪判决。

第二百三十六条 第二审人民法院对不服第一审判决的上诉、抗诉案件，经过审理后，应当按照下列情形分别处理：

（一）原判决认定事实和适用法律正确、量刑适当的，应当裁定驳回上诉或者抗诉，维持原判；

（二）原判决认定事实没有错误，但适用法律有错误，或者量刑不当的，应当改判；

（三）原判决事实不清楚或者证据不足的，可以在查清事实后改判；也可以裁定撤销原判，发回原审人民法院重新审判。

原审人民法院对于依照前款第三项规定发回重新审判的案件作出判决后，被告人提出上诉或者人民检察院提出抗诉的，第二审人民法院应当依法作出判决或者裁定，不得再发回原审人民法院重新审判。

第二百三十八条 第二审人民法院发现第一审人民法院的审理有下列违反法律规定的诉讼程序的情形之一的，应当裁定撤销原判，发回原审人民法院重新审判：

（一）违反本法有关公开审判的规定的；

（二）违反回避制度的；

（三）剥夺或者限制了当事人的法定诉讼权利，可能影响公正审判的；

（四）审判组织的组成不合法的；

（五）其他违反法律规定的诉讼程序，可能影响公正审判的。

60. 关于……（被告人姓名和案由）一案的审理报告（再审刑事案件用）

关于……（被告人姓名和案由）一案的审理报告

（再审刑事案件用）

（××××）……刑……号

一、原审控辩双方和其他诉讼参与人的基本情况

原公诉机关×××人民检察院。

被害人×××，……（写明其性别、出生年月日、民族、出生地、文化程度、职业或者工作单位和职务、住址，以及与原审被告人的关系和受害情况等）。

原审自诉人×××，……（写明其性别、出生年月日、民族、出生地、文化程度、职业或者工作单位和职务、住址等）。

原审附带民事诉讼原告人×××，……（写明其性别、出生年月日、民族、出生地、文化程度、职业或者工作单位和职务、住址等）。

委托（或法定、指定）代理人×××，……（写明其性别、职业或工作单位和职务、住址，以及与被代理人的关系等。此项系指被害人、自诉人、附带民事诉讼原告人委托的代理人或未成年当事人的法定代理人或者指定代理人。有此项的列写在被代理人项目之后）。

原审被告人×××……（首先写明其性别、出生年月日、民族、出生地、文化程度、党派、职业或者工作单位和职务、住址、因本案被拘留、逮捕或者所受其他强制措施的情况、现羁押处所；其次写明历史上何时、何地、何故受过何种处罚，包括劳动教养、行政拘留、犯罪判刑和是否累犯等情况；再次写明被告人的家庭情况，如有亲属侨居外国或在台、港、澳的，亦应写明其情况）。

辩护人×××，……（写明其工作单位和职务）。

二、案件的由来和审理经过

原审被告人……（写明姓名和案由）一案，本院（提审的改写为"×××人民法院"）于××××年××月××作出（××××）×刑×字第××号判决（或者裁定）。该判决（或者裁定）已经发生法律效力。……（写明提起再审程序的经过）。本院依法另行（提审的删去"另行"二字）组成合议庭，于××××年××月××日公开（或者不公开）开庭审理了本案。×××人民检察院检察长（或者检察员）×××出庭履行职务（自诉案件改为"原审自诉人×××"），被害人×××及其诉讼代理人×××，原审被告人×××及其辩护人×××和证人×××等到庭参加诉讼（未开庭的改写为"本院依法组成合议庭审理了本案"）。本案现已审理终结。

三、案件的侦破、揭发情况

……（简要写明案件的发生、揭发或侦查、破获的过程，包括时间、地点和侦破的方式方法以及涉及的主要人物等；有曲折过程、复杂情况与问题的，应详加写明）。

四、原判要点和再审中诉讼双方的意见

……（首先简述原审生效裁判认定的事实、证据、判决理由和结果；其次写明再审中诉讼双方的主要意见）。

五、再审认定的事实和证据

……（写明经过再审后，确认原判认定的事实哪些是正确的或者全部是正确的，有哪些证据可以证明；哪些是错误的或者全部是错误的。诉讼双方对原判事实、证据提出异议的，应逐条分析论证，确认何者能够成立，何者不能成立）。

六、需要说明的问题

……（写明与本案的事实认定、证据采用，定罪量刑有关联的重要问题。上级机关的交办情况和意见、人大代表的建议、政协委员的提案、有关单位的反映和意见，应当逐条写明）。

七、处理意见和理由

合议庭评议认为，……（根据再审确认的事实和情节，对照当时的法律和司法解释，运用有关法学理论，重点分析诉讼双方提出的定罪量刑方面的意见和理由能否成立，全面论述原审被告人是否犯罪，犯什么罪，应该从宽还是从严处理，原判适用的法律是否正确，量刑是否适当。写明具体的法律依据，提出对原审判决或者裁定维持或者改判的具体意见。需要向有关单位提出司法建议的，一并在此写明）。

审判员（或者代理审判员）署名：

××××年××月××日

【说　明】

一、本样式供各级人民法院按照第一审程序和中级以上人民法院按照第二审程序审理再审刑事案件时使用。

二、检察机关依照审判监督程序提出抗诉的再审案件，应当将第一项标题改为"抗诉机关和原审被告人以及其他诉讼参与人的基本情况"，并在该项正文的首行写明"抗诉机关×××人民检察院"。

三、上诉案件再审的，当事人称谓应当先写二审时的称谓，其后括注一审时的称谓。其余部分当事人的称谓亦作相应改动。

四、按本样式制作审理报告时，注意参阅第一审刑事案件用的案件审理报告样式及说明。

五、依法不开庭审理的案件，在"处理意见和理由"部分，应当首先写明案件汇报人的处理意见和理由；其次写明合议庭其他审判人员的意见和理由；最后写合议庭决定的处理意见和理由。

六、申诉案件需要报送领导审核、审判委员会讨论的审查报告，可以参阅本样式制作。

61. 关于对罪犯×××减刑（或假释）一案的审理报告（减刑、假释案件用）

关于对罪犯×××减刑（或假释）一案的审理报告

（减刑、假释案件用）

（××××）……刑执……号

一、罪犯的基本情况

罪犯×××……（写明其性别、出生年月日、民族、出生地、文化程度和服刑处所，判刑前的党派、职业或者工作单位和职务，是否属累犯以及杀人、爆炸、抢劫、强奸、绑架等暴力性犯罪被判处十年以上有期徒刑和无期徒刑，不得假释等情况，如系假释案件还应当写明其家庭情况和经济状况。如有亲属侨居外国或者在台、港、澳以及有其他特殊关系的，亦应写明）。

二、案件的由来和审理经过

罪犯×××……（写明生效裁判文书认定的犯罪事实、罪名和判处的刑罚，包括主刑和附加刑；执行过程中有无减刑、加刑的情况；执行机关建议减刑或者假释的理由；依法组成合议庭进行审理的经过）。

三、罪犯在服刑中的表现（或者有特殊情况的事实）

……（写明经审理查实的罪犯在服刑中的表现，包括罪犯经过教育改造确有悔改表现或者有立功、重大立功表现的事实；或者确有悔改表现，假释后不致再危害社会的事实；或者有特殊情况，应予假释的事实。对于罪犯无悔改表现和表现有反复的事实、情节应当一并写明）。

四、需要说明的问题

……（此项一般是写原判中存在的问题、监狱管理工作中的问题等。有什么问题就写什么问题，没有就不写此项）。

五、处理意见和理由

合议庭评议认为……（根据对减刑、假释从严掌握的立法精神和核实的罪犯在服刑中的表现等情况，重点阐明罪犯是否符合减刑或者假释的条件，减刑、假释是否符合法定程序。并结合考虑罪犯原判罪行的性质、情节和社会危险性的大小，原判刑罚有无过重过轻等情况，引述有关的法律依据，提出从宽或者从严掌握和是否予以减刑或者假释的具体意见。

如属于具有特殊情况应予假释的情形，应当具体写明有何特殊情况，有关部门的意见。并写明依照刑法第八十三条的规定，本案应依法报送最高人民法院核准。）

审判员（或者代理审判员）署名：

××××年××月××日

【说　明】

一、本样式供中级以上人民法院审理各类减刑、假释案件时使用。

二、对于人民检察院向人民法院提出书面纠正意见的减刑、假释案件，应当在"案件的由来和审理经过"中予以写明，并续写检察机关的具体纠正意见和理由。对于检察机关的具体意见和根据的评述，应当在"处理意见和理由"中相应写明。

三、按本样式制作审理报告时，注意参阅一审和再审刑事案件用的案件审理报告样式和说明。

四、对于公安机关对正在缓刑考验期限内的罪犯，建议人民法院撤销缓刑的案件，在制作审理报告时，应当参阅本样式制作。

【法律依据】

《中华人民共和国刑法》（2020 年 12 月 26 日）

第八十一条　被判处有期徒刑的犯罪分子，执行原判刑期二分之一以上，被判处无期徒刑的犯罪分子，实际执行十三年以上，如果认真遵守监规，接受教育改造，确有悔改表现，没有再犯罪的危险的，可以假释。如果有特殊情况，经最高人民法院核准，可以不受上述执行刑期的限制。

对累犯以及因故意杀人、强奸、抢劫、绑架、放火、爆炸、投放危险物质或者有组织的暴力性犯罪被判处十年以上有期徒刑、无期徒刑的犯罪分子，不得假释。

对犯罪分子决定假释时，应当考虑其假释后对所居住社区的影响。

62. 报请核准假释案件的报告（有特殊情况假释用）

×××人民法院
报请核准假释案件的报告

（有特殊情况假释用）

（××××）……刑……号

×××人民法院：

  ×××中级人民法院（或者本院）于××××年××月××日作出了（××××）×刑×执字第××号因罪犯×××具有特殊情况，准予假释的刑事裁定。……（写明高级法院复核的经过和同意的具体意见）。现将罪犯×××具有特殊情况的报告，×××中级人民法院（或者本院）假释裁定书各十五份和全案卷宗一并报上，请予复核（或者核准）。

（院印）

××××年××月××日

【说　明】

  本样式根据《最高人民法院关于适用〈中华人民共和国刑事诉讼法〉的解释》第四百二十条、第四百二十一条的规定制订，供中级以上人民法院将犯罪分子因有特殊情况，不受执行刑期限制而予以假释的案件报请复核时使用。如系中级人民法院报请高级人民法院复核的，文书名称应当写为《报请复核假释案件的报告》。

【法律依据】

  《最高人民法院关于适用〈中华人民共和国刑事诉讼法〉的解释》
（2021 年 1 月 26 日）

  第四百二十条　报请最高人民法院核准因罪犯具有特殊情况，不受执行刑期限制的假释案件，应当按照下列情形分别处理：

（一）中级人民法院依法作出假释裁定后，应当报请高级人民法院复核。高级人民法院同意的，应当书面报请最高人民法院核准；不同意的，应当裁定撤销中级人民法院的假释裁定；

（二）高级人民法院依法作出假释裁定的，应当报请最高人民法院核准。

第四百二十一条　报请最高人民法院核准因罪犯具有特殊情况，不受执行刑期限制的假释案件，应当报送报请核准的报告、罪犯具有特殊情况的报告、假释裁定书各五份，以及全部案卷。

63. 延长审限案件呈批表（刑事案件用）

延长审限案件呈批表

（刑事案件用）

案由			案号	（　）……ｘｘ……号		
公诉机关			自诉人			
被告人	姓名		性别	出生年月日	民族	
	出生地		工作单位或住址		职务或职业	
收案日期		年　月　日	审限届满日期		年　月　日	
简要案情和延长审限的理由：						
报告机关意见： 　　　　　年　月　日 　　　　　（院印）			审批机关决定： 　　　　　年　月　日 　　　　　（院印）			

【说　明】

一、本样式根据《中华人民共和国刑事诉讼法》第一百五十八条、第二百零八条的规定制订，供基层或者中级人民法院对需要延长审理期限的案件，依法向高级人民法院报请审批延长审限时使用。

二、本表应当在期满七日以前填报。上报时需填写一式两份。"报告机关意见"一栏，应当写明请求延长审限的具体时间。高级人民法院收到该呈批表一式两份后，应当在"审批机关决定"一栏内写明是否准予延长审限的决定，然后一份留存，另一份退回报告机关，以代替书面批复。

三、高级人民法院自办案件需要延长审限的，可以使用本呈批表，由经办该案的审判组织在"报告机关意见"一栏填写延长审限意见，报请院领导审批决定。

四、适用普通程序审理的被告人未被羁押的自诉案件，应当在立案后六个月内~~审~~判。有特殊情况需要延长审理期限的，由本院院长批准，可以延长三个月。~~具~~体报批程序，可使用本呈批表。

【法律依据】

《中华人民共和国刑事诉讼法》（2018 年 10 月 26 日）

第一百五十八条 下列案件在本法第一百五十六条规定的期限届满不能侦查终结的，经省、~~自治~~区、直辖市人民检察院批准或者决定，可以延长二个月：

（一）交通十分不便的边远~~地区~~的重大复杂案件；

（二）重大的犯罪集团案件；

（三）流窜作案的重大复杂案件；

（四）犯罪涉及面广，取证困难的重大复~~杂案~~件。

第二百零八条 人民法院审理公诉案件，应当在受理后二个月以内宣判，至迟不得超过三个月。对于可能判处死刑的案件或者附带民事诉讼的案件，以及有本法第一百五十八条规定情形之一的，经上一级人民法院批准，可以延长三个月；因特殊情况还需要延长的，报请最高人民法院批准。

人民法院改变管辖的案件，从改变后的人民法院收到案件之日起计算审理期限。

人民检察院补充侦查的案件，补充侦查完毕移送人民法院后，人民法院重新计算审理期限。

64. 立案登记表（自诉案件用）

×××人民法院
立案登记表

（自诉案件用）

案由			收到诉状日期		案件编号	
当事人称谓	姓名	性别	出生日期		住址、工作单位	
自诉的事实、理由及其请求						
证据材料目录						
审查意见	（签名）　　　　　　　　　　　　　　　年　月　日					
审批意见	（签名）　　　　　　　　　　　　　　　年　月　日					
立案时间			移交审判庭日期及接收人			
备注						

【说　明】

一、本样式供刑事自诉案件的立案审查用。

二、"当事人"栏，应当根据案件性质填写当事人的称谓和姓名。

三、"事实、理由及其请求"栏，自诉案件主要写自诉人指控被告人的犯罪事实及其诉讼请求。

四、移交日期，为决定立案后将案件移送有关审判庭审理的日期；立案日期，则为经审查决定受理或者立案登记的日期。

65. 立案登记表（公诉案件用）

×××人民法院
立案登记表

（公诉案件用）

公诉机关			起诉书编号	检诉〔　　〕号	
案由			收到起诉书日期		年　月　日
被告人姓名	性别	出生日期	住址或羁押处所		
		年　月　日			
		年　月　日			
审查意见： 　　　　　　　　　　　　审查人（签名）： 　　　　　　　　　　　　　　　年　月　日					
审批意见： 　　　　　　　　　　　　审批人（签名）： 　　　　　　　　　　　　　　　年　月　日					
立案时间：　年　月　日			案件编号：（　　）字第　号		
移交审判庭日期及接收人： 　　　　　　　　年　月　日			备注：		

【说　明】

一、本样式根据《最高人民法院关于适用〈中华人民共和国刑事诉讼法〉的解释》第二百一十九条的规定制订，供第一审人民法院在收到公诉案件起诉书后，指定审判员进行审查时使用。

二、表中"审查意见"栏，要按照上述司法解释规定的内容进行审查，并提出意见，送领导审批。如果需要人民检察院补充材料的，应当另行制作"补充材料函"；如果决定不予受理的，应当另行制作"不予受理决定书"；如果决定立案受理的，应当及时立案编号，并移交审判庭审理。

【法律依据】

《最高人民法院关于适用〈中华人民共和国刑事诉讼法〉的解释》（2021 年 1 月 26 日）

第二百一十九条 人民法院对提起公诉的案件审查后，应当按照下列情形分别处理：

（一）不属于本院管辖的，应当退回人民检察院；

（二）属于刑事诉讼法第十六条第二项至第六项规定情形的，应当退回人民检察院；属于告诉才处理的案件，应当同时告知被害人有权提起自诉；

（三）被告人不在案的，应当退回人民检察院；但是，对人民检察院按照缺席审判程序提起公诉的，应当依照本解释第二十四章的规定作出处理；

（四）不符合前条第二项至第九项规定之一，需要补充材料的，应当通知人民检察院在三日以内补送；

（五）依照刑事诉讼法第二百条第三项规定宣告被告人无罪后，人民检察院根据新的事实、证据重新起诉的，应当依法受理；

（六）依照本解释第二百九十六条规定裁定准许撤诉的案件，没有新的影响定罪量刑的事实、证据，重新起诉的，应当退回人民检察院；

（七）被告人真实身份不明，但符合刑事诉讼法第一百六十条第二款规定的，应当依法受理。

对公诉案件是否受理，应当在七日以内审查完毕。

66. 立案登记表（二审刑事案件用）

×××人民法院
立案登记表

（二审刑事案件用）

一审法院			一审案号	（　）字第号		
案由			收到卷宗日期			年　月　日
当事人称谓或抗诉机关名称	姓名	性别	出生日期	住址或羁押处所		
审查意见			签名：　　　　　　　年　月　日			
审批意见			审批人签名：　　　　　　年　月　日			
立案时间：　年　月　日			案件编号：（　）字第　号			
移交审判庭日期及接收人：			备注：　　　　　　　　年　月　日			

【说　明】

一、本样式根据《最高人民法院关于适用〈中华人民共和国刑事诉讼法〉的解释》第三百八十七条的规定制订，供第二审人民法院审查第一审人民法院移送的上诉、抗诉案卷并决定是否收案时使用。

二、样式中"审查意见"一栏，要按照上述司法解释规定的内容进行审查，材料齐备的，应当收案；材料不齐备的，应当制作"补充材料函"，通知第一审人民法院及时补送。

【法律依据】

《最高人民法院关于适用〈中华人民共和国刑事诉讼法〉的解释》（2021 年 1 月 26 日）

第三百八十七条 第二审人民法院对第一审人民法院移送的上诉、抗诉案卷、证据，应当审查是否包括下列内容：

（一）移送上诉、抗诉案件函；

（二）上诉状或者抗诉书；

（三）第一审判决书、裁定书八份（每增加一名被告人增加一份）及其电子文本；

（四）全部案卷、证据，包括案件审理报告和其他应当移送的材料。

前款所列材料齐全的，第二审人民法院应当收案；材料不全的，应当通知第一审人民法院及时补送。

67. 立案登记表（刑事申诉案件用）

×××人民法院
立案登记表

（刑事申诉案件用）

申诉人姓名			案由		收到申诉日期	
原审法院				生效裁判案号		
原审被告人	姓名	性别	出生日期	住址或工作单位		
原判事实和申诉理由						
审查意见		签名： 　　　　　年　月　日				
审批意见		签名： 　　　　　年　月　日				
立案时间		移交审判庭日期及接收人				
备注						

【说　明】

一、本样式适用于不服人民法院作出的已经发生法律效力的判决、裁定，向人民法院提出申诉的案件审查立案时使用。

二、对于上级人民法院指令再审等情形的案件，可以在"审查意见"一栏内据实填写。

68. 提请审判委员会讨论案件报告表（刑事案件用）

提请审判委员会讨论案件报告表

（刑事案件用）

案由		案号	（　）刑　　号
被告人或者上诉人的姓名		开庭日期	年　月　日
合议庭（独任审判员）提请院长决定提交审判委员会讨论的理由： 审判长（或独任审判员）签字： 年　月　日			
院长意见： 签字： 年　月　日			
备注：			

【说　明】

一、本样式系根据《中华人民共和国刑事诉讼法》第一百八十五条规定制订，供各级人民法院对开庭审理并且评议（或者独任审判）后，合议庭（或者独任审判员）认为难以作出决定的疑难、复杂、重大的案件，提请院长（或者主管副院长）决定提交审判委员会讨论时使用。

二、本样式为填充式，一案一表，由合议庭审判长根据合议庭评议的意见（或者独任审判员的意见）填写，并报请院长（或者主管副院长）决定。

【法律依据】

《中华人民共和国刑事诉讼法》（2018 年 10 月 26 日）

第一百八十五条 合议庭开庭审理并且评议后，应当作出判决。对于疑难、复杂、重大的案件，合议庭认为难以作出决定的，由合议庭提请院长决定提交审判委员会讨论决定。审判委员会的决定，合议庭应当执行。

四、笔录类

69. 送达起诉书副本笔录（公诉案件用）

送达起诉书副本笔录

（公诉案件用）

时间： 年 月 日 时

地点：

送达人： 记录人：

送达人核对被告人姓名、性别、出生年月日、民族、出生地、文化程度等情况：

问：你何时被拘留？何时被逮捕？

答：

告知： 人民检察院指控你犯有 罪向本院提起公诉，我院已经受理。根据《中华人民共和国刑事诉讼法》第一百五十一条第一款第（二）项的规定，现将×××人民检察院 检诉［ ］ 号起诉书副本送达给你。我院即将开庭审理。除你自己行使辩护权外，还可以委托律师等辩护人为你辩护。

问：你听清了吗？有什么要说的？

答：

【说 明】

一、本样式供各级人民法院审理公诉案件向被告人送达人民检察院起诉书副本时使用。

二、对于未委托辩护人的，应当询问其原因，并记录在案。

三、根据《最高人民法院关于适用〈中华人民共和国刑事诉讼法〉的解释》第一百八十七条、第三百五十九条的规定，人民法院受理附带民事诉讼案件，应当在五日内向附带民事诉讼的被告人送达附带民事起诉状副本，并告知其提交答辩状的时间；人民法院决定适用简易程序审理的案件，应当在向被告人送达起诉书副本的同时，告知该案适用简易程序审理。上述告知事项，应当在送达起诉书副本笔录中分别列项记明。

四、本笔录记录完毕，应当交给被告人阅读或者向他宣读。被告人认为记录无误后，应当签名或者盖章。

五、送达人和记录人应当在笔录上签名。

【法律依据】

1.《中华人民共和国刑事诉讼法》（2018 年 10 月 26 日）

第一百八十七条 人民法院决定开庭审判后，应当确定合议庭的组成人员，将人民检察院的起诉书副本至迟在开庭十日以前送达被告人及其辩护人。

在开庭以前，审判人员可以召集公诉人、当事人和辩护人、诉讼代理人，对回避、出庭证人名单、非法证据排除等与审判相关的问题，了解情况，听取意见。

人民法院确定开庭日期后，应当将开庭的时间、地点通知人民检察院，传唤当事人，通知辩护人、诉讼代理人、证人、鉴定人和翻译人员，传票和通知书至迟在开庭三日以前送达。公开审判的案件，应当在开庭三日以前先期公布案由、被告人姓名、开庭时间和地点。

上述活动情形应当写入笔录，由审判人员和书记员签名。

2.《最高人民法院关于适用〈中华人民共和国刑事诉讼法〉的解释》（2021 年 1 月 26 日）

第一百八十七条 人民法院受理附带民事诉讼后，应当在五日以内将附带民事起诉状副本送达附带民事诉讼被告人及其法定代理人，或者将口头起诉的内容及时通知附带民事诉讼被告人及其法定代理人，并制作笔录。

人民法院送达附带民事起诉状副本时，应当根据刑事案件的审理期限，确定被告人及其法定代理人的答辩准备时间。

第三百五十九条 基层人民法院受理公诉案件后，经审查认为案件事实清楚、证据充分的，在将起诉书副本送达被告人时，应当询问被告人对指控的犯罪事实的意见，告知其适用简易程序的法律规定。被告人对指控的犯罪事实没有异议并同意适用简易程序的，可以决定适用简易程序，并在开庭前通知人民检察院和辩护人。

　　对人民检察院建议或者被告人及其辩护人申请适用简易程序审理的案件，依照前款规定处理；不符合简易程序适用条件的，应当通知人民检察院或者被告人及其辩护人。

70. 讯问笔录（刑事案件用）

讯问笔录

（刑事案件用）

时间： 年 月 日 时 分至 时 分

地点：

审判员：

书记员：

审判人员核对被告人姓名、性别、出生年月日、民族、出生地、文化程度等。

【说 明】

一、本样式供各级人民法院审理刑事案件中讯问被告人时使用。

二、本笔录记录完毕，应当交给被告人阅读或者向他宣读。如果记载有遗漏或者差错，被告人可以提出补充或者改正。被告人承认笔录无误后，应当签名或者盖章。

三、审判人员、书记员应当在笔录上签名。

71. 调查笔录（刑事案件用）

调查笔录

（刑事案件用）

时间：　　年　　月　　日　　时　分至　时　分
地点：
调查人：
记录人：
被调查人：

【说　明】

一、本样式根据《中华人民共和国刑事诉讼法》第一百九十六条第一款的规定制订，供各级人民法院在办理刑事案件过程中，派出人员进行调查时使用。

二、"被调查人"一栏，应当依次写明姓名、性别、出生年月日、民族、出生地、文化程度、职业或者工作单位和职务、住址。如询问证人或者其他有关人员时，笔录中应当写明其与当事人的关系。询问证人时，还应当告知他应如实地提供证言，如有意作伪证或者隐匿证据，要负法律责任。

三、调查时，如有其他人在场，应当写明在场人的姓名、性别、职业或者工作单位和职务等。

四、本笔录记录完毕，经被调查人校阅后，由被调查人和调查人、记录人签名或者盖章。

【法律依据】

《中华人民共和国刑事诉讼法》（2018 年 10 月 26 日）

第一百九十六条　法庭审理过程中，合议庭对证据有疑问的，可以宣布休庭，对证据进行调查核实。

人民法院调查核实证据，可以进行勘验、检查、查封、扣押、鉴定和查询、冻结。

72. **勘验笔录**（刑事案件用）

勘验笔录

（刑事案件用）

时间： 年 月 日 时 分至 时 分

天气情况：

勘验地址和场所：

勘验人：

记录人：

在场当事人或者其成年家属：

被邀参加人：

勘验对象：

勘验情况和结果：

_____

【说 明】

一、本样式供各级人民法院根据《中华人民共和国刑事诉讼法》第一百九十六条第二款的规定，对有关案件勘验物证或者现场时使用。

二、勘验时，如当事人或者其成年家属拒不到场，应将情况记入笔录。

三、"被邀参加人"一栏，是指人民法院邀请的当地基层组织或者有关单位的人员。笔录中应写明被邀参加人的姓名、性别、工作单位和职务等。

四、本笔录尾部应当由勘验人、记录人、当事人或者其成年家属和被邀参加人等分别签名或盖章。

【法律依据】

《中华人民共和国刑事诉讼法》（2018年10月26日）

第一百九十六条第二款 人民法院调查核实证据，可以进行勘验、检查、查封、扣押、鉴定和查询、冻结。

73. 检查笔录（刑事案件用）

检查笔录

（刑事案件用）

时间： 年 月 日 时 分至 时 分

地点：

检查人：

记录人：

在场被检查人或者其家属：

见证人或者被邀到场人：

检查对象：

检查情况和结果：

【说　明】

一、本样式根据《中华人民共和国刑事诉讼法》第一百九十六条第二款的规定制订，供各级人民法院在办理刑事案件过程中，进行检查时使用。

二、"在场被检查人或者其家属"一栏，应当写明其姓名、性别、职业或者工作单位和职务等。被检查人是法人或者其他组织的，应当通知其法定代表人或者主要负责人到场；有上级主管部门的，应当通知主管部门有关人员到场。拒不到场的，不影响检查。

三、"见证人或者被邀到场人"一栏，应写明其姓名、性别、职业或者工作单位和职务等。

四、本笔录尾部应当由检查人、记录人、被检查人或者他的家属、见证人或者被邀到场人分别签名或者盖章。如果被检查人或者其家属不在场，或者拒绝签名、盖章，应当在笔录上记明。

【法律依据】

《中华人民共和国刑事诉讼法》（2018 年 10 月 26 日）

第一百九十六条 法庭审理过程中，合议庭对证据有疑问的，可以宣布休庭，对证据进行调查核实。

人民法院调查核实证据，可以进行勘验、检查、查封、扣押、鉴定和查询、冻结。

74. 调解笔录（自诉案件和附带民事诉讼案件用）

调解笔录

（自诉案件和附带民事诉讼案件用）

时间： 年 月 日 时 分至 时 分

地点：

审判人员： 书记员：

被邀协助调解人员：

调解经过和结果：

（首先核对当事人，宣布案由，告知诉讼权利和义务等）

【说 明】

一、本样式系根据《中华人民共和国刑事诉讼法》第二百一十二条和《最高人民法院关于适用〈中华人民共和国刑事诉讼法〉的解释》第一百九十条的规定制订，供各级人民法院对自诉案件和附带民事诉讼案件进行调解时使用。本样式不适用于刑事诉讼法第三百二十八条第（三）项规定的自诉案件，也不适用于人民检察院提起的附带民事诉讼案件。

二、本笔录经当事人校阅后，由当事人签名或者盖章。

三、审判人员和书记员应当在笔录上签名。

【法律依据】

1.《中华人民共和国刑事诉讼法》（2018 年 10 月 26 日）

第二百一十二条 人民法院对自诉案件，可以进行调解；自诉人在宣告判决前，可以同被告人自行和解或者撤回自诉。本法第二百一十条第三项规定的案件不适用调解。

人民法院审理自诉案件的期限，被告人被羁押的，适用本法第二百零八条第一款、第二款的规定；未被羁押的，应当在受理后六个月以内宣判。

第二百一十条 自诉案件包括下列案件：

（一）告诉才处理的案件；

（二）被害人有证据证明的轻微刑事案件；

（三）被害人有证据证明对被告人侵犯自己人身、财产权利的行为应当依法追究刑事责任，而公安机关或者人民检察院不予追究被告人刑事责任的案件。

2. 《最高人民法院关于适用〈中华人民共和国刑事诉讼法〉的解释》（2021 年 1 月 26 日）

第一百九十条 人民法院审理附带民事诉讼案件，可以根据自愿、合法的原则进行调解。经调解达成协议的，应当制作调解书。调解书经双方当事人签收后即具有法律效力。

调解达成协议并即时履行完毕的，可以不制作调解书，但应当制作笔录，经双方当事人、审判人员、书记员签名后即发生法律效力。

第三百二十八条 人民法院审理自诉案件，可以在查明事实、分清是非的基础上，根据自愿、合法的原则进行调解。调解达成协议的，应当制作刑事调解书，由审判人员、法官助理、书记员署名，并加盖人民法院印章。调解书经双方当事人签收后，即具有法律效力。调解没有达成协议，或者调解书签收前当事人反悔的，应当及时作出判决。

刑事诉讼法第二百一十条第三项规定的案件不适用调解。

75. 法庭笔录（刑事案件用）

法庭笔录（第　　次）

（刑事案件用）

时间：　年　月　日　时　分至　时　分

地点：

是否公开审理：　　　旁听人数：

审判人员：

书记员：

审判长（员）宣布开庭审理　　一案。

记录如下：

【说　明】

一、本样式供各级人民法院开庭审理刑事案件时使用。

二、开庭时，审判长（员）依照《中华人民共和国刑事诉讼法》的规定，依次核对当事人是否到庭，宣布案由，宣布审判人员、书记员、公诉人、辩护人、诉讼代理人、鉴定人和翻译人员的名单，告知当事人诉讼权利和义务，是否申请回避等，均应记入笔录。

三、法庭审判的全部活动，包括当事人和其他诉讼参与人的诉讼活动，都应如实记载。如果当庭宣布判决结果的，也应当一并记明。

四、根据《中华人民共和国刑事诉讼法》第二百零七条和《最高人民法院关于适用〈中华人民共和国刑事诉讼法〉的解释》第二百九十三条的规定，法庭笔录应当在庭审后交给当事人阅读或者向其宣读。当事人认为记录有遗漏或者有差错的，可以请求补充或者改正。当事人确认无误后，应当签名或者盖章。

法庭笔录中的出庭证人的证言部分，应当在庭审后交给证人阅读或者向其宣读。证人确认无误后，应当签名或者盖章。

五、本笔录经审判长（员）审阅后，由审判长或者独任审判员和书记员签名。

【法律依据】

1.《中华人民共和国刑事诉讼法》（2018 年 10 月 26 日）

第二百零七条 法庭审判的全部活动，应当由书记员写成笔录，经审判长审阅后，由审判长和书记员签名。

法庭笔录中的证人证言部分，应当当庭宣读或者交给证人阅读。证人在承认没有错误后，应当签名或者盖章。

法庭笔录应当交给当事人阅读或者向他宣读。当事人认为记载有遗漏或者差错的，可以请求补充或者改正。当事人承认没有错误后，应当签名或者盖章。

2.《最高人民法院关于适用〈中华人民共和国刑事诉讼法〉的解释》（2021 年 1 月 26 日）

第二百九十三条 法庭笔录应当在庭审后交由当事人、法定代理人、辩护人、诉讼代理人阅读或者向其宣读。

法庭笔录中的出庭证人、鉴定人、有专门知识的人、调查人员、侦查人员或者其他人员的证言、意见部分，应当在庭审后分别交由有关人员阅读或者向其宣读。

前两款所列人员认为记录有遗漏或者差错的，可以请求补充或者改正；确认无误后，应当签名；拒绝签名的，应当记录在案；要求改变庭审中陈述的，不予准许。

76. 合议庭评议笔录（刑事案件用）

<h1 style="text-align:center">合议庭评议笔录（第　　次合议）</h1>

（刑事案件用）

时间：　　年　月　日　时　分

地点：

合议庭成员：审判长

审判员（人民陪审员）：

书记员：

评议＿＿＿＿＿＿＿一案。

记录如下：

【说　明】

一、本样式供合议庭评议各类案件时用。

二、本笔录应当如实记载评议过程，特别要抓住案件的事实、证据、定性、处理等重点问题，保持发言原意，力求语句通顺。评议结果一定要记得明确、具体，不得模棱两可。评议中如有不同意见，必须如实记人笔录。

三、本笔录结尾处由合议庭成员签名。

77. 审判委员会讨论案件笔录（刑事案件用）

审判委员会讨论案件笔录

（刑事案件用）

时间：　　年　月　　日　时　分至　时　分

地点：

会议主持人：

出席委员：

列席人员：

案件汇报人：　　　　　　　记录人：

讨论＿＿＿＿＿＿＿＿＿一案。

记录如下：

_____

【说　明】

一、本样式供各级人民法院在合议庭开庭审理并且评议后，对于疑难、复杂、重大的案件，认为难以作出决定的，或者独任审判员认为有必要的案件，提请院长决定提交审判委员会讨论时使用。

二、本笔录应当如实记录讨论案件的过程和作出的决定。讨论中如有不同意见，必须如实记入笔录。

三、列席人员，应当写明其姓名、单位和职务。

78. 宣判笔录（刑事案件用）

宣判笔录

（刑事案件用）

时间：　　年　月　日　　时　分

地点：

审判长：　　　　审判员（人民陪审员）：

书记员：

到庭的公诉人：

到庭的当事人和其他诉讼参与人：

记录如下：

审判长（员）　　宣读　人民法院　　年　月　日（　　）字第　号刑事　　书。

【说　明】

一、本样式供各类案件宣告判决或者裁定时使用。但是，当庭宣告判决的案件，应当在法庭笔录中记明，不必再制作宣判笔录。

二、委托代为宣判的案件，应当在"审判长"一栏中写明代为宣判人员及其姓名、单位和职务。

三、"到庭的公诉人"一栏，应当写明其职务和姓名；"到庭的当事人和其他诉讼参与人"一栏，应当写明其称谓和姓名。

四、宣判笔录的空格中，应当依次记明宣告判决或者裁定的结果、告知的有关事项和当事人的表示等内容。

五、宣判后立即发给判决书或者裁定书的，应当在笔录中记明。

六、本笔录由当事人签名或者盖章。拒绝签名、盖章的，应当记明情况。

七、审判员、代理审判员或者人民陪审员、书记员应当在笔录上签名。

79. 查封（扣押、冻结）财产笔录（刑事案件用）

查封（扣押、冻结）财产笔录

（刑事案件用）

时间： 年 月 日 时 分至 时 分

地点：

执行人员：

书记员：

被查封（扣押、冻结）财产人或者其成年家属：

被邀到场人：

执行人员宣读根据《中华人民共和国刑事诉讼法》第七十七条第三款（或者第一百五十八条第二款）的规定，人民法院作出（ ） 字第 号查封（扣押、冻结）令的具体内容。

查封（扣押、冻结）情况记载如下：

法院刑事诉讼文书样式 101-2

附：查封（扣押、冻结）财产清单

年 月 日

编号	财物名称	面额/型号	数额/数量	规格	重量	质量	成色	颜色	新旧程度	缺损特征

编号	财物名称	面额/型号	数额/数量	规格	重量	质量	成色	颜色	新旧程度	缺损特征

被查封（扣押、冻结）财产人或者其成年家属：

（签名）

执行人员： （签名）

书记员： （签名）

【说　明】

一、本样式供查封、扣押、冻结财产时使用。

二、"被查封（扣押、冻结）财产人"一栏，是指实际持有该财产的当事人或者其他人。该人或者其成年家属到场的，应写明其姓名；拒不到场的，应在笔录中记明情况。"被查封（扣押、冻结）财产人"是法人或者其他组织的，应通知其法定代表人或者主要负责人到场。拒不到场的，不影响执行。

三、"被邀到场人"一栏，应当写明其姓名、工作单位和职务或者职业。

四、本笔录结尾处，由被查封（扣押、冻结）财产人或者其成年家属签名，并由执行人员、书记员和在场的有关人员签名或者盖章。

五、"查封（扣押、冻结）财产清单"，是本笔录的附件。

【法律依据】

《中华人民共和国刑事诉讼法》（2018 年 10 月 26 日）

第一百零二条　人民法院在必要的时候，可以采取保全措施，查封、扣押或者冻结被告人的财产。附带民事诉讼原告人或者人民检察院可以申请人民法院采取保全措施。人民法院采取保全措施，适用民事诉讼法的有关规定。

第一百九十六条　法庭审理过程中，合议庭对证据有疑问的，可以宣布休庭，对证据进行调查核实。

人民法院调查核实证据，可以进行勘验、检查、查封、扣押、鉴定和查询、冻结。

五、证票类

80. 送达回证（刑事案件用）

×××人民法院
送达回证

（刑事案件用）

案由		案号	（ ）×× 号	
受送达人的姓名、地址				
送达的文书名称及件数	受送达人签收		代收人签收	送达人
	年　月　日		年　月　日	
	年　月　日		年　月　日	
	年　月　日		年　月　日	
	年　月　日		年　月　日	
	年　月　日		年　月　日	
备注：				

填发人

【说　明】

一、本样式根据《中华人民共和国刑事诉讼法》第一百零七条和《最高人民法院关于适用〈中华人民共和国刑事诉讼法〉的解释》第二百零四条的规定制订，供各级人民法院审理刑事案件送达诉讼文书时使用。

二、如同时送达多种诉讼文书，可在"送达的文书名称及件数"一栏中，分别填写文书的名称、件数。

三、人民法院的院印，应加盖在首部的正中处。

四、留置送达的，可在备注栏记明收件人本人或者代收人拒绝接收或者拒绝签名、盖章的事由、日期和送达人邀请他的邻居或者其他见证人到场，说明情况，由送达人、见证人签名或者盖章，并将诉讼文书留在收件人或者代收人住处或者单位后，即视为送达。

五、本样式为填充式。

【法律依据】

1. 《中华人民共和国刑事诉讼法》（2018 年 10 月 26 日）

第一百零七条　送达传票、通知书和其他诉讼文件应当交给收件人本人；如果本人不在，可以交给他的成年家属或者所在单位的负责人员代收。

收件人本人或者代收人拒绝接收或者拒绝签名、盖章的时候，送达人可以邀请他的邻居或者其他见证人到场，说明情况，把文件留在他的住处，在送达证上记明拒绝的事由、送达的日期，由送达人签名，即认为已经送达。

2. 《最高人民法院关于适用〈中华人民共和国刑事诉讼法〉的解释》（2021 年 1 月 26 日）

第二百零四条　送达诉讼文书，应当由收件人签收。收件人不在的，可以由其成年家属或者所在单位负责收件的人员代收。收件人或者代收人在送达回证上签收的日期为送达日期。

收件人或者代收人拒绝签收的，送达人可以邀请见证人到场，说明情况，在送达回证上注明拒收的事由和日期，由送达人、见证人签名或者盖章，将诉讼文书留在收件人、代收人的住处或者单位；也可以把诉讼文书留在受送达人的住处，并采用拍照、录像等方式记录送达过程，即视为送达。

81. 传票（刑事案件用）

第一联

×××人民法院
传票（存根）

（刑事案件用）

案号	（ ）字第 号
案由	
当事人姓名	
工作单位 或者住址	
传唤事由	
应到时间	年 月 日 时 分
应到处所	

备考

审判员

书记员

年 月 日

本联存卷

第二联

×××人民法院
传　票

案号	（　　）字第　号
案由	
当事人姓名	
工作单位或者住址	
传唤事由	
应到时间	年　月　日　时　分
应到处所	

注意事项：1. 被传唤人必须准时到达应到处所。

　　　　　2. 被传唤人应携带本传票报到。

　　　　　3. 被传唤人收到传票后，应在送达回证上签名或者盖章。

审判员

书记员

　　　　　　　　　　　　　　　　　　　　　年　月　日

　　　　　　　　　　　　　　　　　　　　　（院印）

本联送达被传唤的当事人

【说　明】

一、本样式根据《中华人民共和国刑事诉讼法》第一百八十七条第三款的规定制订，供各级人民法院在审理刑事案件传唤当事人时使用。

二、如有其他事项，可在注意事项栏内续写。

三、人民法院的院印，应当加盖在末行年月日处。

四、本样式为填充式。

【法律依据】

《中华人民共和国刑事诉讼法》（2018 年 10 月 26 日）

第一百八十七条 人民法院决定开庭审判后，应当确定合议庭的组成人员，将人民检察院的起诉书副本至迟在开庭十日以前送达被告人及其辩护人。

在开庭以前，审判人员可以召集公诉人、当事人和辩护人、诉讼代理人，对回避、出庭证人名单、非法证据排除等与审判相关的问题，了解情况，听取意见。

人民法院确定开庭日期后，应当将开庭的时间、地点通知人民检察院，传唤当事人，通知辩护人、诉讼代理人、证人、鉴定人和翻译人员，传票和通知书至迟在开庭三日以前送达。公开审判的案件，应当在开庭三日以前先期公布案由、被告人姓名、开庭时间和地点。

上述活动情形应当写入笔录，由审判人员和书记员签名。

82. 拘传票（刑事案件用）
第一联

×××人民法院
拘传票（审批联）

（刑事案件用）

（　　）……××……号

被拘传人姓名		性别		出生日期		年　月　日
工作单位或者住所						
应到时间	年　月　日			应到处所		
拘传原因和理由： 审判员 　　　　　　　　　　　　　　　　　　年　月　日						
批准人 　　　　　　　　　　　　　　　　　　年　月　日						

本联存卷

第二联

×××人民法院
拘传票

（　　）……××……号

被拘传人 姓名		性别		出生日期		年　月　日
工作单位 或者住所						
应到时间		年　月　日	应到处所			
执行人宣布： 　　依照《中华人民共和国刑事诉讼法》第五十条的规定，本院决定对　　　　予以 拘传。 　　　　　　　　　　　　　　　　　　　　　　　　年　月　日 　　　　　　　　　　　　　　　　　　　　　　　　（院印）						
本拘传票已于　年　月　日　时　分向被拘传人出示。 被拘传人						
执行拘传情况 执行人						

本联执行拘传后存卷

【说　明】

一、本样式供各级人民法院审理刑事案件拘传被告人时使用。

二、"执行人宣布"一栏，执行人还应向被拘传人说明拒不到庭的法律后果。

三、人民法院的院印，应当加盖在年月日处。

四、本拘传票应由被拘传人签名，拒绝签名的，应在"执行拘传情况"一栏中注明。

五、本拘传票为填充式。

【法律依据】

《中华人民共和国刑事诉讼法》（2018 年 10 月 26 日）

第六十六条　人民法院、人民检察院和公安机关根据案件情况，对犯罪嫌疑人、被告人可以拘传、取保候审或者监视居住。

83. 换押票（公诉案件用）

第一联

×××人民法院
换押票

（公诉案件用）

（ ）……××……号

看守所：

你所羁押犯罪嫌疑人　　（性别　　，　　年　月　　日出生），
人民检察院指控其犯罪，向本院提起公诉，经审查，我院已依法受理，请予
换押。

审　判　员

书　记　员

（院印）

年　月　日

附注：

本联送交看守所

第二联

×××人民法院
换押票（回执）

人民法院：

根据你院　　年　月　日（ ）……××……号换押票，我所已将

羁押的犯罪嫌疑人　　换押。

看守所所长
年　　月　　日
（看守所印章）

　　附注：
本联由看守所填写，加盖看守所印章后，退回法院存卷。

【说　明】

　　一、本样式供第一审人民法院受理公诉案件后，将人民检察院指控并已羁押的犯罪嫌疑人换为法院羁押时使用。

　　二、换押票中应写明羁押犯罪嫌疑人的姓名、性别、出生年月日等项内容。如有需要注意的问题，可在"附注"后写明。

84. 提押票（刑事案件用）

×××人民法院
提押票

（刑事案件用）

（　）……××……号

看守所：				
下列被告人一名，请准予提押。				
			审　判　员	
			年　月　日	
			书　记　员	
被告人姓名	性别	出生日期	出生地	
		年　月　日		
提出事由	提出时间及执行法警		还押时间和看守所值班民警	
	年　　月　　日　　时　　分 执行法警		年　　月　　日　　时　　分 值班民警	
	年　　月　　日　　时　　分 执行法警		年　　月　　日　　时　　分 值班民警	
	年　　月　　日　　时　　分 执行法警		年　　月　　日　　时　　分 值班民警	
	年　　月　　日　　时　　分 执行法警		年　　月　　日　　时　　分 值班民警	
备注：				

本提押票还押案犯后存卷

【说　明】

一、本样式供各级人民法院提押刑事被告人或被拘留人时使用。

二、"提出事由"一栏，应当填写开庭审理、送达起诉书副本或者讯问等。

三、人民法院的院印应当盖在首部的正中处。

四、本提押票为填充式。

六、书函类

85. 准许调查书（刑事案件用）

×××人民法院
准许调查书

（刑事案件用）

（　　）……××……号

申请人　　　　，　　　　律师事务所律师。

申请人　　　　，作为　　　　一案的辩护律师，于　　年　　月　　日向本院提出申请，要求向本案的　　　　收集与本案有关的材料。

经审查，申请人的上述申请，符合《中华人民共和国刑事诉讼法》第三十七条第二款和《最高人民法院关于执行〈中华人民共和国刑事诉讼法〉若干问题的解释》第四十三条的规定，本院予以准许。

（院印）

年　　月　　日

【说　明】

一、本样式根据《中华人民共和国刑事诉讼法》第四十三条第二款和《最高人民法院关于适用〈中华人民共和国刑事诉讼法〉的解释》第五十八条的规定制订，供各级人民法院准许辩护律师收集有关材料时使用。

二、样式中辩护律师向法院申请调查的对象，应当写明本案的被害人或者其近亲属、被害人提供的证人的姓名或者单位名称。

三、本样式为填充式。使用时应当一式两份，一份送达申请的辩护律师，一份附卷备查。

【法律依据】

1.《中华人民共和国刑事诉讼法》（2018 年 10 月 26 日）

第四十三条 辩护律师经证人或者其他有关单位和个人同意，可以向他们收集与本案有关的材料，也可以申请人民检察院、人民法院收集、调取证据，或者申请人民法院通知证人出庭作证。

辩护律师经人民检察院或者人民法院许可，并且经被害人或者其近亲属、被害人提供的证人同意，可以向他们收集与本案有关的材料。

2.《最高人民法院关于适用〈中华人民共和国刑事诉讼法〉的解释》（2021 年 1 月 26 日）

第五十八条 辩护律师申请向被害人及其近亲属、被害人提供的证人收集与本案有关的材料，人民法院认为确有必要的，应当签发准许调查书。

86. 鉴定委托书（委托鉴定用）

×××人民法院
鉴定委托书

（委托鉴定用）

（　　）……刑……号

……（受委托单位名称）：

我院审理……（被告人姓名和案由）一案，因有……（写明需要鉴定的事项），根据《中华人民共和国刑事诉讼法》第一百一十九条、第一百二十条、第一百五十八条的规定，特委托你单位予以鉴定。现将有关材料送去，请指派有专门知识的人进行鉴定。鉴定人进行鉴定后，应当写出鉴定结论，并在鉴定书上签名（对人身伤害的医学鉴定有争议需要重新鉴定或者对精神病的医学鉴定，由省级人民政府指定的医院进行。鉴定人进行鉴定后，应当写出鉴定结论，并且由鉴定人签名，医院加盖公章）。请将鉴定书寄送我院。

我院送去的有关材料，请一并退还我院。

附件：

（院印）

××××年××月××日

【说　明】

一、本样式根据刑事诉讼法第一百四十六条、第一百四十七条的规定制订，供各级人民法院在审理刑事案件中，委托有关专业单位进行鉴定时使用。

二、委托鉴定的事项因案而异，拟制鉴定委托书时，可以参照本样式灵活适用。

三、"附件"一栏的内容，应当根据附送的"有关材料"逐项写明。

【法律依据】

《中华人民共和国刑事诉讼法》（2018 年 10 月 26 日）

第一百四十六条 为了查明案情，需要解决案件中某些专门性问题的时候，应当指派、聘请有专门知识的人进行鉴定。

第一百四十七条 鉴定人进行鉴定后，应当写出鉴定意见，并且签名。

鉴定人故意作虚假鉴定的，应当承担法律责任。

第一百九十六条 法庭审理过程中，合议庭对证据有疑问的，可以宣布休庭，对证据进行调查核实。

人民法院调查核实证据，可以进行勘验、检查、查封、扣押、鉴定和查询、冻结。

87. 法医技术鉴定委托书（委托法医鉴定用）

第一联

法医技术鉴定委托书（存根）

（委托法医鉴定用）

（　　）……××……号

受委托单位或部门						
案由						
案情摘要						
提供送检材料						
被鉴定人	姓名	性别	出生年月日	民族	文化程度	职业（工作单位）
鉴定目的						
委托单位或部门	名称			经办人		
	领导批示				年　月　日	

第二联

法医技术鉴定委托书

（　　）……××……号

受委托单位或部门	
案由	

案情摘要						
提供送检材料						
被鉴定人	姓名	性别	出生年月日	民族	文化程度	职业（工作单位）
鉴定目的						
委托单位或部门	名称					
	经办人			联系电话		
年　　月　　日 （公章）						

【说　明】

一、本样式供各级人民法院在审理刑事案件中，委托司法鉴定时使用。

二、本样式为填充式。如系文检、司法会计等鉴定的，被鉴定人一项则不填。

88. 司法建议书（各类案件用）

×××人民法院
司法建议书

（各类案件用）

（　）……刑……号

××××（主送单位名称）：

本院在审判……（写明控辩双方名称或者姓名和案由）一案中，发现……（写明发现有关单位存在的重要问题和提出建议的理由）。为此，特建议：

……（写明建议的具体事项。内容多的可分项书写）。

以上建议请研究处理，并将处理结果函告本院。

（院印）

××××年××月××日

抄送：×××（抄送机关名称）

【说　明】

一、本样式供各级人民法院在审理刑事案件过程中，发现有关单位存在重要问题，向该单位或者其上级领导机关提出解决问题和改进工作的书面建议时使用。

二、"存在的重要问题"要书写清楚；"提出建议的理由"要有法律、法规和政策依据；建议的事项要具体、明确，切实可行。特别是对有关人员的处理建议，要有确凿的事实根据和法律、法规或者规章等依据。

【法律依据】

《最高人民法院关于加强司法建议工作的意见》（2012 年 3 月 15 日）（节录）

二、创新机制，加强规范，切实提升司法建议工作水平

4. 司法建议工作应当纳入人民法院的整体工作部署，要创新建议形式，规范建议程序，确保建议质量，增强建议效果，推动司法建议工作依法有序开展，努力实现司法建议工作的法律效果和社会效果的有机统一。

5. 正确处理司法建议工作与审判执行工作的关系，坚持以做好审判执行工作为出发点，同时充分发挥司法建议延伸审判职能的作用。审判执行工作中发现有关单位普遍存在的工作疏漏、制度缺失和隐患风险等问题，人民法院应当及时提出司法建议。

6. 提出司法建议要坚持必要性、针对性、规范性和实效性原则，做到把握问题准确，分析问题透彻，依据充足，说理充分，建议客观合理，方案切实可行，行文严谨规范，确保建议质量，符合保密规定。

7. 对审判执行工作中发现的下列问题，人民法院可以向相关党政机关、企事业单位、社会团体及其他社会组织提出司法建议，必要时可以抄送该单位的上级机关或者主管部门：

（1）涉及经济社会发展重大问题需要相关方面积极加以应对的；

（2）相关行业或者部门工作中存在的普遍性问题，需要有关单位采取措施的；

（3）相关单位的规章制度、工作管理中存在严重漏洞或者重大风险的；

（4）国家利益、社会公共利益受到损害或者威胁，需要有关单位采取措施的；

（5）涉及劳动者权益、消费者权益保护等民生问题，需要有关单位采取措施的；

（6）法律规定的有义务协助调查、执行的单位拒绝或者妨碍人民法院调查、执行，需要有关单位对其依法进行处理的；

（7）拒不履行人民法院生效的判决、裁定，需要有关单位对其依法进行处理的；

（8）发现违法犯罪行为，需要有关单位对其依法进行处理的；

（9）诉讼程序结束后，当事人之间的纠纷尚未彻底解决，或者有其他问题需要有关部门继续关注的；

（10）其他确有必要提出司法建议的情形。

8. 人民法院提出司法建议，应当制作司法建议书。

司法建议书包括以下类型：

（1）针对个案中反映的具体问题制作的个案司法建议书；

（2）针对某一类案件中反映的普遍性问题制作的类案司法建议书；

（3）针对一定时期经济社会发展中存在的普遍性、系统性问题制作的综合司法建议书。根据实际需要，综合司法建议书可以附相关调研报告、审判工作报告（白皮书）等材料。

9. 司法建议书应当按照统一的格式制作，一般包括首部、主文和尾部三部分。

首部包括：法院名称、司法建议书、司法建议书编号、主送单位（被建议单位）名称。

主文包括：在审理和执行案件中或者相关调研中发现的需要重视和解决的问题，对问题产生原因的分析，依据法律法规及政策提出的具体建议，以及其他需要说明的事项。

尾部包括：院印和日期。如需抄送被建议单位的上级机关、主管部门或其他有关部门的，应当列明抄送单位全称。

10. 个案、类案司法建议书由所涉案件审判业务部门负责起草，综合司法建议书可以由有关综合性部门或者审判业务部门负责起草。司法建议书起草完成后，交司法建议工作日常管理机构审核，报分管院领导签发。向党政机关发送的重要司法建议书或者审判委员会决定发送的司法建议书，由院长签发。

11. 院长、庭长在履行审判监督指导职责、审判监督部门和审判管理部门在开展案件质量评查等活动、上级人民法院对下级人民法院的案件进行监督评查时，发现需要向有关部门提出司法建议的，应当建议提出司法建议。

12. 个案司法建议书一般应当在所涉案件裁判文书生效后或者执行、涉诉信访案件办结后，及时发送。

13. 司法建议书应当以人民法院的名义发送，不得以法院内设机构或者个人名义发送。拟向上级党委、人大、政府及其部门提出的司法建议书，必要时可以提请上级人民法院发送。

14. 司法建议书应当及时送达被建议单位。必要时，人民法院可以将相关材料一并送达被建议单位。

15. 司法建议起草部门应当及时将司法建议书、被建议单位反馈意见及相关材料整理立卷，移送档案管理部门集中归档。

16. 司法建议应当纳入司法统计范围，为分析和指导司法建议工作提供数据支持。利用信息技术，建立司法建议信息库，充分整合、利用司法建议信息资源，打造司法建议信息平台。

89. 适用简易程序征求意见函（稿）（公诉案件用）

×××人民法院
适用简易程序征求意见函（稿）

（公诉案件用）

（　　）……刑……号

人民检察院：

你院检诉〔　　〕　　号起诉书，于　　年　　月　　日向我院提起公诉的被告人　　一案，经我院审查认为，该案符合《中华人民共和国刑事诉讼法》第一百七十四条第（一）项的规定，可以适用简易程序审理。现征求你院意见，请你院在三日以内将是否同意适用简易程序的意见函告我院。

如同意适用简易程序审理，请将全案卷宗材料和证据一并移送我院。

（院印）

年　　月　　日

签发人：　　　　　经办人

本联存卷

×××人民法院
适用简易程序征求意见函

（公诉案件用）

（　　）……刑……号

人民检察院：

你院检诉〔　　〕　　号起诉书，于　　年　　月　　日向我院提起公

诉的被告人　　　一案，经我院审查认为，该案符合《中华人民共和国刑事诉讼法》第一百七十四条第（一）项的规定，可以适用简易程序审理。现征求你院意见，请你院在三日以内将是否同意适用简易程序的意见函告我院。

如同意适用简易程序审理，请将全案卷宗材料和证据一并移送我院。

（院印）

年　　月　　日

【说　明】

本样式根据《中华人民共和国刑事诉讼法》第二百一十四条的规定制订，供基层人民法院审查人民检察院提起公诉的案件，认为该案符合适用简易程序的条件，征求人民检察院的意见时使用。

【法律依据】

《中华人民共和国刑事诉讼法》（2018 年 10 月 26 日）

第二百一十四条　基层人民法院管辖的案件，符合下列条件的，可以适用简易程序审判：

（一）案件事实清楚、证据充分的；

（二）被告人承认自己所犯罪行，对指控的犯罪事实没有异议的；

（三）被告人对适用简易程序没有异议的。

人民检察院在提起公诉的时候，可以建议人民法院适用简易程序。

90. 委托调查函（各类案件用）

第一联

×××人民法院

委托调查函（稿）

（各类案件用）

　　　　　　　　　　　　（　）……××……号

人民法院：

　　我院受理　　一案，因　　特委托你院协助调查下列提纲中所列举的事项，并将调查材料和需要说明的问题尽快函复我院。

　　附调查提纲：

　　　　　　　　　　　　　　　　　　（院印）

　　　　　　　　　　　　　　　　　　年　　月　　日

　　签发：　　　　　经办人：

　　本联存卷

第二联

×××人民法院

委托调查函

　　　　　　　　　　　　（　）……××……号

人民法院：

　　我院受理　　一案，因　　特委托你院协助调查下列提纲中所列举的事项，并将调查材料和需要说明的问题尽快函复我院。

附调查提纲：

(院印)

年　　月　　日

【说　明】

一、本样式供各级人民法院在审理各类案件中，委托其他法院协助调查时使用。

二、本函发出时，必须附调查提纲，写明调查的项目和要求。

91. 补充材料函（刑事案件用）

×××人民法院
补充材料函

（刑事案件用）

　　　　　　　　　　　　　　　　　（　）……××……号

人民检察院：

　　你院　年　月　日提起公诉的被告人　　一案，经审查，缺少部分材料。根据《中华人民共和国刑事诉讼法》第一百五十条的规定，请你院在收到本函的次日起三日内，补充以下材料，送交本院。

　　一、……

　　二、……

　　　　　　　　　　　　　　　　　　　　　　（院印）

　　　　　　　　　　　　　　　　　　　　　年　月　日

【说　明】

　　本样式根据《中华人民共和国刑事诉讼法》第一百八十六条和《最高人民法院关于适用〈中华人民共和国刑事诉讼法〉的解释》第二百一十九条的规定制订，供第一审人民法院对公诉案件审查后，认为需要人民检察院补送有关材料时使用。

【法律依据】

　　1.《中华人民共和国刑事诉讼法》（2018 年 10 月 26 日）

　　第一百八十六条　人民法院对提起公诉的案件进行审查后，对于起诉书中有明确的指控犯罪事实的，应当决定开庭审判。

2.《最高人民法院关于适用〈中华人民共和国刑事诉讼法〉的解释》（2021 年 1 月 26 日）

第二百一十九条 人民法院对提起公诉的案件审查后，应当按照下列情形分别处理：

（一）不属于本院管辖的，应当退回人民检察院；

（二）属于刑事诉讼法第十六条第二项至第六项规定情形的，应当退回人民检察院；属于告诉才处理的案件，应当同时告知被害人有权提起自诉；

（三）被告人不在案的，应当退回人民检察院；但是，对人民检察院按照缺席审判程序提起公诉的，应当依照本解释第二十四章的规定作出处理；

（四）不符合前条第二项至第九项规定之一，需要补充材料的，应当通知人民检察院在三日以内补送；

（五）依照刑事诉讼法第二百条第三项规定宣告被告人无罪后，人民检察院根据新的事实、证据重新起诉的，应当依法受理；

（六）依照本解释第二百九十六条规定裁定准许撤诉的案件，没有新的影响定罪量刑的事实、证据，重新起诉的，应当退回人民检察院；

（七）被告人真实身份不明，但符合刑事诉讼法第一百六十条第二款规定的，应当依法受理。

对公诉案件是否受理，应当在七日以内审查完毕。

92. 委托宣判函（各类案件用）

第一联

×××人民法院
委托宣判函（稿）

（各类案件用）

（　）……××……号

　　人民法院：

　　我院受理　　案，现已审理终结。随函寄去本院（　　）　　字第　号书　份，送达回证件，请于收到后　　日内代为宣判和送达，并将宣判笔录和送达回证尽快寄回我院。

（院印）

年　　月　　日

签发人：　　经办人：

本联存卷

第二联

××人民法院
委托宣判函

（　）……××……号

　　人民法院：

　　我院受理　　一案，现已审理终结。随函寄去本院（　　）　　字第

号　书　　份，送达回证　件，请于收到后　　日内代为宣判和送达，并将宣判笔录和送达回证尽快寄回我院。

（院印）

年　　月　　日

【说　明】

本样式供各级人民法院审理各类案件，在作出判决或者裁定后，委托其他法院代为宣判时使用。

93. 委托送达函（各类案件用）

第一联

×××人民法院
委托送达函（稿）

（各类案件用）

（　　）……××……号

人民法院：

我院受理　　一案，现委托你院送达有关诉讼文书。随函寄去　　份，送达回证件　　件，请在收到后　　日内代为向　　送达，并将送达回证尽快寄回我院。

（院印）

年　　月　　日

签发人：　　　　　　经办人：

本联存卷

第二联

×××人民法院
委托送达函

（　　）……××……号

人民法院：

我院受理　　一案，现委托你院送达有关诉讼文书。随函寄去　　份，

送达回证件　　件，请在收到后　　日内代为向　　送达，并将送达回证尽快寄回我院。

（院印）
年　月　　日

【说　明】

　　本样式供各级人民法院在审判各类案件中，委托其他法院代为送达诉讼文书时使用。

94. 办理委托复函（答复委托法院用）

×××人民法院
办理委托复函

（答复委托法院用）

（××××）……××……号

×××人民法院：

你院××××年××月××日（××××）××字第××号来函和附件收悉。现将你院委托事项的办理情况和结果，函复如下：

……（写明办理委托事项的有关情况和结果）。

附件：

（院印）

××××年××月××日

【说　明】

本样式供受委托的人民法院在办理有关委托事项后，函复委托法院时使用。

95. **调卷函**（各类案件用）

人民法院
调卷函（稿）

（各类案件用）

　　　　　　　　　　　　　　（　　）……号

人民法院：

　　你院审判的（　　）　　字第　　号　　一案，现因　　，请将该案的全部案卷材料检送我院。

　　　　　　　　　　　　　　　　　（院印）
　　　　　　　　　　　　　　　　　年　　月　　日

签发人：　　　　　　调卷人：
本联存卷

人民法院
调卷函

　　　　　　　　　　　　　　（　　）……号

人民法院：

　　你院审判的（　　）　　字第　　号　　一案，现因　　，请将该案的全部案卷材料检送我院。

　　　　　　　　　　　　　　　　　（院印）
　　　　　　　　　　　　　　　　　年　　月　　日

【说　明】

　　本样式供各级人民法院向其他法院调阅案卷材料时使用。

96. 送卷函（各类案件用）

第一联

人民法院
送卷函（稿）

（各类案件用）

（　　）……号

人民法院：

你院　年　月　日（　　）　字第　号调卷函收到。现检送
一案的全部案卷材料，请查收。

附件：案卷　宗。

（院印）

年　月　日

签发人：　　　　　经办人：

本联存卷

第二联

人民法院
送卷函

（　　）……号

人民法院：

你院　年　月　日（　　）　字第　号调卷函收到。现检送

案的全部案卷材料，请查收。

附件：案卷　宗。

（院印）

年　　月　　日

【说　明】

本样式供各级人民法院在收到有关法院调卷函后，检送所调案卷材料时使用。

97. 退卷函（各类案件用）

第一联

人民法院
退卷函（稿）

（各类案件用）

（　　）……号

　　　　人民法院：
　　现将你院　　一案的全部案卷材料退还，请查收。
　　附件：案卷　　宗。

（院印）
年　　月　　日

　　签发人：　　　　　　经办人：
　　本联存卷

第二联

人民法院
退卷函

（　　）……号

　　　　人民法院：
　　现将你院　　一案的全部案卷材料退还，请查收。
　　附件：案卷　　宗。

（院印）

年　　月　　日

【说　明】

一、本样式供各级人民法院向其他法院退还案卷材料时使用。

二、上级人民法院审理的上诉、抗诉、复核等案件，结案后退卷时，如果还需下级人民法院代为宣判或者代为送达裁判文书的，应当另发委托宣判函或者委托送达函。

98. 案件移送函（各类案件用）

×××人民法院
案件移送函

（各类案件用）

（××××）……××……号

×××（受移送机关名称）：

关于……（写明当事人姓名或者名称和案由）一案，因……（写明移送的原因和理由）。根据……（写明有关法律、法规、司法解释和其他规范性文件的规定），现将该案移送你处，请查收。

附件：

（院印）

××××年××月××日

【说　明】

一、本样式供各级人民法院在收到各类案件之后，经审查不属于本院管辖或者不属于法院主管，因而向其他法院、公安机关、检察机关或者监察、行政机关移送时使用。

二、移送案件时，应将有关材料、证据作为函的附件一并移送。法院系统内刑事案件的移送，如有被告人在押的，还应写明其羁押地点，并请受移送的法院换押。

99. 报送上（抗）诉案件函（刑事案件用）

第一联

×××人民法院
报送上（抗）诉案件函（稿）

（刑事案件用）

（　　）……××……号

人民法院：

我院审理　　　一案，已经作出（　　　）　　　字第　　号　　判决（裁定），并于　　年　月　日宣判。　　　在法定期间提出　　诉。现将该案全部案卷材料报送你院，请查收。

附件：一、案卷　　宗，物证　　件；

二、上诉状　份，抗诉书　份，答辩状　份。

（院印）
　　年　月　日

签发人：　经办人：

本联存卷

第二联

×××人民法院
报送上（抗）诉案件函

（　　）……××……号

人民法院：

我院审理　　　一案，已经作出（　　　）　　　字第　　号　　判决（裁定），

并于　　年　　月　　日宣判。　　　　在法定期间内提出　　诉。现将该案全部案卷材料报送你院，请查收。

附件：一、案卷　　宗，物证　　件；

二、上诉状　　份，抗诉书　　份，答辩状　　份。

（院印）

年　　月　　日

【说　明】

一、本样式供第一审人民法院对于宣告判决或者裁定之后，在法定期间内提出上诉、抗诉的案件，向第二审人民法院报送案卷材料时使用。

二、本样式中"在法定期间"前的空白，应当填写上诉人姓名或者抗诉机关名称。

100. 查询存款函（稿）（各类案件用）
第一联

×××人民法院
查询存款函（稿）
（各类案件用）

（　）……号

　　　　　　：

我院受理的　　一案，需查询个人（或者单位）储蓄存款情况，请予协助。现将　　储蓄存款的线索提供如下：

存款人姓名（或单位名称）：

存款开户时间：

存款种类：

帐　　号：

存款金额：

所在储蓄所：

其　　他：

（院印）

年　　月　　日

签发人：　　　　　经办人：

本联存卷

第二联

×××人民法院
查询存款函

（　　）……号

　　　　　　　　：

　　我院受理的　　一案，需查询个人（或者单位）储蓄存款情况，请予协助。现将　　储蓄存款的线索提供如下：

存款人姓名（或单位名称）：

存款开户时间：

存款种类：

帐　　号：

存款金额：

所在储蓄所：

其　　他：

（院印）

年　　月　　日

本联送达查询的银行或者其他金融机构。

第三联

×××人民法院
查询存款函（回执）

人民法院：

　　你院　年　月　日（　　）　字第　号查询　的个人（或

者单位）储蓄存款的来函收悉。现将　　　的存款情况提供如下：

存款人姓名（或者单位名称）：

存款开户时间：

存款种类：

帐　　号：

存款金额：

所在储蓄所：

其　　他：

（公章）

年　月　日

本联由银行或者其他金融机构填写并加盖公章后，退回查询法院。

【说　明】

本样式根据《中华人民共和国刑事诉讼法》第一百九十六条第二款的规定制订，供人民法院在审理刑事案件中查询存款时使用。

【法律依据】

《中华人民共和国刑事诉讼法》（2018 年 10 月 26 日）

第一百九十六条　法庭审理过程中，合议庭对证据有疑问的，可以宣布休庭，对证据进行调查核实。

人民法院调查核实证据，可以进行勘验、检查、查封、扣押、鉴定和查询、冻结。

七、通知类

101. 公告（通告开庭用）

×××人民法院
公告（稿）

（通告开庭用）

本院定于　　年　月　日　时　分　在　　　公开审理　　　一案。特此公告。

（院印）

年　　月　　日

注：本公告已于　　年　月　　日张贴。

书　记　员　（签名）

【说　明】

一、本样式供各级人民法院在开庭公开审理（或者宣判）刑事案件前，公开张贴时使用。

二、本样式的空白处，依次填写开庭的时间、地点、诉讼双方的名称（姓名）和案由。

三、公告用纸的大小，根据当地的具体情况确定。

四、公告贴出后，本稿由书记员填写张贴的年月日后入卷。

102. 立案通知书（自诉案件用）

×××人民法院
立案通知书

（自诉案件用）

（　）……××……号

：

　　你诉　　一案的自诉状已收到。经审查，起诉符合法定受理条件，本院决定立案审理。现将有关事项通知如下：

　　一、在诉讼过程中，当事人必须依法行使诉讼权利，履行诉讼义务，遵守诉讼秩序。自诉人经两次依法传唤，无正当理由拒不到庭的，或者未经法庭许可中途退庭的，按撤诉处理。

　　二、在诉讼中，自诉人承担举证责任。对于缺乏证据，自诉人提不出补充证据的，自诉人应当撤回自诉，否则本院将裁定驳回起诉。

　　三、你有权随时委托诉讼代理人，并将由被代理人签名或者盖章的授权委托书递交本院。

（院印）

年　　月　　日

【说　明】

　　一、本样式根据《最高人民法院关于适用〈中华人民共和国刑事诉讼法〉的解释》第三百二十条的规定制订，供第一审人民法院对刑事自诉案件的起诉，经审查决定受理后，通知自诉人或者代为告诉人时使用。

　　二、还有其他事项需要通知的，可以另起一行续写。

【法律依据】

《最高人民法院关于适用〈中华人民共和国刑事诉讼法〉的解释》
（2021 年 1 月 26 日）

第三百二十条 对自诉案件，人民法院应当在十五日以内审查完毕。经审查，符合受理条件的，应当决定立案，并书面通知自诉人或者代为告诉人。

具有下列情形之一的，应当说服自诉人撤回起诉；自诉人不撤回起诉的，裁定不予受理：

（一）不属于本解释第一条规定的案件的；

（二）缺乏罪证的；

（三）犯罪已过追诉时效期限的；

（四）被告人死亡的；

（五）被告人下落不明的；

（六）除因证据不足而撤诉的以外，自诉人撤诉后，就同一事实又告诉的；

（七）经人民法院调解结案后，自诉人反悔，就同一事实再行告诉的；

（八）属于本解释第一条第二项规定的案件，公安机关正在立案侦查或者人民检察院正在审查起诉的；

（九）不服人民检察院对未成年犯罪嫌疑人作出的附条件不起诉决定或者附条件不起诉考验期满后作出的不起诉决定，向人民法院起诉的。

103. 补充材料通知书（自诉案件用）

×××人民法院
补充材料通知书

（自诉案件用）

（××××）……××……号

：

你　　年　　月　　日起诉的被告人

一案，经审查缺少部分材料，根据《中华人民共和国刑事诉讼法》第一百七十条的规定，请你在收到本通知的次日起五日内，补充以下证据、材料，送交本院　　庭。

一、……

二、……

三、……

（院印）

年　　月　　日

【说　明】

本样式根据《中华人民共和国刑事诉讼法》第二百一十条、《最高人民法院关于适用〈中华人民共和国刑事诉讼法〉的解释》第三百二十一条的规定制订，供人民法院对自诉案件审查立案时，要求自诉人或者代为告诉人补充证据等材料时使用。

【法律依据】

1. 《中华人民共和国刑事诉讼法》（2018 年 10 月 26 日）

第二百一十条 自诉案件包括下列案件：

（一）告诉才处理的案件；

（二）被害人有证据证明的轻微刑事案件；

（三）被害人有证据证明对被告人侵犯自己人身、财产权利的行为应当依法追究刑事责任，而公安机关或者人民检察院不予追究被告人刑事责任的案件。

2. 《最高人民法院关于适用〈中华人民共和国刑事诉讼法〉的解释》（2021 年 1 月 26 日）

第三百二十一条 对已经立案，经审查缺乏罪证的自诉案件，自诉人提不出补充证据的，人民法院应当说服其撤回起诉或者裁定驳回起诉；自诉人撤回起诉或者被驳回起诉后，又提出了新的足以证明被告人有罪的证据，再次提起自诉的，人民法院应当受理。

104. **应诉通知书**（自诉案件用）

×××人民法院
应诉通知书

（自诉案件用）

（　）……××……号

　　　　　　　　　　：

　　本院受理　　诉你　　一案，现随文发送自诉状副本一份，并将有关应诉事项通知如下：

　　一、在诉讼过程中，当事人必须依法行使诉讼权利，履行诉讼义务，遵守诉讼秩序。

　　二、在收到自诉状副本后　　日内，将申请出庭的证人名单和当庭宣读、出示的证据复印件、照片连同提出的答辩状（正本一份，副本　份），一并递交本院　　庭。

　　三、你可以委托辩护人，并将由委托人签名或者盖章的辩护委托书递交本院。

　　　　　　　　　　　　　　　　　　（院印）
　　　　　　　　　　　　　　　　　年　　月　　日

【说　明】

　　一、本样式供第一审人民法院受理刑事自诉案件后，通知被告人应诉时使用。

　　二、还有其他事项需要通知的，可另起一行续写。

　　三、送交本通知书和自诉状副本，应当使用送达回证。

105. 出庭通知书（刑事案件用）

×××人民法院
出庭通知书

（刑事案件用）

（　　）……××……号

　　　　　：

　　本院受理　　一案，定于　年　月　日　时　分在开庭审理。根据《中华人民共和国刑事诉讼法》第一百五十一条第一款第（三）项、第（四）项的规定，特通知你作为本案的人准时出庭。

（院印）
年　月　日

【说　明】

　　一、本样式根据《中华人民共和国刑事诉讼法》第一百八十七条和《最高人民法院关于适用〈中华人民共和国刑事诉讼法〉的解释》第二百二十一条的规定制订，供各级人民法院在决定开庭审理后，通知人民检察院和辩护人、诉讼代理人、证人、鉴定人以及翻译人员等出庭时使用。

　　二、送交本通知书时应使用送达回证。

【法律依据】

　　1.《中华人民共和国刑事诉讼法》（2018 年 10 月 26 日）

　　第一百八十七条　人民法院决定开庭审判后，应当确定合议庭的组成人员，将人民检察院的起诉书副本至迟在开庭十日以前送达被告人及其辩护人。

　　在开庭以前，审判人员可以召集公诉人、当事人和辩护人、诉讼代理人，对回避、出庭证人名单、非法证据排除等与审判相关的问题，了解情况，听取意见。

人民法院确定开庭日期后，应当将开庭的时间、地点通知人民检察院，传唤当事人，通知辩护人、诉讼代理人、证人、鉴定人和翻译人员，传票和通知书至迟在开庭三日以前送达。公开审判的案件，应当在开庭三日以前先期公布案由、被告人姓名、开庭时间和地点。

上述活动情形应当写入笔录，由审判人员和书记员签名。

2.《最高人民法院关于适用〈中华人民共和国刑事诉讼法〉的解释》（2021 年 1 月 26 日）

第二百二十一条 开庭审理前，人民法院应当进行下列工作：

（一）确定审判长及合议庭组成人员；

（二）开庭十日以前将起诉书副本送达被告人、辩护人；

（三）通知当事人、法定代理人、辩护人、诉讼代理人在开庭五日以前提供证人、鉴定人名单，以及拟当庭出示的证据；申请证人、鉴定人、有专门知识的人出庭的，应当列明有关人员的姓名、性别、年龄、职业、住址、联系方式；

（四）开庭三日以前将开庭的时间、地点通知人民检察院；

（五）开庭三日以前将传唤当事人的传票和通知辩护人、诉讼代理人、法定代理人、证人、鉴定人等出庭的通知书送达；通知有关人员出庭，也可以采取电话、短信、传真、电子邮件、即时通讯等能够确认对方收悉的方式；对被害人人数众多的涉众型犯罪案件，可以通过互联网公布相关文书，通知有关人员出庭；

（六）公开审理的案件，在开庭三日以前公布案由、被告人姓名、开庭时间和地点。

上述工作情况应当记录在案。

106. 改变管辖通知书（下级法院用）

×××人民法院
改变管辖通知书

（下级法院用）

（　　）……刑……号

人民检察院：

你院　年　月　日以　检诉〔　　〕　　号起诉书，向本院提起公诉的被告人　　犯　　罪一案，根据　　人民法院（　　）　刑字第　号关于《同意移送（改变）管辖决定书》的决定，本案改由　　人民法院审判。现将起诉材料退回你院，依法重新办理移送起诉事宜。

附：一、该案卷宗　　卷；

二、证据材料　　件。

（院印）

年　月　日

【说　明】

一、本样式根据《中华人民共和国刑事诉讼法》第二十四条和《最高人民法院关于适用〈中华人民共和国刑事诉讼法〉的解释》第十六条、第十七条的规定制订，供下级人民法院在接到上级人民法院《同意移送（改变）管辖决定书》以后，通知同级人民检察院，并退回起诉材料时使用。

二、本样式系填充式，一式两份：一份入卷备查；一份连同《同意移送（改变）管辖决定书》复印件送达同级人民检察院。

【法律依据】

1.《中华人民共和国刑事诉讼法》（2018 年 10 月 26 日）

第二十四条 上级人民法院在必要的时候，可以审判下级人民法院管辖的第一审刑事案件；下级人民法院认为案情重大、复杂需要由上级人民法院审判的第一审刑事案件，可以请求移送上一级人民法院审判。

2.《最高人民法院关于适用〈中华人民共和国刑事诉讼法〉的解释》（2021 年 1 月 26 日）

第十六条 上级人民法院决定审判下级人民法院管辖的第一审刑事案件的，应当向下级人民法院下达改变管辖决定书，并书面通知同级人民检察院。

第十七条 基层人民法院对可能判处无期徒刑、死刑的第一审刑事案件，应当移送中级人民法院审判。

基层人民法院对下列第一审刑事案件，可以请求移送中级人民法院审判：

（一）重大、复杂案件；

（二）新类型的疑难案件；

（三）在法律适用上具有普遍指导意义的案件。

需要将案件移送中级人民法院审判的，应当在报请院长决定后，至迟于案件审理期限届满十五日以前书面请求移送。中级人民法院应当在接到申请后十日以内作出决定。不同意移送的，应当下达不同意移送决定书，由请求移送的人民法院依法审判；同意移送的，应当下达同意移送决定书，并书面通知同级人民检察院。

107. 改变管辖通知书（上级法院用）

×××人民法院
改变管辖通知书

（上级法院用）

（　　）……刑……号

人民检察院：

人民检察院于　　年　　月　　日以　检刑诉（　　）号起诉书，向
　　人民法院提起公诉的被告人　　犯　　罪一案，根据《中华人民共和国刑
事诉讼法》第二十三条的规定，本院认为有必要改变管辖，由本院审判此案，
并于　　年　　月　　日下达《改变管辖决定书》。

特此通知。

（院印）

年　　月　　日

【说　明】

一、本样式根据《中华人民共和国刑事诉讼法》第二十四条和《最高人
民法院关于适用〈中华人民共和国刑事诉讼法〉的解释》第十六条的规定制
订，供上级人民法院认为有必要审判下级人民法院管辖的第一审刑事案件，
并已下达改变管辖决定书，书面通知同级人民检察院时使用。

二、本样式系填充式，一式两份：一份入卷备案；一份连同《改变管辖
决定书》送达同级人民检察院。

【法律依据】

1.《中华人民共和国刑事诉讼法》（2018 年 10 月 26 日）

第二十四条　上级人民法院在必要的时候，可以审判下级人民法院管辖

的第一审刑事案件；下级人民法院认为案情重大、复杂需要由上级人民法院审判的第一审刑事案件，可以请求移送上一级人民法院审判。

2.《最高人民法院关于适用〈中华人民共和国刑事诉讼法〉的解释》（2021 年 1 月 26 日）

第十六条 上级人民法院决定审判下级人民法院管辖的第一审刑事案件的，应当向下级人民法院下达改变管辖决定书，并书面通知同级人民检察院。

108. 改变管辖通知书（通知当事人用）

×××人民法院
改变管辖通知书

（通知当事人用）

（　　）……刑……号

　　　　　　　：

　　人民检察院　　年　　月　　日以　检　诉字　　号起诉书，向本院提起公诉的被告人　　犯　　罪一案，根据　　人民法院（　　）　刑字第　号关于《同意移送（改变）管辖决定书》的决定，现该案已改由　　人民法院依法审判。

　　特此通知。

（院印）
年　　月　　日

【说　明】

　　一、本样式根据《中华人民共和国刑事诉讼法》第二十四条和《最高人民法院关于适用〈中华人民共和国刑事诉讼法〉的解释》第十七条第二款的规定制订，供基层人民法院接到上级人民法院同意移送或者改变管辖决定书后，通知当事人时使用。

　　二、本样式系填充式，一式数份：除一份入卷备查外，另根据本案当事人的人数填制并送达。

【法律依据】

　　1.《中华人民共和国刑事诉讼法》（2018年10月26日）
　　第二十四条　上级人民法院在必要的时候，可以审判下级人民法院管辖的第一审刑事案件；下级人民法院认为案情重大、复杂需要由上级人民法院审判的第一审刑事案件，可以请求移送上一级人民法院审判。

2.《最高人民法院关于适用〈中华人民共和国刑事诉讼法〉的解释》（2021年1月26日）

第十七条 基层人民法院对可能判处无期徒刑、死刑的第一审刑事案件，应当移送中级人民法院审判。

基层人民法院对下列第一审刑事案件，可以请求移送中级人民法院审判：

（一）重大、复杂案件；

（二）新类型的疑难案件；

（三）在法律适用上具有普遍指导意义的案件。

需要将案件移送中级人民法院审判的，应当在报请院长决定后，至迟于案件审理期限届满十五日以前书面请求移送。中级人民法院应当在接到申请后十日以内作出决定。不同意移送的，应当下达不同意移送决定书，由请求移送的人民法院依法审判；同意移送的，应当下达同意移送决定书，并书面通知同级人民检察院。

109. 阅卷通知书（二审公诉案件用）

×××人民法院
阅卷通知书

（二审公诉案件用）

（　　）……刑终……号

人民检察院：

　　人民检察院指控被告人　　犯　　罪一案，经　　人民法院审理判决后，被告人　　不服，提出上诉（或　　人民检察院提出抗诉），我院决定近期开庭审理。依照《中华人民共和国刑事诉讼法》第一百八十八条的规定，请派员前来我院　　审判庭查阅案卷，并准备出庭履行职务。

（院印）

年　月　日

【说　明】

　　本样式根据《中华人民共和国刑事诉讼法》第二百三十五条的规定制订，供中级以上人民法院在受理二审刑事公诉案件后，于开庭十日前通知同级人民检察院派员查阅案卷，准备出庭时使用。

【法律依据】

《中华人民共和国刑事诉讼法》（2018年10月26日）

第二百三十五条　人民检察院提出抗诉的案件或者第二审人民法院开庭审理的公诉案件，同级人民检察院都应当派员出席法庭。第二审人民法院应当在决定开庭审理后及时通知人民检察院查阅案卷。人民检察院应当在一个月以内查阅完毕。人民检察院查阅案卷的时间不计入审理期限。

110. 指定辩护人通知书

×××人民法院
指定辩护人通知书

（××××）……刑……号

×××（写明法律援助机构或者司法行政机关的名称）：

本院受理×××人民检察院指控被告人×××犯××罪一案，因被告人×××……（写明指定辩护人的事由），根据《中华人民共和国刑事诉讼》第三十四条第×款和《最高人民法院关于执行〈中华人民共和国刑事诉讼法〉若干问题的解释》第三十六条（或者第三十七条）第×项的规定，本院决定为其指定辩护人。请在收到本通知书三日内，指派承担法律援助义务的律师提供辩护，并于××××年××月××日前到本院××审判庭查阅案卷，准备出庭辩护。

附：×××人民检察院的起诉书副本一份。

（院印）

××××年××月××日

【说　明】

一、本样式根据《中华人民共和国刑事诉讼法》第三十五条、《最高人民法院关于适用〈中华人民共和国刑事诉讼法〉的解释》第四十七条、第四十八条的规定制定，供人民法院通知法律援助机构或者司法行政机关指派承担法律援助义务的律师提供辩护时使用。

二、本样式为拟制式。

【法律依据】

1. 《中华人民共和国刑事诉讼法》（2018 年 10 月 26 日）

第三十五条 犯罪嫌疑人、被告人因经济困难或者其他原因没有委托辩护人的，本人及其近亲属可以向法律援助机构提出申请。对符合法律援助条件的，法律援助机构应当指派律师为其提供辩护。

犯罪嫌疑人、被告人是盲、聋、哑人，或者是尚未完全丧失辨认或者控制自己行为能力的精神病人，没有委托辩护人的，人民法院、人民检察院和公安机关应当通知法律援助机构指派律师为其提供辩护。

犯罪嫌疑人、被告人可能被判处无期徒刑、死刑，没有委托辩护人的，人民法院、人民检察院和公安机关应当通知法律援助机构指派律师为其提供辩护。

2. 《最高人民法院关于适用〈中华人民共和国刑事诉讼法〉的解释》（2021 年 1 月 26 日）

第四十七条 对下列没有委托辩护人的被告人，人民法院应当通知法律援助机构指派律师为其提供辩护：

（一）盲、聋、哑人；

（二）尚未完全丧失辨认或者控制自己行为能力的精神病人；

（三）可能被判处无期徒刑、死刑的人。

高级人民法院复核死刑案件，被告人没有委托辩护人的，应当通知法律援助机构指派律师为其提供辩护。

死刑缓期执行期间故意犯罪的案件，适用前两款规定。

第四十八条 具有下列情形之一，被告人没有委托辩护人的，人民法院可以通知法律援助机构指派律师为其提供辩护：

（一）共同犯罪案件中，其他被告人已经委托辩护人的；

（二）案件有重大社会影响的；

（三）人民检察院抗诉的；

（四）被告人的行为可能不构成犯罪的；

（五）有必要指派律师提供辩护的其他情形。

111. 取保候审执行通知书（刑事案件用）

×××人民法院
取保候审执行通知书

（刑事案件用）

（　）……刑……号

公安局：

本院决定对被告人　　采取取保候审的强制措施。取保候审期限为　个月，自　年　月　日至　年　月　日。根据《中华人民共和国刑事诉讼法》第五十一条第二款规定，请你局执行。在取保候审期间，如发现被告人有违反刑事诉讼法第五十六条第一款规定的情形，请及时告知本院　庭。

附：取保候审决定书一份。

（院印）
年　月　日

被取保候审人有关情况：

案由				取保候审期限		个月
被告人	姓名		性别	出生日期		年 月 日
	文化程度		工作单位			
	住址					
保证人姓名、住址、电话						
与被告人的关系			交纳保证金数额			

【说　明】

一、本样式根据《中华人民共和国刑事诉讼法》第六十七条第二款的规定制订，供人民法院决定对被告人取保候审后，通知公安机关执行时使用。

二、本样式为填充式。使用时一式两份，一份送达执行取保候审的公安机关，另一份存卷备查。

【法律依据】

《中华人民共和国刑事诉讼法》（2018 年 10 月 26 日）

第六十七条　人民法院、人民检察院和公安机关对有下列情形之一的犯罪嫌疑人、被告人，可以取保候审：

（一）可能判处管制、拘役或者独立适用附加刑的；

（二）可能判处有期徒刑以上刑罚，采取取保候审不致发生社会危险性的；

（三）患有严重疾病、生活不能自理，怀孕或者正在哺乳自己婴儿的妇女，采取取保候审不致发生社会危险性的；

（四）羁押期限届满，案件尚未办结，需要采取取保候审的。

取保候审由公安机关执行。

第七十一条　被取保候审的犯罪嫌疑人、被告人应当遵守以下规定：

（一）未经执行机关批准不得离开所居住的市、县；

（二）住址、工作单位和联系方式发生变动的，在二十四小时以内向执行机关报告；

（三）在传讯的时候及时到案；

（四）不得以任何形式干扰证人作证；

（五）不得毁灭、伪造证据或者串供。

人民法院、人民检察院和公安机关可以根据案件情况，责令被取保候审的犯罪嫌疑人、被告人遵守以下一项或者多项规定：

（一）不得进入特定的场所；

（二）不得与特定的人员会见或者通信；

（三）不得从事特定的活动；

（四）将护照等出入境证件、驾驶证件交执行机关保存。

被取保候审的犯罪嫌疑人、被告人违反前两款规定，已交纳保证金的，没收部分或者全部保证金，并且区别情形，责令犯罪嫌疑人、被告人具结悔过，重新交纳保证金、提出保证人，或者监视居住、予以逮捕。

对违反取保候审规定，需要予以逮捕的，可以对犯罪嫌疑人、被告人先行拘留。

112. 解除取保候审执行通知书（刑事案件用）

×××人民法院
解除取保候审执行通知书

（刑事案件用）

（　　）……刑……号

公安局：

本院于　　年　　月　　日决定对被告人　　（性别　，住址　　）采取了取保候审的强制措施。现因　　本院决定对其取保候审的强制措施予以解除。

特此通知

附：解除取保候审决定书一份。

（院印）
年　　月　　日

【说　明】

一、本样式供人民法院决定对被告人解除取保候审后，通知公安机关执行时使用。

二、本样式为填充式。使用时一式两份，一份送达执行解除取保候审的公安机关，另一份存卷备查。

113. 监视居住执行通知书（刑事案件用）

×××人民法院
监视居住执行通知书

（刑事案件用）

（　　）……刑……号

公安局：

本院决定对被告人　　采取监视居住的强制措施。监视居住期限为
　　个月，自　年　月　日至　年　月　日。根据《中华人民共和
国刑事诉讼法》第五十一条第二款规定，请你局执行。在监视居住期间，如
发现被告人有违反刑事诉讼法第五十七条第一款规定的情形，请及时告知本
院　　庭。

附：监视居住决定书一份。

（院印）

年　月　日

被监视居住人有关情况：

案由			监视居住期限			个月	
被告人	姓名		性别		出生日期		年　月　日
	出生地		工作单位				
	住址						
备注：							

【说　明】

一、本样式供人民法院决定对被告人监视居住后，通知公安机关执行时
使用。

二、本样式为填充式。使用时一式两份，一份送达执行监视居住的公安机关，另一份存卷备查。

【法律依据】

《中华人民共和国刑事诉讼法》（2018 年 10 月 26 日）

第七十四条第三款 监视居住由公安机关执行。

第七十七条第一款 被监视居住的犯罪嫌疑人、被告人应当遵守以下规定：

（一）未经执行机关批准不得离开执行监视居住的处所；

（二）未经执行机关批准不得会见他人或者通信；

（三）在传讯的时候及时到案；

（四）不得以任何形式干扰证人作证；

（五）不得毁灭、伪造证据或者串供；

（六）将护照等出入境证件、身份证件、驾驶证件交执行机关保存。

114. 解除监视居住执行通知书（刑事案件用）

×××人民法院
解除监视居住执行通知书

（刑事案件用）

（　）……刑……号

公安局：

本院于　　年　　月　　日决定对被告人　　（性别　　，住址　　）采取了监视居住的强制措施。现因　　，本院决定对其监视居住的强制措施予以解除。

特此通知

附：解除监视居住决定书一份。

（院印）

年　　月　　日

【说　明】

一、本样式供人民法院决定对被告人解除监视居住后，通知公安机关执行时使用。

二、本样式为填充式。使用时一式两份，一份送达执行解除监视居住的公安机关，另一份存卷备查。

115. 执行拘留通知书（刑事案件用）

第一联

×××人民法院
执行拘留通知书

（刑事案件用）

（　　）……号

公安局：

本院在审理　　一案的过程中，因　　，本院决定对　　拘留日。请你局收押看管，期满解除。

拘留期间：自　年　月　日起，至　年　月　日止。

附：本院（　　）　字第　号拘留决定书一份。

（院印）

年　月　日

本联送达执行拘留的公安机关

第二联

×××人民法院
执行拘留通知书（回执）

人民法院：

你院（　　　　）……号执行拘留通知书和附件收到。我局已于　　年月　日　时将　收押看管在　　。

（公章）

年　　月　　日

本联由公安机关填写并加盖公章后退回法院入卷

【说　明】

本样式供各级人民法院在审理刑事案件中，依法对妨害诉讼的行为人作出拘留决定后，通知公安机关收押看管时使用。

116. 释放通知书（刑事案件用）

第一联

×××人民法院
释放通知书（存根）

（刑事案件用）

（　　）……刑……号

　　　　　　　　　：

　　本院羁押在你所的被告人　　，性别　　，　　年　　月　　日出生，　　族，　　人，现因　　，决定予以释放，请即执行，并发给释放证明书。

（院印）

年　　月　　日

签发人：

经办人：

此联存卷

第二联

×××人民法院
释放通知书

（　　）……刑……号

　　　　　　　　　：

　　本院羁押在你所的被告人　　　　，性别　　，　　年　　月　　日出生，族， 人，现因 ，决定予以释放，请即执行，并发给释放证明书。

(院印)

年 月 日

此联交羁押单位

第三联

×××人民法院
释放通知书（回执）

( ) ……刑……号

人民法院：

根据你院（ ） 刑 字第 号释放通知书，我所已于 年 月
日将 释放，并已发给释放证明书。

(公章)

年 月 日

此联由羁押单位填写并加盖公章后退回法院

【说 明】

一、本样式供各级人民法院通知羁押单位释放在押的被告人时使用。

二、释放羁押的被告人的原因，应当在本样式"现因"后面的空白内写
明。包括：

（一）判决被告人无罪或者免除刑事处罚的；

（二）判处不是在监内执行的刑罚，如有期徒刑缓刑、拘役缓刑、管制或
者单处剥夺政治权利、单处罚金的；

（三）在审理过程中，发现已逮捕的被告人是不应当逮捕的或者是正在怀
孕、身患严重疾病一时难以治愈而应当变更强制措施的。

三、本样式系填充式，但应当由专人慎重保管使用。

117. 执行通知书（死刑缓期二年执行用）

第一联

×××人民法院
执行通知书（存根）

（死刑缓期二年执行用）

（　　）……刑……号

：

　　罪犯　　经依法判处刑罚，判决已发生法律效力，请按照本通知送交监狱执行。

姓名		性别		出生日期	年 月 日	民族	
家庭住址							
罪名							
主刑	死刑缓期二年执行						
死刑缓期二年执行起算日期		年 月 日		死刑缓期二年执行届满日期		年 月 日	
附加刑	剥夺政治权利终身						
执行根据	人民法院（　　）　刑　字第　号刑事判决书 人民法院（　　）　刑　字第　号刑事裁定书						
备考							

签发人：　　经办人：

（院印）

年　月　日

此联入卷

第二联

×××人民法院
执行通知书

（　　）……刑……号

　　　　　　　：

　　罪犯　　　　经依法判处刑罚，判决已发生法律效力，依照《中华人民共和国刑事诉讼法》第二百一十三条第二款的规定，请按照本通知送交监狱执行。

姓名		性别		出生日期	年　月　日	民族	
家庭住址							
罪名							
主刑	死刑缓期二年执行						
死刑缓期二年执行 起算日期		年　月　日		死刑缓期二年执行 届满日期		年　月　日	
附加刑	剥夺政治权利终身						
执行根据	人民法院（　　）　刑　字第　号刑事判决书 人民法院（　　）　刑　字第　号刑事裁定书						
备考							
签发人：　　　　　经办人： 　　　　　　　　　　　　　　　　（院印） 年　月　日							

此联送交罪犯羁押单位

第三联

×××人民法院
执行通知书（回执）

（　　）……刑……号

人民法院：

你院　　年　　月　　日（　　）刑　字第　　号执行通知书已收到。

罪犯　　　已于　　年　　月　　日送往　　执行。

（公章）

年　　月　　日

此联由羁押单位填写并加盖公章后退回法院入卷

第四联

×××人民法院
执行通知书

（　　）……刑×……号

罪犯　　　　　：

你犯　　　　　罪，经依法判处死刑缓期二年执行。现交付执行，并将有关事项通知如下：

死刑缓期执行期间：二年。

起算日期：　　年　　月　　日。

届满日期：　　年　　月　　日。

附加刑：剥夺政治权利终身。

（院印）

年　　月　　日

此联发给罪犯本人收执

【说　明】

一、本样式供中级以上人民法院对判处死刑缓期二年执行的罪犯，在判决发生法律效力之后，通知羁押罪犯的单位交付监狱执行和通知罪犯本人时使用。

二、本样式第一、二联的抬头，填写羁押罪犯的单位名称。

三、"执行根据"栏，填写生效的裁判文书。即：

（一）一审判决后没有提出上诉、抗诉的，填写一审法院生效的刑事判决书和高级人民法院核准的刑事裁定书；

（二）二审改判的，只填写二审法院生效的刑事判决书；

（三）二审维持原判的，既要填写第一审人民法院刑事判决书，又要填写第二审人民法院生效的刑事裁定书。

四、根据《最高人民法院关于适用〈中华人民共和国刑事诉讼法〉的解释》第五百一十一条的规定，对于判处死刑缓期二年执行的罪犯，在交付执行送达执行通知书的同时，应当将判决书、裁定书、人民检察院的起诉书副本或者自诉状复印件、结案登记表等送达看守所，由公安机关将罪犯交付监狱执行。

五、没有内容可填的空栏，应当画上一道斜线"/"。

【法律依据】

1. 《中华人民共和国刑事诉讼法》（2018 年 10 月 26 日）

第二百六十四条第二款　对被判处死刑缓期二年执行、无期徒刑、有期徒刑的罪犯，由公安机关依法将该罪犯送交监狱执行刑罚。对被判处有期徒刑的罪犯，在被交付执行刑罚前，剩余刑期在三个月以下的，由看守所代为执行。对被判处拘役的罪犯，由公安机关执行。

2. 《最高人民法院关于适用〈中华人民共和国刑事诉讼法〉的解释》（2021 年 1 月 26 日）

第五百一十一条　被判处死刑缓期执行、无期徒刑、有期徒刑、拘役的罪犯，第一审人民法院应当在判决、裁定生效后十日以内，将判决书、裁定书、起诉书副本、自诉状复印件、执行通知书、结案登记表送达公安机关、监狱或者其他执行机关。

118. 执行通知书（无期徒刑用）

第一联

×××人民法院
执行通知书（存根）

（无期徒刑用）

（　　）……刑……号

　　　　　　　　　　：

　　罪犯　　　　经依法判处刑罚，判决已发生法律效力，根据《中华人民共和国刑事诉讼法》第二百一十三条第二款的规定，请按照本通知送交监狱执行。

姓名		性别		出生日期	年　月　日	民族	
家庭住址							
罪名							
主刑	无期徒刑						
起刑日期						年　月　日	
附加刑	剥夺政治权利终身						
执行根据	人民法院（　　）　刑　字第　号刑事判决书 人民法院（　　）　刑　字第　号刑事裁定书						
备考							

签发人：　　　　经办人：

（院印）

年　月　日

此联入卷

第二联

×××人民法院
执行通知书（存根）

（　）……刑……号

　　　　　　　　　：

　　罪犯　　　　　经依法判处刑罚，判决已发生法律效力，根据《中华人民共和国刑事诉讼法》第二百一十三条第二款的规定，请按照本通知送交监狱执行。

姓名		性别		出生日期	年　月　日	民族	
家庭住址							
罪名							
主刑	无期徒刑						
起刑日期						年　月　日	
附加刑	剥夺政治权利终身						
执行根据	人民法院（　）　刑　字第　号刑事判决书 人民法院（　）　刑　字第　号刑事裁定书						
备考							
					（院印） 年　月　日		

此联送交罪犯羁押单位

第三联

×××人民法院
执行通知书（回执）

（　）……刑……号

人民法院：

你院　　年　　月　　日（　　）　刑　字第　号执行通知书已收到。

罪犯　　　　　已于　　年　　月　　日送往　　执行。

（公章）
年　　月　　日

此联由羁押单位填写并加盖公章后退回法院入卷

第四联

×××人民法院
执行通知书

（　）……刑……号

罪犯　　　　　：

你犯　　　　　罪，经依法判处无期徒刑，剥夺政治权利终身。现交付执行，并将有关事项通知如下：

主刑起刑日期：　　年　　月　　日。

附加刑：剥夺政治权利终身。

（院印）

年 月 日

此联发给罪犯本人收执

【说　明】

一、本样式供中级以上人民法院对判处无期徒刑的罪犯，在判决发生法律效力之后，通知罪犯羁押单位交付监狱执行和通知罪犯本人时使用。

二、本样式第一、二联的抬头，填写羁押罪犯的单位名称。

三、"执行根据"栏填写生效的裁判文书。即：

（一）一审结案的，只填第一审人民法院生效的刑事判决书；

（二）二审结案改判的，只填第二审人民法院生效的刑事判决书；

（三）二审结案维持原判的，既要填写第一审人民法院刑事判决书，又要填写二审法院生效的刑事裁定书。

四、根据《最高人民法院关于适用〈中华人民共和国刑事诉讼法〉的解释》第五百一十一条规定，对于判处无期徒刑的罪犯，在交付执行、送达执行通知书的同时，应当将判决书、裁定书、人民检察院的起诉书副本或者自诉状复印件、结案登记表等送达看守所，由公安机关将罪犯交付监狱执行。

五、没有内容可填的空栏，应当画上一道斜线"/"。

【法律依据】

1. 《中华人民共和国刑事诉讼法》（2018 年 10 月 26 日）

第二百六十四条　罪犯被交付执行刑罚的时候，应当由交付执行的人民法院在判决生效后十日以内将有关的法律文书送达公安机关、监狱或者其他执行机关。

对被判处死刑缓期二年执行、无期徒刑、有期徒刑的罪犯，由公安机关依法将该罪犯送交监狱执行刑罚。对被判处有期徒刑的罪犯，在被交付执行刑罚前，剩余刑期在三个月以下的，由看守所代为执行。对被判处拘役的罪犯，由公安机关执行。

对未成年犯应当在未成年犯管教所执行刑罚。

执行机关应当将罪犯及时收押，并且通知罪犯家属。

判处有期徒刑、拘役的罪犯，执行期满，应当由执行机关发给释放证明书。

2. 《最高人民法院关于适用〈中华人民共和国刑事诉讼法〉的解释》
（2021 年 1 月 26 日）

第五百一十一条 被判处死刑缓期执行、无期徒刑、有期徒刑、拘役的罪犯，第一审人民法院应当在判决、裁定生效后十日以内，将判决书、裁定书、起诉书副本、自诉状复印件、执行通知书、结案登记表送达公安机关、监狱或者其他执行机关。

119. 执行通知书（有期徒刑、拘役用）
第一联

×××人民法院
执行通知书（存根）

（有期徒刑、拘役用）

（　）……刑……号

：

罪犯　　　　　经依法判处刑罚，判决已发生法律效力，根据《中华人民共和国刑事诉讼法》第二百一十三条第二款的规定，请按照本通知送交监狱（或者公安机关）执行。

姓名		性别		出生日期	年 月 日	民族	
家庭住址							
罪名				主　刑			
起刑日期						年　　月　　日	
羁押抵刑		年　月　日		刑满日期		年　　月　　日	
附加刑	剥夺政治权利　　年						
执行根据	人民法院（　）　刑字第　　号刑事判决书 人民法院（　）　刑字第　　号刑事裁定书						
备考							

签发人：　　　　经办人：

（院印）
年　月　日

此联入卷

第二联

×××人民法院
执行通知书

（　　）……刑……号

　　　　　　　　　：

　　罪犯　　　　　　经依法判处刑罚，判决已发生法律效力，根据《中华人民共和国刑事诉讼法》第二百一十三条第二款的规定，请按照本通知送交监狱（或者公安机关）执行。

姓名		性别		出生日期	年　月　日	民族	
家庭住址							
罪名				主　刑			
起刑日期					年　　月　　日		
羁押抵刑	年　　个月　　日			刑满日期	年　　月　　日		
附加刑	剥夺政治权利　　年						
执行根据	人民法院（　）　刑字第　　号刑事判决书 人民法院（　）　刑字第　　号刑事裁定书						
备考							

签发人：　　　　经办人：

（院印）
年　　月　　日

此联送交执行单位

第三联

×××人民法院
执行通知书（回执）

（　　）……刑……号

人民法院：

你院　　年　　月　　日（　　）刑　字第　　号执行通知书已收到。

罪犯　　　　已于　　年　　月　　日送往　　执行。

（公章）

年　　月　　日

此联由羁押单位填写并加盖公章后退回法院入卷

第四联

×××人民法院
执行通知书

（　　）……刑……号

罪犯　　　　：

你犯　　　　罪，经依法判处　　。现交付执行，并将有关事项通知如下：

主刑起算日期：　年　月　日。

羁押抵刑：　年　个月　日。

刑满日期：　年　月　日。

附加剥夺政治权利　　。

（院印）

年　　月　　日

此联发给罪犯本人收执

【说　明】

一、本样式供人民法院对判处有期徒刑和拘役的罪犯，在判决发生法律效力之后，通知罪犯羁押单位交付监狱或者公安机关执行和通知罪犯本人时使用。

二、本样式的抬头和"执行根据"栏的填写，参阅无期徒刑案件用的执行通知书的说明第二条和第三条。

三、根据《最高人民法院关于适用〈中华人民共和国刑事诉讼法〉的解释》第五百一十一条规定，对于判处有期徒刑的罪犯，在交付执行送达执行通知书的同时，应当将判决书、裁定书、人民检察院的起诉书副本或者自诉状复印件、结案登记表等送达看守所，由公安机关将罪犯交付监狱执行。

四、没有内容可填的空栏，应当画上一道斜线"/"。

【法律依据】

1.《中华人民共和国刑事诉讼法》（2018 年 10 月 26 日）

第二百六十四条第二款　对被判处死刑缓期二年执行、无期徒刑、有期徒刑的罪犯，由公安机关依法将该罪犯送交监狱执行刑罚。对被判处有期徒刑的罪犯，在被交付执行刑罚前，剩余刑期在三个月以下的，由看守所代为执行。对被判处拘役的罪犯，由公安机关执行。

2.《最高人民法院关于适用〈中华人民共和国刑事诉讼法〉的解释》（2021 年 1 月 26 日）

第五百一十一条　被判处死刑缓期执行、无期徒刑、有期徒刑、拘役的罪犯，第一审人民法院应当在判决、裁定生效后十日以内，将判决书、裁定书、起诉书副本、自诉状复印件、执行通知书、结案登记表送达公安机关、监狱或者其他执行机关。

120. 执行通知书（宣告缓刑用）
第一联

×××人民法院
执行通知书（存根）

（宣告缓刑用）

（　　）……刑……号

公安局：

　　罪犯　　　　　因犯　　　　　罪，经依法判处　　　，缓刑　　　。现判决已发生法律效力。依照《中华人民共和国刑法》第七十六条的规定，请你局对该犯予以考察。

　　缓刑考验期间：自　年　月　日起，至　年　月　日止。

　　附执行根据：　　人民法院（　　）刑　字第　号　刑事判决书　份，

　　人民法院（　　）刑　……号　刑事裁定书　份。

（院印）

年　月　日

签发人：

经办人：

此联入卷

第二联

×××人民法院
执行通知书

（　　）……刑……号

公安局：

罪犯　　　　　因犯　　　　　罪，经依法判处　　　　　，缓刑　　　　　。现判决已发生法律效力。根据《中华人民共和国刑法》第七十六条的规定，请你局对该犯予以考察。

缓刑考验期间：自　　年　　月　　日起，至　　年　　月　　日止。

附执行根据：　　人民法院（　　）刑　字第　号　　刑事判决书　份，

人民法院（　　）刑　……　号　　刑事裁定书　份。

（院印）

年　　月　　日

此联交公安机关

第三联

×××人民法院
执行通知书（回执）

（　　）……刑……号

人民法院：

你院　年　月　日（　　）刑　……　号执行通知书和所附执

行根据　均已收到。

　　我局已于　年　月　日对罪犯　予以考察。

（公章）

年　月　日

此联由公安机关填写并加盖公章后退回法院入卷

第四联

×××人民法院
执行通知书

（　）……刑×……号

　　　　　　　　：

　　你犯　　　　罪，经依法判处　　，缓刑　。判决已发生法律效力，现交付执行。你在缓刑考验期间，必须遵守《中华人民共和国刑法》第七十五条的规定：

　　（一）遵守法律、行政法规，服从监督；

　　（二）按照考察机关的规定报告自己的活动情况；

　　（三）遵守考察机关关于会客的规定；

　　（四）离开所居住的市、县或者迁居，应当报经考察机关批准。

　　如违反上述规定，依照《中华人民共和国刑法》第七十七条第二款的规定处理。

　　缓刑考验期间：自　年　月　日起，至　年　月　日止。

（院印）

年　月　日

此联交给罪犯本人收执

【说　明】

一、本样式供人民法院对被判处有期徒刑或者拘役，宣告缓刑的罪犯，在判决生效之后，通知公安机关执行和通知罪犯本人时使用。

二、通知书所附执行根据，系生效的裁判文书。

【法律依据】

《中华人民共和国刑法》（2020 年 12 月 26 日）

第七十五条　被宣告缓刑的犯罪分子，应当遵守下列规定：

（一）遵守法律、行政法规，服从监督；

（二）按照考察机关的规定报告自己的活动情况；

（三）遵守考察机关关于会客的规定；

（四）离开所居住的市、县或者迁居，应当报经考察机关批准。

第七十六条　对宣告缓刑的犯罪分子，在缓刑考验期限内，依法实行社区矫正，如果没有本法第七十七条规定的情形，缓刑考验期满，原判的刑罚就不再执行，并公开予以宣告。

第七十七条第二款　被宣告缓刑的犯罪分子，在缓刑考验期限内，违反法律、行政法规或者国务院有关部门关于缓刑的监督管理规定，或者违反人民法院判决中的禁止令，情节严重的，应当撤销缓刑，执行原判刑罚。

121. 执行通知书（管制用）
第一联

×××人民法院
执行通知书（存根）

（管制用）

（　　）……刑……号

公安局：

罪犯　　　　因犯　　　　罪，经依法判处管制。现判决已发生法律效力。依照《中华人民共和国刑事诉讼法》第二百一十八条的规定，请你局执行。管制期满时，由执行机关通知本人，并向有关群众公开宣布解除管制。

管制刑期：　　　　，附加剥夺治政权利　　年。

起刑日期：　　年　　月　　日。

羁押抵刑：　　年　个月　　日。

刑满日期：　　年　　月　　日。

附执行根据：　　人民法院（　　）　刑……号刑事判决书　份，

人民法院（　　）　刑　……　号刑事裁定书　份。

（院印）
年　　月　　日

签发人：

经办人：

此联入卷

第二联

×××人民法院
执行通知书

（　　）……刑……号

公安局：

罪犯　　　　因犯　　　　罪，经依法判处管制。现判决已发生法律效力。依照《中华人民共和国刑事诉讼法》第二百一十八条的规定，请你局执行。管制期满时，由执行机关通知本人，并向有关群众公开宣布解除管制。

管制刑期：　　　，附加剥夺政治权利　年。

起刑日期：　　年　　月　　日。

羁押抵刑：　　年　个月　　日。

刑满日期：　　年　　月　　日。

附执行根据：　人民法院（　　）刑　字第　　号刑事判决书　份，人民法院（　　）刑……　　号刑事裁定书　份。

（院印）

年　月　日

此联交公安机关执行

第三联

×××人民法院
执行通知书（回执）

（　　）……刑……号

人民法院：

你院 　 年 　 月 　 日（　　）刑 字第 　 号执行通知书和所附执行根据刑事判决书 　 份，刑事裁定书份，均已收到。

我局已对罪犯 　 采取管制措施，交付监督改造。

（公章）
年 　 月 　 日

此联由公安机关填写并加盖公章后退回法院入卷

第四联

×××人民法院
执行通知书

（　　）……刑……号

：

你犯 　 罪，经依法判处管制 　 。判决已发生法律效力，现交付 　 公安局执行。依照《中华人民共和国刑法》第三十九条第一款的规定，你在管制期间，必须遵守下列规定：

（一）遵守法律、行政法规，服从监督；

（二）未经执行机关批准，不得行使言论、出版、集会、结社、游行、示威自由的权利；

（三）按照执行机关规定报告自己的活动情况；

（四）遵守执行机关关于会客的规定；

（五）离开所居住的市、县或者迁居，应当报经执行机关批准。

你在执行管制期间，　　　。

管制刑期：　　　，附加剥夺政治权利　年

起刑日期：　　年　　月　　　日。

羁押抵刑：　　年　个月　　日。

刑满日期：　　年　　月　　　日。

（院印）

年　月　　日

此联交给罪犯本人收执

【说　明】

一、本样式供人民法院对被判处管制或者判处管制附加剥夺政治权利罪犯，在判决生效后，交付公安机关执行和通知罪犯本人时使用。

二、判处管制不附加剥夺政治权利的，不填写"附加剥夺政治权利"栏。

三、判处管制附加剥夺政治权利的，依照刑法第五十五条第二款的规定，二者的期限应当相等，同时执行。因此，在本样式第一、二联的"……宣布解除管制"后面，应当续写"恢复政治权利"。

四、在本样式的第四联的"你在执行管制期间"后面，如果被判处管制的罪犯附加剥夺政治权利的，应当续写"同时剥夺政治权利"；如果没有附加剥夺政治权利的，应当续写"仍有政治权利"。

五、通知书所附执行依据，系生效的裁判文书。

【法律依据】

《中华人民共和国刑法》（2020 年 12 月 26 日）

第三十九条　被判处管制的犯罪分子，在执行期间，应当遵守下列规定：

（一）遵守法律、行政法规，服从监督；

（二）未经执行机关批准，不得行使言论、出版、集会、结社、游行、示威自由的权利；

（三）按照执行机关规定报告自己的活动情况；

（四）遵守执行机关关于会客的规定；

（五）离开所居住的市、县或者迁居，应当报经执行机关批准。

对于被判处管制的犯罪分子，在劳动中应当同工同酬。

第五十五条 剥夺政治权利的期限，除本法第五十七条规定外，为一年以上五年以下。

判处管制附加剥夺政治权利的，剥夺政治权利的期限与管制的期限相等，同时执行。

2.《中华人民共和国刑事诉讼法》（2018 年 10 月 26 日）

第二百六十九条 对被判处管制、宣告缓刑、假释或者暂予监外执行的罪犯，依法实行社区矫正，由社区矫正机构负责执行。

第二百七十条 对被判处剥夺政治权利的罪犯，由公安机关执行。执行期满，应当由执行机关书面通知本人及其所在单位、居住地基层组织。

122. 执行通知书（单处剥夺政治权利用）

第一联

×××人民法院
执行通知书（存根）

（单处剥夺政治权利用）

（　　）……刑……号

公安局：

罪犯　　　　　因犯　　　　　罪，经依法判处剥夺政治权利　　　。现判决已发生法律效力。依照《中华人民共和国刑事诉讼法》第二百一十八条的规定，请你局执行。剥夺政治权利期满时，由执行机关及时通知本人，并向有关群众公开宣布恢复政治权利。

剥夺政治权利起刑日期：　　年　　月　　日。

刑满日期：　　年　　月　　日。

附执行根据：　人民法院（　　）　刑字第　　号刑事判决书　份，人民法院（　　）　刑　……　号刑事裁定书　份。

（院印）

年　月　　日

签发人：

经办人：

此联入卷

第二联

×××人民法院
执行通知书

（　　）……刑……号

公安局：

罪犯　　　　　因犯　　　　　　罪，经依法判处剥夺政治权利　　　。现判决已发生法律效力。依照《中华人民共和国刑事诉讼法》第二百一十八条的规定，请你局执行。剥夺政治权利期满时，由执行机关及时通知本人，并向有关群众公开宣布恢复政治权利。

剥夺政治权利起刑日期：　　年　　月　　日。

刑满日期：　　年　　月　　日。

附执行根据：　　人民法院（　　）刑　字第　　号刑事判决书份，人民法院（　　）刑　字第　　号刑事裁定书份。

（院印）
年　　月　　日

此联交公安机关执行

第三联

×××人民法院
执行通知书（回执）

（　　）……刑……号

人民法院：

你院　年　月　日（　　）刑　字第　号执行通知书和所附

执行根据刑事判决书　份，刑事裁定书　份，均已收到。

我局已采取措施，对罪犯　　依法执行剥夺政治权利。

（公章）

年　月　日

此联由公安机关填写并加盖公章后退回法院入卷

第四联

×××人民法院

执行通知书

（　）……刑……号

　　　　　　　　：

你犯　　　　罪，经依法判处剥夺政治权利　　。判决已发生法律效力，现交付执行。在执行期间，应当遵守法律、行政法规和国务院公安部门有关监督管理的规定，服从监督；不得行使刑法第五十四条规定的各项权利。

剥夺政治权利起刑日期：　年　　月　　日。

刑满日期：　年　　月　　日。

（院印）

年　月　日

此联交给罪犯本人收执

【说　明】

本样式供人民法院对单独判处剥夺政治权利的罪犯，在判决生效后，交付公安机关执行和通知罪犯本人时使用。

【法律依据】

1.《中华人民共和国刑法》（2020 年 12 月 26 日）

第五十四条 剥夺政治权利是剥夺下列权利：

（一）选举权和被选举权；

（二）言论、出版、集会、结社、游行、示威自由的权利；

（三）担任国家机关职务的权利；

（四）担任国有公司、企业、事业单位和人民团体领导职务的权利。

2.《中华人民共和国刑事诉讼法》（2018 年 10 月 26 日）

第二百七十条 对被判处剥夺政治权利的罪犯，由公安机关执行。执行期满，应当由执行机关书面通知本人及其所在单位、居住地基层组织。

123. 减刑执行通知书（死刑缓期执行、无期徒刑减刑用）
第一联

×××人民法院
减刑执行通知书（存根）

（死刑缓期执行、无期徒刑减刑用）

（××××）……刑执……号

:

罪犯　　　　　　已经本院裁定减刑，请按下表执行。

姓名		性别		罪名		
原判主刑						
此次变动			起刑日期			年　月　日
			刑满日期			年　月　日
原判附加刑						
此次变动						
执行根据	本院　（　　）　刑执字第　号刑事裁定书					
备　考						

附件：本院刑事裁定书　　份。

签发人　　　　　经办人

（院印）

年　　月　　日

此联入卷

第二联

×××人民法院
减刑执行通知书

（××××）……刑执……号

　　　　　　　：

罪犯　　　　　已经本院裁定减刑，请按下表执行。

姓名		性别		罪名	
原判主刑					
此次变动		起刑日期			年　月　日
		刑满日期			年　月　日
原判附加刑					
此次变动					
执行根据	本院　（　）　刑执字第　号刑事裁定书				
备　考					

附件：本院刑事裁定书　份。

（院印）

年　　月　　日

此联交执行机关

第三联

×××人民法院
减刑执行通知书

（××××）……刑执……号

罪犯　　　　　：

你原判的刑罚，已经本院裁定减刑。现交付执行，并将有关事项通知如下：

原判主刑：		
此次变动：	起刑日期	年　　月　　日
	刑满日期	年　　月　　日
原判附加刑：		
此次变动：		

（院印）

年　　月　　日

此联交给罪犯本人收执

【说　明】

一、本样式供原判死刑缓期二年执行、无期徒刑的罪犯减刑后交付执行和通知罪犯本人时使用。

二、本样式第一、二联的抬头，填写罪犯执行机关的全称。

三、主刑由死刑缓期二年执行或者无期徒刑减为有期徒刑的，应当填写"起刑日期"和"刑满日期"两栏。根据《中华人民共和国刑法》第五十一条、第八十条的规定，死刑缓期执行减为有期徒刑的刑期，从死刑缓期执行期满之日起计算；无期徒刑减为有期徒刑的刑期，从裁定减刑之日起计算。

四、附加刑只填剥夺政治权利及其改动的期限。

五、没有内容可填的空栏、空格，应当划上一道斜线"／"。

【法律依据】

《中华人民共和国刑法》（2020 年 12 月 26 日）

第五十一条　死刑缓期执行的期间，从判决确定之日起计算。死刑缓期执行减为有期徒刑的刑期，从死刑缓期执行期满之日起计算。

第八十条　无期徒刑减为有期徒刑的刑期，从裁定减刑之日起计算。

124. 减刑执行通知书（有期徒刑、拘役、管制减刑用）
第一联

×××人民法院
减刑执行通知书（存根）

（有期徒刑、拘役、管制减刑用）

（　　）……刑执……号

罪犯　　　　：　已经本院裁定减刑，请按下表执行。

姓　名		性别		罪名	
原判主刑			起刑日期		年　月　日
			羁押抵刑		年　个月　日
			刑满日期		年　月　日
曾经变动			刑满日期		年　月　日
此次变动			刑满日期		年　月　日
原判附加刑			曾经变动		
此次变动					
执行根据	本院（　）　刑执字第　号刑事裁定书				
备考					

附件：本院刑事裁定书　份。

（院印）

年　月　日

签发人　　经办人

此联入卷

第二联

×××人民法院
减刑执行通知书

（　）……刑执……号

：

罪犯　　　　　已经本院裁定减刑，请按下表执行。

姓　　名		性　别		罪　名	
原判主刑			起刑日期	年　月　日	
			羁押抵刑	年　个月　日	
			刑满日期	年　月　日	
曾经变动			刑满日期	年　月　日	
此次变动			刑满日期	年　月　日	
原判附加刑			曾经变动		
此次变动					
执行根据	本院（　）　　　刑执字第　　　号刑事裁定书				
备考					

附件：本院刑事裁定书　份。

（院印）

年　　月　　日

此联交执行机关

第三联

×××人民法院
减刑执行通知书

（　　）……刑执……号

罪犯　　　　　　：

你原判的刑罚，已经本院裁定减刑，现交付执行，并将有关事项通知如下：

原判主刑：　　起刑日期：　　年 月 日

羁押抵刑：　年 个月 日　　刑满日期：　　年 月 日

曾经变动：　刑满日期：　　年 月 日

此次变动：　刑满日期：　　年 月 日

原判附加刑：

曾经变动：

此次变动：

（院印）

年　　月　　日

此联交给罪犯本人收执

【说　明】

一、本样式供原判有期徒刑、拘役和管制的罪犯减刑后交付执行和通知罪犯本人时使用。

二、本样式第一、二联的抬头，填写执行机关全称。

三、本样式适用于原判有期徒刑缓刑和拘役缓刑的罪犯减刑案件的，"羁押抵刑"一栏不填；"刑满日期"各栏，都改为"缓刑考验期期满日期"。

四、填写主刑的"曾经变动"和"此次变动"两栏时，如系有期徒刑缓刑和拘役缓刑减刑的，应当写"减为……"；其他的同一刑种从较长刑期减为较短刑期的，均写"减去……"。

五、附加刑只填剥夺政治权利一种。填写附加刑的"曾经变动"和"此次变动"两栏时，应当写"减为剥夺政治权利×年"。

六、没有内容可填的空栏、空格，应当画上一道斜线"/"。

125. 假释执行通知书（宣告假释用）

第一联

×××人民法院
假释执行通知书（存根）

（宣告假释用）

（××××）……刑执……号

公安局：

罪犯　　　　因犯　　　　罪，被判处　　　，现已执行　　　。经监狱提出假释建议，本院依法裁定予以假释。裁定已发生法律效力。依照《中华人民共和国刑法》第八十五条的规定，请你局予以监督。如果没有刑法第八十六条规定的情形，假释考验期满，就认为原判刑罚已经执行完毕，并请公开予以宣告。

假释考验期：自　年　月　日起，至　年　月　日止。

附执行根据：　人民法院（　）刑　字第　号

刑事裁定书　份。

（院印）

年　月　日

签发人：

经办人：

此联入卷

第二联

×××人民法院
假释执行通知书

（××××）……刑执……号

公安局：

罪犯　　　　　因犯　　　　　罪，被判处　　　　，现已执行　　　　。经　　　监狱提出假释建议，本院依法裁定予以假释。裁定已发生法律效力。依照《中华人民共和国刑法》第八十五条的规定，请你局予以监督。如果没有刑法第八十六条规定的情形，假释考验期满，就认为原判刑罚已经执行完毕，并请公开予以宣告。

假释考验期：自　　年　　月　　日起，至　　年　　月　　日止。

附执行根据：　人民法院（　）刑　字第　号

刑事裁定书　份。

（院印）
年　月　日

此联交公安机关

第三联

×××人民法院
假释执行通知书（回执）

（××××）……刑执……号

人民法院：

你院　年　月　日（　）刑　字第　号假释执行通知书及

所附执行根据　　均已收到。

　　我局已于　　年　　日　　日对罪犯　　予以监督。

（公章）
年　月　日

此联由公安机关填写并加盖公章后退回法院入卷

第四联

×××人民法院
假释执行通知书

（××××）……刑执……号

　　　　　　：

　　你犯　　　　罪，被判处　　　现已执行　　，经　　监狱提出假释建议，本院依法裁定予以假释。裁定已发生法律效力。你在假释考验期间应当遵守《中华人民共和国刑法》第八十四条的规定：

　　（一）遵守法律、行政法规，服从监督；

　　（二）按照监督机关的规定报告自己的活动情况；

　　（三）遵守监督机关关于会客的规定；

　　（四）离开所居住的市、县或者迁居，应当报经监督机关批准。

　　如违反上述规定，依照《中华人民共和国刑法》第八十六条第三款的规定处理。

（院印）
年　月　日

此联交给罪犯本人收执

【说　明】

　　一、本样式供中级以上人民法院对被判处无期徒刑、有期徒刑宣告假释的罪犯，在裁定生效之后，通知公安机关交付执行和通知罪犯本人时使用。

　　二、通知书所附执行根据，如属于报请最高人民法院依法裁定核准的案件，还应附送最高人民法院核准的裁定书。

【法律依据】

《中华人民共和国刑法》（2020 年 12 月 26 日）

　　第八十四条　被宣告假释的犯罪分子，应当遵守下列规定：

　　（一）遵守法律、行政法规，服从监督；

　　（二）按照监督机关的规定报告自己的活动情况；

　　（三）遵守监督机关关于会客的规定；

　　（四）离开所居住的市、县或者迁居，应当报经监督机关批准。

　　第八十五条　对假释的犯罪分子，在假释考验期限内，依法实行社区矫正，如果没有本法第八十六条规定的情形，假释考验期满，就认为原判刑罚已经执行完毕，并公开予以宣告。

　　第八十六条　被假释的犯罪分子，在假释考验期限内犯新罪，应当撤销假释，依照本法第七十一条的规定实行数罪并罚。

　　在假释考验期限内，发现被假释的犯罪分子在判决宣告以前还有其他罪没有判决的，应当撤销假释，依照本法第七十条的规定实行数罪并罚。

　　被假释的犯罪分子，在假释考验期限内，有违反法律、行政法规或者国务院有关部门关于假释的监督管理规定的行为，尚未构成新的犯罪的，应当依照法定程序撤销假释，收监执行未执行完毕的刑罚。

126. 领取骨灰通知书（告知罪犯家属用）

×××人民法院
领取骨灰通知书

（告知罪犯家属用）

（　　）……刑……号

　　　　　　　　：

　　罪犯　　　　　因犯　　　　　罪，经依法判处死刑，已于　　　年　　月　　　日执行死刑，尸体已经火化。家属可持本通知书于　　　年　　　月　　日以前到　　　火葬场领取骨灰。逾期不领，骨灰由火葬场予以处理。

（院印）
年　　月　　日

【说　明】

一、本样式供执行罪犯死刑的人民法院通知罪犯家属领取骨灰时使用。

二、当地没有火化条件的，可参照本样式制作"领取尸体通知书"。

三、抬头写被执行死刑罪犯家属的姓名。

四、本通知书应当另填一份存卷。

127. 驳回申诉通知书（刑事案件用）

×××人民法院
驳回申诉通知书

（刑事案件用）

　　　　　　　　　　（××××）……刑监……号

×××：

　　你为……（写明案件名称）一案，对×××人民法院（或者本院）（××××）××字第××号刑事判决（或者裁定）不服，以……（概述申诉的主要理由）为理由，向……（写明发送申诉书的机关）提出申诉。

　　本院经审查，……（写明原判在认定事实和适用法律方面是正确的，并针对申诉的主要理由，摆事实，讲道理，有理有据地加以分析、阐述，耐心说服教育）。

　　综上，本院认为，你对该案的申诉理由不能成立，申诉不符合《中华人民共和国刑事诉讼法》第二百零四条规定的再审条件，原判决（或者裁定）应予维持。

　　特此通知。

　　　　　　　　　　　　　　　　　　　（院印）
　　　　　　　　　　　　　　　　　××××年××月××日

抄致：

【说　明】

　　一、本样式根据《最高人民法院关于适用〈中华人民共和国刑事诉讼法〉的解释》第四百五十七条的规定制订，供人民法院对于当事人及其法定代理人、近亲属对已经发生法律效力的判决或者裁定提出申诉的案件，经过审查，认为原判决或者裁定没有错误，申诉不符合刑事诉讼法第二百五十三条规定的再审条件，书面驳回申诉时使用。

二、制作本通知书时应当注意以下几点：

（一）要结合具体案情，有针对性地讲道理，不要千篇一律。

（二）坚持以事实为根据，以法律为准绳，耐心地说服申诉人服判息讼。

（三）行文应当力求逻辑严密，无懈可击。

（四）文字应当详简适度，关键在于写清楚为什么申诉无理，为什么原判应予维持。

【法律依据】

1. 《中华人民共和国刑事诉讼法》（2018 年 10 月 26 日）

第二百五十三条 当事人及其法定代理人、近亲属的申诉符合下列情形之一的，人民法院应当重新审判：

（一）有新的证据证明原判决、裁定认定的事实确有错误，可能影响定罪量刑的；

（二）据以定罪量刑的证据不确实、不充分、依法应当予以排除，或者证明案件事实的主要证据之间存在矛盾的；

（三）原判决、裁定适用法律确有错误的；

（四）违反法律规定的诉讼程序，可能影响公正审判的；

（五）审判人员在审理该案件的时候，有贪污受贿，徇私舞弊，枉法裁判行为的。

2. 《最高人民法院关于适用〈中华人民共和国刑事诉讼法〉的解释》（2021 年 1 月 26 日）

第四百五十七条 对立案审查的申诉案件，应当在三个月以内作出决定，至迟不得超过六个月。因案件疑难、复杂、重大或者其他特殊原因需要延长审查期限的，参照本解释第二百一十条的规定处理。

经审查，具有下列情形之一的，应当根据刑事诉讼法第二百五十三条的规定，决定重新审判：

（一）有新的证据证明原判决、裁定认定的事实确有错误，可能影响定罪量刑的；

（二）据以定罪量刑的证据不确实、不充分、依法应当排除的；

（三）证明案件事实的主要证据之间存在矛盾的；

（四）主要事实依据被依法变更或者撤销的；

（五）认定罪名错误的；

（六）量刑明显不当的；

（七）对违法所得或者其他涉案财物的处理确有明显错误的；

（八）违反法律关于溯及力规定的；

（九）违反法定诉讼程序，可能影响公正裁判的；

（十）审判人员在审理该案件时有贪污受贿、徇私舞弊、枉法裁判行为的。

申诉不具有上述情形的，应当说服申诉人撤回申诉；对仍然坚持申诉的，应当书面通知驳回。

八、其他类

128. 证据收据（刑事案件用）

×××人民法院
证据收据

（刑事案件用）

（　　）……刑……号

序号	证据名称	是否原件	件数、页数	备注
提供上列证据的人的姓名或单位名称：				
收到上列证据的书记员或审判员签名：				
收到上列证据的时间：　　　年　　月　　日				

【说　明】

　　一、本样式根据《最高人民法院关于适用〈中华人民共和国刑事诉讼法〉

的解释》第六十条第三款的规定制订，供人民法院在收到有关单位和个人提供的证据出具收据时使用。

二、证据收据应当一式两份，一份存卷，一份交给提供证据的单位或者个人收执。

【法律依据】

《最高人民法院关于适用〈中华人民共和国刑事诉讼法〉的解释》·（2021 年 1 月 26 日）

第六十条第三款　人民法院对有关单位、个人提供的证据材料，应当出具收据，写明证据材料的名称、收到的时间、件数、页数以及是否为原件等，由书记员、法官助理或者审判人员签名。

129. 证据移交清单（刑事案件用）

×××人民法院
证据移交清单

（刑事案件用）

（××××）……刑初……号

序号	证据名称	数量（页数或型号、盘数）	备注

移交人：　　接收人：

交接证据时间：　　年　　月　　日

【说　明】

一、本样式根据《中华人民共和国刑事诉讼法》第一百七十六条、第一百八十六条、第二百一十条的规定制订，供人民法院在受理公诉、自诉案件交接有关证据时使用。

二、本样式一式两份，证据移交后，移交和接收证据材料的各执一份。

【法律依据】

《中华人民共和国刑事诉讼法》（2018 年 10 月 26 日）

第一百七十六条 人民检察院认为犯罪嫌疑人的犯罪事实已经查清，证据确实、充分，依法应当追究刑事责任的，应当作出起诉决定，按照审判管辖的规定，向人民法院提起公诉，并将案卷材料、证据移送人民法院。

犯罪嫌疑人认罪认罚的，人民检察院应当就主刑、附加刑、是否适用缓刑等提出量刑建议，并随案移送认罪认罚具结书等材料。

第一百八十六条 人民法院对提起公诉的案件进行审查后，对于起诉书中有明确的指控犯罪事实的，应当决定开庭审判。

第二百一十条 自诉案件包括下列案件：

（一）告诉才处理的案件；

（二）被害人有证据证明的轻微刑事案件；

（三）被害人有证据证明对被告人侵犯自己人身、财产权利的行为应当依法追究刑事责任，而公安机关或者人民检察院不予追究被告人刑事责任的案件。

130. 发还财物清单（刑事案件用）

×××人民法院
发还财物清单

（刑事案件用）

（　　）……刑……号

被告人姓名、案由				案号	（　　）刑字第　号					
编号	财物名称	面额/型号	数额/数量	规格	重量	质量	成色	颜色	新旧程度	缺损特征

上列财物已发还给我，核对无误。

领取单位　　　　（盖章）领取人　　　　（签名）

　　年　　月　　日

执行人员　　　　（签名）书记员　　　　（签名）

　　年　　月　　日

本清单入卷

【说　明】

本样式根据《最高人民法院关于适用〈中华人民共和国刑事诉讼法〉的解释》第四百三十八条的规定制订，供人民法院在刑事案件中及时发还被害人的合法财产时使用。如果是被告人的合法财产应当发还的，亦可使用本样式的"发还财物清单"。

【法律依据】

《最高人民法院关于适用〈中华人民共和国刑事诉讼法〉的解释》（2021年1月26日）

第四百三十八条　对被害人的合法财产，权属明确的，应当依法及时返还，但须经拍照、鉴定、估价，并在案卷中注明返还的理由，将原物照片、清单和被害人的领取手续附卷备查；权属不明的，应当在人民法院判决、裁定生效后，按比例返还被害人，但已获退赔的部分应予扣除。

131. 刑事卷宗（封面）

×××人民法院

刑事卷宗

正卷

人民法院 刑事　卷宗 正　卷						
年度　字第　号						
案由						
诉讼双方 的称谓和 姓名						
审判长		员		员		书记员
收案日期	年　月　日			结案日期	年　月　日	
原审法院				有关案号		
一审结果		二审结果			再核复核结果	
归档日期	年 月 日		保管期限			

全宗号	目录号	案卷号

×××人民法院刑事卷宗
副卷

人民法院 刑事 卷宗 副 卷				
年度 字第 号				
案由				
诉讼双方 的称谓和 姓名				
审判长	员	员		书记员
收案日期	年 月 日		结案日期	年 月 日
原审法院			有关案号	
一审结果		二审结果		再核复核结果
归档日期	年 月 日		保管期限	

全宗号	目录号	案卷号

【说 明】

一、本样式供刑事诉讼的一审、二审、复核、再审案件通用。

二、本样式封面的案由以下，应当根据不同性质的案件，填写诉讼双方的称谓及姓名或者名称。如：

刑事公诉的一审案件，应当填写"公诉机关×××人民检察院"，另起一行填写"被告人×××"。二审案件，检察机关抗诉的，应当填写"抗诉机关×××人民检察院"，另起一行填写"原审被告人×××"；被告人上诉的，填写"上诉人×××"。刑事自诉的一审案件，应当填写"自诉人×××"，另起一行填写

"原审被告人×××"。

再审案件，如系检察机关抗诉的，写"抗诉机关×××人民检察院"；以下写当事人的原审称谓。

三、独任审判的，独任审判员可以在封面的审判人员栏的第二格内署名。

四、副卷应当随同正卷一并归档。

132. 卷内目录（刑事案件用）

卷内目录

（刑事案件用）

序号	文书名称	页次
备考		

本卷宗连同封面、封底共计　　页，附证物　　袋

133. 证物袋（各类案件用）

证物袋

（各类案件用）

编号	证物名称	数量	证物来源	收到日期	备考
备注					

【说　明】

一、本样式根据《人民法院诉讼文书立卷归档办法》制订，供保存证物时使用。

二、该证物袋粘贴在案卷封底上（里面），用于装载该案作为证据使用的非纸制的证据，或者物证的照片、录音带等。

134. 备考表（各类案件用）

备考表

（各类案件用）

```
全    宗    号：
案 卷 目 录 号：
案 卷 顺 序 号：
本卷内缺点及其他情况：



立卷人：
  年    月    日
检查人：
  年    月    日
```

【说　明】

一、本样式供各类案卷用，装订在全册卷宗材料的末页。每册应当附一张，以备归档时和以后记载有关事项时使用。

二、样式各项内容，由立卷人和检查人分别填写。如有需要说明的问题，可以在空白处书写。

135. 结案登记表（送交执行机关执行用）

结案登记表

（送交执行机关执行用）

姓　　名

审判机关

填表日期　　年　　月　　日

姓名		曾用名		性别		出生	年　月　日	民族	
出生地		文化程度		特长				捕前政治面貌	
捕前职业或工作单位和职务									
家庭住址									
罪名		主刑						剥夺政治权利期限	
简历									
过去违法犯罪和处理情况									

本案犯罪事实（时间、地点、手段、动机、结果等）

证据	
罪犯的认罪态度和是否已经考虑从严或者从宽判处等	
备考	

填表人：

【说　明】

本样式根据《最高人民法院关于适用〈中华人民共和国刑事诉讼法〉的解释》第五百一十一条的规定制订，供人民法院对判处死刑缓期二年执行、无期徒刑和有期徒刑的罪犯，在刑事判决（或者裁定）生效后，连同判决书、裁定书和执行通知书等，将罪犯送交执行机关执行时使用。

【法律依据】

《最高人民法院关于适用〈中华人民共和国刑事诉讼法〉的解释》（2021 年 1 月 26 日）

第五百一十一条　被判处死刑缓期执行、无期徒刑、有期徒刑、拘役的罪犯，第一审人民法院应当在判决、裁定生效后十日以内，将判决书、裁定书、起诉书副本、自诉状复印件、执行通知书、结案登记表送达公安机关、监狱或者其他执行机关。

九、书状类

136. **刑事自诉状**（自诉案件用）

刑事自诉状

（自诉案件用）

自诉人
被告人
案由和诉讼请求
事实与理由

证人姓名和住址，其他证据名称、来源
此致
人民法院
附：本诉状副本　份
自诉人
年　月　日

注：1. 本诉状供刑事自诉案件起诉用，用钢笔或者毛笔书写。

2. "自诉人"、"被告人"栏，均应写明姓名、性别、出生年月日、民族、出生地、文化程度、职业或者工作单位和职务、住址等项。对被告人的出生年月日确实不知的，可写其年龄。

3. "案由和诉讼请求"栏，应当写明控告的罪名和具体的诉讼请求。

4. "事实与理由"部分的空格不够用时，可以增加中页。

5. 自诉状副本份数应当按被告人的人数提交。

137. 附带民事起诉状（附带民事诉讼案件用）

附带民事起诉状

（附带民事诉讼案件用）

附带民事诉讼原告人
附带民事诉讼被告人
诉　讼　请　求
事实与理由

证人姓名和住址，其他证据名称、来源
此致
人民法院
附：本诉状副本　　份
附带民事诉讼原告人
年　月　　日

注：1. 本诉状供刑事附带民事诉讼原告人起诉用，用钢笔或者毛笔书写。

2. "附带民事诉讼原告人"和"附带民事诉讼被告人"栏，均应写明姓名、性别、出生年月日、民族、出生地、文化程度、职业或者工作单位和职务、住址等项。对被告人的出生年月日确实不知的，可写其年龄。

3. "诉讼请求"栏，应当写明具体的诉讼请求事项。

4. "事实与理由"部分的空格不够用时，可以增加中页。

5. 起诉状副本份数应当按被告人的人数提交。

138. 刑事上诉状（刑事案件上诉用）

刑事上诉状

（刑事案件上诉用）

上诉人
上诉人　　　一案，于　　年　　月　　日
收到　　人民法院　　年　月　日（　　）　　字
第　　号刑事　　　，现因不服该　　提出上诉。
上　诉　请　求
上　诉　理　由

此致
人民法院
附：本上诉状副本　　份
上诉人
年　月　　日

注：1. 本上诉状供刑事案件被告人、自诉人、附带民事诉讼的当事人及其法定代理人对一审刑事判决、裁定不服提出上诉用，用钢笔或者毛笔书写。

2. "上诉人"栏，应当写明姓名、性别、出生年月日、民族、出生地、文化程度、职业或者工作单位和职务、住址等。

3. "上诉理由"部分的空格不够用时，可以增加中页。

139. **申诉书**（刑事案件用）

申诉书

（刑事案件用）

申诉人
申诉人 对 人民法院 年 月
日（ ） 字第 号 ，提出申诉。
请 求 事 项
事实与理由

此致
人民法院
附：原审　　书复印件一份
申诉人
年　月　　日

注：1. 本申诉书供刑事案件的当事人及其法定代理人、近亲属提出申诉时用，用钢笔或毛笔书写。

2. "申诉人"栏，应当写明申诉人的姓名、性别、出生年月日、民族、出生地、文化程度、职业或者工作单位和职务、住址等；如系法人或者其他组织的，应当写明名称、所在地址、法定代表人或者代表人的姓名和职务。

3. "事实与理由"部分的空格不够用时，可以增加中页。

4. "申诉人"署名栏，如系法人或者其他组织的，应当写明全称，由法定代表人或者代表人签名，加盖单位公章。

140. **委托书**（刑事案件当事人等委托诉讼代理人用）

委托书

（刑事案件当事人等委托诉讼代理人用）

委托人姓名：

受委托人姓名：　　　　　　性别：

工作单位：

住址：　　　　　　　　　　电话：

根据《中华人民共和国刑事诉讼法》第四十条的规定，现委托　　在我与　　一案中，作为我参加诉讼的诉讼代理人。

委托人：

年　　月　　日

【说　明】

一、本样式供人民法院在审理公诉案件中，被害人及其法定代理人或者近亲属、附带民事诉讼的当事人及其法定代理人和自诉案件的自诉人及其法定代理人委托诉讼代理人时使用。

二、附带民事诉讼的当事人及其法定代理人委托诉讼代理人的，还应当在委托书中写明委托代理的权限。

【法律依据】

《中华人民共和国刑事诉讼法》（2018 年 10 月 26 日）

第四十六条　公诉案件的被害人及其法定代理人或者近亲属，附带民事诉讼的当事人及其法定代理人，自案件移送审查起诉之日起，有权委托诉讼代理人。自诉案件的自诉人及其法定代理人，附带民事诉讼的当事人及其法定代理人，有权随时委托诉讼代理人。

人民检察院自收到移送审查起诉的案件材料之日起三日以内，应当告知被害人及其法定代理人或者其近亲属、附带民事诉讼的当事人及其法定代理人有权委托诉讼代理人。人民法院自受理自诉案件之日起三日以内，应当告知自诉人及其法定代理人、附带民事诉讼的当事人及其法定代理人有权委托诉讼代理人。

141. 保证书（取保候审的保证人用）

保证书

（取保候审的保证人用）

　　　　　　人民法院：

　　我与被告人　　　　　　是　　　关系。我愿作为被告人　　　　　取保候审的保证人，履行《中华人民共和国刑事诉讼法》第五十五条第一款规定的以下义务：

　　（一）监督被保证人　　　　　　　　遵守刑事诉讼法第五十六条第一款的规定；

　　（二）发现被保证人　　　　　　可能发生或者已经发生违反刑事诉讼法第五十六条第一款规定的行为，及时向执行取保候审的公安机关报告。

保证人：

年　　月　　日

【说　明】

　　一、本样式根据《中华人民共和国刑事诉讼法》第七十条第一款和《最高人民法院关于适用〈中华人民共和国刑事诉讼法〉的解释》第一百五十二条的规定制订，供对被告人取保候审的保证人出具保证书时使用。

　　二、本件为填充式，由保证人签名或者盖章后交人民法院。

【法律依据】

　　1.《中华人民共和国刑事诉讼法》（2018年10月26日）

　　第七十条　保证人应当履行以下义务：

　　（一）监督被保证人遵守本法第七十一条的规定；

　　（二）发现被保证人可能发生或者已经发生违反本法第七十一条规定的行为的，应当及时向执行机关报告。

被保证人有违反本法第七十一条规定的行为，保证人未履行保证义务的，对保证人处以罚款，构成犯罪的，依法追究刑事责任。

第七十一条 被取保候审的犯罪嫌疑人、被告人应当遵守以下规定：

（一）未经执行机关批准不得离开所居住的市、县；

（二）住址、工作单位和联系方式发生变动的，在二十四小时以内向执行机关报告；

（三）在传讯的时候及时到案；

（四）不得以任何形式干扰证人作证；

（五）不得毁灭、伪造证据或者串供。

人民法院、人民检察院和公安机关可以根据案件情况，责令被取保候审的犯罪嫌疑人、被告人遵守以下一项或者多项规定：

（一）不得进入特定的场所；

（二）不得与特定的人员会见或者通信；

（三）不得从事特定的活动；

（四）将护照等出入境证件、驾驶证件交执行机关保存。

被取保候审的犯罪嫌疑人、被告人违反前两款规定，已交纳保证金的，没收部分或者全部保证金，并且区别情形，责令犯罪嫌疑人、被告人具结悔过、重新交纳保证金、提出保证人，或者监视居住、予以逮捕。

对违反取保候审规定，需要予以逮捕的，可以对犯罪嫌疑人、被告人先行拘留。

2.《最高人民法院关于适用〈中华人民共和国刑事诉讼法〉的解释》
（2021 年 1 月 26 日）

第一百五十二条 人民法院应当审查保证人是否符合法定条件。符合条件的，应当告知其必须履行的保证义务，以及不履行义务的法律后果，并由其出具保证书。

142. 保证书（证人、鉴定人出庭作证用）

保证书

（证人、鉴定人出庭作证用）

姓名　　　　性别　　年龄　　民族

职业及工作单位

与本案当事人关系

我作为本案的证人（或者鉴定人），保证向法庭如实提供证言（或者说明鉴定结论）。如有意作伪证或者隐匿罪证（或者作虚假鉴定），愿负法律责任。

（签名）

年　　月　　日

此件由证人或者鉴定人签名后入卷

【说　明】

一、本样式根据《最高人民法院关于适用〈中华人民共和国刑事诉讼法〉的解释》第二百五十八条的规定制订，供证人或者鉴定人出庭作证或者说明鉴定结论时使用。

二、鉴定人出庭说明鉴定结论适用本样式时，把"证人"改为"鉴定人"；"提供证言"改为"说明鉴定结论"；"伪证或者隐匿罪证"改为"虚假鉴定"。

【法律依据】

1. 《中华人民共和国刑事诉讼法》（2018 年 10 月 26 日）

第五十条　可以用于证明案件事实的材料，都是证据。

证据包括：

（一）物证；

（二）书证；

（三）证人证言；

（四）被害人陈述；

（五）犯罪嫌疑人、被告人供述和辩解；

（六）鉴定意见；

（七）勘验、检查、辨认、侦查实验等笔录；

（八）视听资料、电子数据。

证据必须经过查证属实，才能作为定案的根据。

2.《最高人民法院关于适用〈中华人民共和国刑事诉讼法〉的解释》（2021 年 1 月 26 日）

第二百五十八条　证人出庭的，法庭应当核实其身份、与当事人以及本案的关系，并告知其有关权利义务和法律责任。证人应当保证向法庭如实提供证言，并在保证书上签名。

最高人民法院办公厅关于印发
一审未成年人刑事案件适用普通程序的
刑事判决书等4份补充样式的通知

（2001年6月11日　法办发〔2001〕1号）

全国地方各级人民法院、各级军事法院、各铁路运输中级法院和基层法院、各海事法院，新疆生产建设兵团各级法院：

根据刑事审判工作实际的需要，现将一审未成年人刑事案件适用普通程序的刑事判决书、延期审理决定书、限制出境决定书和退回减刑、假释建议书用的决定书等4份补充的新样式印发给你们，望认真执行。

1. 刑事判决书（一审未成年人刑事案件适用普通程序用）①

×××人民法院
刑事判决书②

（一审未成年人刑事案件适用普通程序用）

（××××）……刑初……号

公诉机关×××人民检察院。

被告人……（写明姓名、性别、出生年月日、民族、出生地、文化程度、职业或者工作单位、学校、住址，所受强制措施情况等，现羁押处所）。

法定代理人……（写明姓名、与被告人的关系、工作单位和职务、住址）。

指定辩护人（或者辩护人）……（写明姓名、工作单位和职务）。

×××人民检察院以×××检×诉〔　　〕××号起诉书指控被告人×××犯××罪，于××××年××月××日向本院提起公诉。本院依法组成合议庭，因本案被告人系未成年人（或者因本案涉及未成年被告人），依法不公开开庭审理了本案。×××人民检察院指派检察员×××出庭支持公诉，被害人×××及其法定代理人×××、诉讼代理人×××，被告人×××及其法定代理人×××、指定辩护人（或者辩护人）×××，证人×××，鉴定人×××，翻译人员×××等到庭参加诉讼。现已审理终结。

×××人民检察院指控……（概述人民检察院指控被告人犯罪的事实、证据和适用法律的意见）。

被告人×××辩称……（概述被告人对指控的犯罪事实予以供述、辩解、自行辩护的意见和有关证据）。法定代理人×××……（概述对公诉机关指控被告人犯罪的意见、提供的有关证据）。辩护人×××提出的辩护意见是……（概

---

① 本部分收录的刑事诉讼文书样式及其说明根据《最高人民法院办公厅关于印发一审未成年人刑事案件适用普通程序的刑事判决书等 4 份补充样式的通知》进行整理。

② 《最高人民法院办公厅关于印发一审未成年人刑事案件适用普通程序的刑事判决书样式和一审未成年人刑事公诉案件适用简易程序的刑事判决书样式的通知》（法办发〔2009〕25 号）生效后，该文书不再执行。

述辩护人的辩护意见和有关证据）。

经审理查明，……（首先写明经庭审查明的事实；其次写明经举证、质证定案的证据及其来源；最后对控辩双方有异议的事实、证据进行分析、认证）。

根据最高人民法院《关于审理未成年人刑事案件的若干规定》的规定，在法庭理过程中，本院了解到……（概述被告人的家庭情况、社会交往、成长经历、性格特点、平时表现等同被告人实施被指控犯罪密切相关的情况，以及实施被指控的犯罪前后的表现。如果可能判处被告人非监禁刑罚的，概述所具备的监护、帮教条件等情况）。

本院认为，……（根据查证属实的事实、证据和有关法律规定，论证公诉机关指控的犯罪是否成立，被告人的行为是否构成犯罪，犯的什么罪，应否从轻、减轻、免除处罚或者从重处罚。对于控、辩双方关于适用法律方面的意见，应当有分析地表示是否予以采纳，并阐明理由。结合庭审查明的未成年被告人的成长轨迹，剖析未成年被告人走上犯罪道路的主客观方面的原因）。依照……（写明判决的法律根据）的规定，判决如下：

……［写明判决结果。分三种情况：

第一，定罪判刑的，表述为：

"一、被告人×××犯××罪，判处……（写明主刑、附加刑）。（刑期从判决执行之日起计算。判决执行以前先行羁押的，羁押一日折抵刑期一日，即自××××年××月××日起至××××年××月××日止）。

二、被告人×××……（写明决定追缴、退赔或者发还被害人、没收财物的名称、种类和数额）。"

第二，定罪免刑的，表述为：

"被告人×××犯××罪，免予刑事处罚（如有追缴、退赔或者没收财物的，续写第二项）。"

第三，宣告无罪的，不论是适用《中华人民共和国刑事诉讼法》第一百六十二条第（二）项还是第（三）项，均应表述为：

"被告人×××无罪"。］

如不服本判决，可在接到判决书的第二日起十日内，通过本院或者直接向×××人民法院提出上诉。书面上诉的，应当提交上诉状正本一份，副本×份。

审　判　长　×××

　　　　　　　　　　　　　　人民陪审员　×××

　　　　　　　　　　　　　　人民陪审员　×××

　　　　　　　　　　　　　　（院印）

　　　　　　　　　　　　　　××××年×月×日

本件与原本核对无异

　　　　　　　　　　　　　　书　记　员　×××

【说　明】

　　一、本样式根据《中华人民共和国刑事诉讼法》和《最高人民法院关于审理未成年人刑事案件的若干规定》以及审理未成年人刑事案件实践的需要制定，供第一审人民法院适用普通程序审理未成年人刑事案件时使用。

　　二、未成年人犯罪有别于成年人犯罪。制作未成年人刑事判决书，应当根据案件的实际情况，充分体现"教育、感化、挽救"的方针和"教育为主、惩罚为辅"的原则，反映"寓教于审、惩教结合"的特点。

　　三、对于适用简易程序审的案件，在"审理经过"段，应将"本院依法组成合议庭"改写为"本院依法适用简易程序，实行独任审判"。由于适用简易程序的前提是"事实清楚、证据充分"，且控辩双方对指控的内容没有原则分歧，因此，对控辩主张，可以高度概括；对庭审查明的事实可以概述，对定案的证据可以不写；对判决理由可以适当论述。

　　四、对于第一审未成年被告人刑事附带民事判决书，可以参阅样式 6、9 及其说明；第二审刑事附带民事判决书，可以参阅样式 12、15 及其说明制作。

　　五、对于第二审未成年被告人刑事判决书、裁定书，可以参阅本补充样式以及《法院刑事诉讼文书样式》（样本）11、13、16、17、18 及其说明制作。

【法律依据】

《最高人民法院关于审理未成年人刑事案件具体应用法律若干问题的解释》（2006 年 1 月 11 日）

　　为正确审理未成年人刑事案件，贯彻"教育为主，惩罚为辅"的原则，根据刑法等有关法律的规定，现就审理未成年人刑事案件具体应用法律的若干问题解释如下：

第一条　本解释所称未成年人刑事案件，是指被告人实施被指控的犯罪时已满十四周岁不满十八周岁的案件。

第二条　刑法第十七条规定的"周岁"，按照公历的年、月、日计算，从周岁生日的第二天起算。

第三条　审理未成年人刑事案件，应当查明被告人实施被指控的犯罪时的年龄。裁判文书中应当写明被告人出生的年、月、日。

第四条　对于没有充分证据证明被告人实施被指控的犯罪时已经达到法定刑事责任年龄且确实无法查明的，应当推定其没有达到相应法定刑事责任年龄。

相关证据足以证明被告人实施被指控的犯罪时已经达到法定刑事责任年龄，但是无法准确查明被告人具体出生日期的，应当认定其达到相应法定刑事责任年龄。

第五条　已满十四周岁不满十六周岁的人实施刑法第十七条第二款规定以外的行为，如果同时触犯了刑法第十七条第二款规定的，应当依照刑法第十七条第二款的规定确定罪名，定罪处罚。

第六条　已满十四周岁不满十六周岁的人偶尔与幼女发生性行为，情节轻微、未造成严重后果的，不认为是犯罪。

第七条　已满十四周岁不满十六周岁的人使用轻微暴力或者威胁，强行索要其他未成年人随身携带的生活、学习用品或者钱财数量不大，且未造成被害人轻微伤以上或者不敢正常到校学习、生活等危害后果的，不认为是犯罪。

已满十六周岁不满十八周岁的人具有前款规定情形的，一般也不认为是犯罪。

第八条　已满十六周岁不满十八周岁的人出于以大欺小、以强凌弱或者寻求精神刺激，随意殴打其他未成年人、多次对其他未成年人强拿硬要或者任意损毁公私财物，扰乱学校及其他公共场所秩序，情节严重的，以寻衅滋事罪定罪处罚。

第九条　已满十六周岁不满十八周岁的人实施盗窃行为未超过三次，盗窃数额虽已达到"数额较大"标准，但案发后能如实供述全部盗窃事实并积极退赃，且具有下列情形之一的，可以认定为"情节显著轻微危害不大"，不认为是犯罪：

（一）系又聋又哑的人或者盲人；

（二）在共同盗窃中起次要或者辅助作用，或者被胁迫；

（三）具有其他轻微情节的。

已满十六周岁不满十八周岁的人盗窃未遂或者中止的，可不认为是犯罪。

已满十六周岁不满十八周岁的人盗窃自己家庭或者近亲属财物，或者盗窃其他亲属财物但其他亲属要求不予追究的，可以不按犯罪处理。

第十条 已满十四周岁不满十六周岁的人盗窃、诈骗、抢夺他人财物，为窝藏赃物、抗拒抓捕或者毁灭罪证，当场使用暴力，故意伤害致人重伤或者死亡，或者故意杀人的，应当分别以故意伤害罪或者故意杀人罪定罪处罚。

已满十六周岁不满十八周岁的人犯盗窃、诈骗、抢夺罪，为窝藏赃物、抗拒抓捕或者毁灭罪证而当场使用暴力或者以暴力相威胁的，应当依照刑法第二百六十九条的规定定罪处罚；情节轻微的，可不以抢劫罪定罪处罚。

第十一条 对未成年罪犯适用刑罚，应当充分考虑是否有利于未成年罪犯的教育和矫正。

对未成年罪犯量刑应当依照刑法第六十一条的规定，并充分考虑未成年人实施犯罪行为的动机和目的、犯罪时的年龄、是否初次犯罪、犯罪后的悔罪表现、个人成长经历和一贯表现等因素。对符合管制、缓刑、单处罚金或者免予刑事处罚适用条件的未成年罪犯，应当依法适用管制、缓刑、单处罚金或者免予刑事处罚。

第十二条 行为人在达到法定刑事责任年龄前后均实施了犯罪行为，只能依法追究其达到法定刑事责任年龄后实施的犯罪行为的刑事责任。

行为人在年满十八周岁前后实施了不同种犯罪行为，对其年满十八周岁以前实施的犯罪应当依法从轻或者减轻处罚。行为人在年满十八周岁前后实施了同种犯罪行为，在量刑时应当考虑对年满十八周岁以前实施的犯罪，适当给予从轻或者减轻处罚。

第十三条 未成年人犯罪只有罪行极其严重的，才可以适用无期徒刑。对已满十四周岁不满十六周岁的人犯罪一般不判处无期徒刑。

第十四条 除刑法规定"应当"附加剥夺政治权利外，对未成年犯罪一般不判处附加剥夺政治权利。

如果对未成年犯罪判处附加剥夺政治权利的，应当依法从轻判处。

对实施被指控犯罪时未成年、审判时已成年的罪犯判处附加剥夺政治权利，适用前款的规定。

第十五条 对未成年罪犯实施刑法规定的"并处"没收财产或者罚金的

犯罪，应当依法判处相应的财产刑；对未成年罪犯实施刑法规定的"可以并处"没收财产或者罚金的犯罪，一般不判处财产刑。

对未成年罪犯判处罚金刑时，应当依法从轻或者减轻判处，并根据犯罪情节，综合考虑其缴纳罚金的能力，确定罚金数额。但罚金的最低数额不得少于五百元人民币。

对被判处罚金刑的未成年罪犯，其监护人或者其他人自愿代为垫付罚金的，人民法院应当允许。

第十六条 对未成年罪犯符合刑法第七十二条第一款规定的，可以宣告缓刑。如果同时具有下列情形之一，对其适用缓刑确实不致再危害社会的，应当宣告缓刑：

（一）初次犯罪；

（二）积极退赃或赔偿被害人经济损失；

（三）具备监护、帮教条件。

第十七条 未成年罪犯根据其所犯罪行，可能被判处拘役、三年以下有期徒刑，如果悔罪表现好，并具有下列情形之一的，应当依照刑法第三十七条的规定免予刑事处罚：

（一）系又聋又哑的人或者盲人；

（二）防卫过当或者避险过当；

（三）犯罪预备、中止或者未遂；

（四）共同犯罪中从犯、胁从犯；

（五）犯罪后自首或者有立功表现；

（六）其他犯罪情节轻微不需要判处刑罚的。

第十八条 对未成年罪犯的减刑、假释，在掌握标准上可以比照成年罪犯依法适度放宽。

未成年罪犯能认罪服法，遵守监规，积极参加学习、劳动的，即可视为"确有悔改表现"予以减刑，其减刑的幅度可以适当放宽，间隔的时间可以相应缩短。符合刑法第八十一条第一款规定的，可以假释。

未成年罪犯在服刑期间已经成年的，对其减刑、假释可以适用上述规定。

第十九条 刑事附带民事案件的未成年被告人有个人财产的，应当由本人承担民事赔偿责任，不足部分由监护人予以赔偿，但单位担任监护人的除外。

被告人对被害人物质损失的赔偿情况，可以作为量刑情节予以考虑。

第二十条 本解释自 2006 年 1 月 23 日起施行。

2. 延期审理决定书（公诉案件用）

×××人民法院
延期审理决定书

（公诉案件用）

（××××）……刑初……号

×××人民检察院：

你院××××年××月××日以×检×诉〔　　〕××号起诉书指控被告人×××犯××罪，向本院提起公诉。本院审理期间，你院提出……（写明补充侦查的内容）需要补充侦查，建议对该案延期审理。根据《中华人民共和国诉讼法》第一百六十五条第（二）项、《最高人民法院关于执行〈中华人民共和国刑事诉讼法〉若干问题的解释》第一百五十七的规定，决定：

对被告人×××犯××罪一案延期审理。

（院印）

××××年××月××日

【说　明】

一、本样式根据《中华人民共和国刑事诉讼法》第二百零四条第（二）项和《最高人民法院关于适用〈中华人民共和国刑事诉讼法〉的解释》第二百七十四条的规定以及审判实践的需要制订，供人民法院在案件审理过程中，人民检察院发现案件需要补充侦查建议延期审理时使用。

二、本样式不适用于自诉案件。

【法律依据】

1.《中华人民共和国刑事诉讼法》（2018 年 10 月 26 日）

第二百零四条　在法庭审判过程中，遇有下列情形之一，影响审判进行的，可以延期审理：

（一）需要通知新的证人到庭，调取新的物证，重新鉴定或者勘验的；

（二）检察人员发现提起公诉的案件需要补充侦查，提出建议的；

（三）由于申请回避而不能进行审判的。

2.《最高人民法院关于适用〈中华人民共和国刑事诉讼法〉的解释》（2021 年 1 月 26 日）

第二百七十四条 审判期间，公诉人发现案件需要补充侦查，建议延期审理的，合议庭可以同意，但建议延期审理不得超过两次。

人民检察院将补充收集的证据移送人民法院的，人民法院应当通知辩护人、诉讼代理人查阅、摘抄、复制。

补充侦查期限届满后，人民检察院未将补充的证据材料移送人民法院的，人民法院可以根据在案证据作出判决、裁定。

3. 限制出境决定书（刑事案件用）

×××人民法院
限制出境决定书

（刑事案件用）

（××××）……刑初……号

公诉机关×××人民检察院。

被告人……（写明姓名，性别，出生年月日，国籍，护照号码……，职业，常住地）。

公诉机关×××人民检察院指控被告人×××犯××罪一案，本院已于××××年××月××日受理。鉴于被告人×××系××国公民，为保证刑事诉讼顺利进行，根据《中华人民共和国外国人入境出境管理法》第二十三条第（一）项、《最高人民法院关于执行〈中华人民共和国刑事诉讼法〉若干问题的解释》第三百二十二条、第三百二十三条之规定，决定如下：

被告人×××在本案诉讼期间不得出境。

（院印）

××××年××月××日

【说　明】

一、本样式根据《最高人民法院关于适用〈中华人民共和国刑事诉讼法〉的解释》第四百八十七条的规定制订，供第一审人民法院按照第一审普通程序审理外国人犯罪的案件需要对被告人限制出境时使用。

二、本决定书适用于人民法院审理涉外刑事案件时认定的需要限制出境的其他相关犯罪嫌疑人。

三、在审理自诉案件时，需要对被告人限制出境的，可以参照本决定书的样式制作。

四、作出决定的人民法院应当具函将本决定书抄送限制出入境管理的同级公安机关或者国家安全机关执行。

五、对于需要限制与本案有关的港、澳、台公民出境的，可以参照本样式制作《限制出境决定书》。

【法律依据】

《最高人民法院关于适用〈中华人民共和国刑事诉讼法〉的解释》（2021 年 1 月 26 日）

第四百八十七条 对涉外刑事案件的被告人，可以决定限制出境；对开庭审理案件时必须到庭的证人，可以要求暂缓出境。限制外国人出境的，应当通报同级人民政府外事主管部门和当事人国籍国驻华使领馆。

人民法院决定限制外国人和中国公民出境的，应当书面通知被限制出境的人在案件审理终结前不得离境，并可以采取扣留护照或者其他出入境证件的办法限制其出境；扣留证件的，应当履行必要手续，并发给本人扣留证件的证明。

需要对外国人和中国公民在口岸采取边控措施的，受理案件的人民法院应当按照规定制作边控对象通知书，并附有关法律文书，层报高级人民法院办理交控手续。紧急情况下，需要采取临时边控措施的，受理案件的人民法院可以先向有关口岸所在地出入境边防检查机关交控，但应当在七日以内按照规定层报高级人民法院办理手续。

4. 决定书（退回减刑、假释建议书用）

×××人民法院
决定书

（退回减刑、假释建议书用）

（××××）×刑执字第××号

罪犯……（写明姓名、性别、出生年月日、民族、出生地、文化程度和现服刑监所）。

×××人民法院于××××年××月××日作出（××××）×刑初字第××号刑事判决，认定被告人×××犯××罪，判处……（写明刑种、刑期）……（写明上诉、抗诉后第二审人民法院的裁判结果和执行中刑种、刑期的变更情况）。执行机关×××（机关名称）于××××年××月××日提出减刑（或者假释）建议书，报送本院审理。本院认为……（简要写明经审核不符合法定减刑或者假释的理由）。依照《中华人民共和国刑法》第七十九条（或者第八十二条）之规定，决定如下：

将××号减刑（或者假释）建议书退回×××执行机关（机关名称）。

（院印）

××××年××月××日

【说 明】

一、本样式根据刑法第七十八条、第七十九条、第八十一条、第八十二条规定的减刑、假释的条件和程序，对于执行机关所提减刑或者假释建议书，经审理认为不符合法定减刑或者假释的条件或者程序，供中级以上人民法院退回执行机关时使用。

二、本决定书只是将执行机关提出的减刑或者假释建议书和有关材料退回提请机关，不送达罪犯本人。

三、在制作减刑或者假释刑事裁定书时，对于曾经被决定退回减刑或者假释建议书的，在案件审理经过段，可以不作表述。

【法律依据】

《中华人民共和国刑法》（2020年12月26日）

第七十八条 被判处管制、拘役、有期徒刑、无期徒刑的犯罪分子，在执行期间，如果认真遵守监规，接受教育改造，确有悔改表现的，或者有立功表现的，可以减刑；有下列重大立功表现之一的，应当减刑：

（一）阻止他人重大犯罪活动的；

（二）检举监狱内外重大犯罪活动，经查证属实的；

（三）有发明创造或者重大技术革新的；

（四）在日常生产、生活中舍己救人的；

（五）在抗御自然灾害或者排除重大事故中，有突出表现的；

（六）对国家和社会有其他重大贡献的。

减刑以后实际执行的刑期不能少于下列期限：

（一）判处管制、拘役、有期徒刑的，不能少于原判刑期的二分之一；

（二）判处无期徒刑的，不能少于十三年；

（三）人民法院依照本法第五十条第二款规定限制减刑的死刑缓期执行的犯罪分子，缓期执行期满后依法减为无期徒刑的，不能少于二十五年，缓期执行期满后依法减为二十五年有期徒刑的，不能少于二十年。

第七十九条 对于犯罪分子的减刑，由执行机关向中级以上人民法院提出减刑建议书。人民法院应当组成合议庭进行审理，对确有悔改或者立功事实的，裁定予以减刑。非经法定程序不得减刑。

第八十一条 被判处有期徒刑的犯罪分子，执行原判刑期二分之一以上，被判处无期徒刑的犯罪分子，实际执行十三年以上，如果认真遵守监规，接受教育改造，确有悔改表现，没有再犯罪的危险的，可以假释。如果有特殊情况，经最高人民法院核准，可以不受上述执行刑期的限制。

对累犯以及因故意杀人、强奸、抢劫、绑架、放火、爆炸、投放危险物质或者有组织的暴力性犯罪被判处十年以上有期徒刑、无期徒刑的犯罪分子，不得假释。

对犯罪分子决定假释时，应当考虑其假释后对所居住社区的影响。

第八十二条 对于犯罪分子的假释，依照本法第七十九条规定的程序进行。非经法定程序不得假释。

最高人民法院办公厅关于印发
一审未成年人刑事案件适用普通程序的
刑事判决书样式和一审未成年人刑事公诉案件
适用简易程序的刑事判决书样式的通知

（2009 年 10 月 12 日　法办发〔2009〕25 号）

全国地方各级人民法院、各级军事法院、各铁路运输中级法院和基层法院、各海事法院，新疆生产建设兵团各级法院：

根据未成年人刑事案件审判工作实际的需要，现将一审未成年人刑事案件适用普通程序的刑事判决书样式和一审未成年人刑事公诉案件适用简易程序的刑事判决书样式印发给你们，请认真执行。

2001 年 6 月 11 日最高人民法院办公厅《关于印发一审未成人刑事案件适用普通程序的刑事判决书等 4 份补充样式的通知》（法办发〔2001〕1 号）中的法院刑事诉讼文书补充样式 2，即一审未成年人刑事案件适用普通程序的刑事判决书样式，不再执行。

二〇〇九年十月十二日

1. 刑事判决书 (一审未成年人刑事案件适用普通程序用)①

×××人民法院
刑事判决书

(一审未成年人刑事案件适用普通程序用)

(××××) ……刑初……号

公诉机关×××人民检察院。

被告人……(写明姓名、性别、出生年月日、民族、户籍所在地、文化程度、职业或者工作单位、学校、住址，所受强制措施情况等，现羁押处所)。

法定代理人……(写明姓名、与被告人的关系、工作单位和职务、住址)。

辩护人 (或者指定辩护人) ……(写明姓名、工作单位和职务)。

×××人民检察院以×××检×诉〔××××〕××号起诉书指控被告人×××犯××罪，于××××年××月××日向本院提起公诉。本院于××××年××月××日立案，并依法组成合议庭。因本案被告人系未成年人 (或者因本案涉及未成年被告人)，依法不公开开庭审理了本案。×××人民检察院指派检察员×××出庭支持公诉，被害人×××及其法定代理人×××、诉讼代理人×××，被告人×××及其法定代理人×××、辩护人 (或者指定辩护人) ×××，证人×××，鉴定人×××，翻译人员×××等到庭参加诉讼。现已审理终结。

×××人民检察院指控……(概述人民检察院指控被告人犯罪的事实、证据和适用法律的意见)。

被告人×××辩称……(概述被告人对指控的犯罪事实予以供述、辩解、自行辩护的意见和有关证据)。法定代理人×××……(概述对公诉机关指控被

---

① 本部分收录的刑事诉讼文书样式及其说明根据《最高人民法院办公厅关于印发一审未成年人刑事案件适用普通程序的刑事判决书样式和一审未成年人刑事公诉案件适用简易程序的刑事判决书样式的通知》进行整理。

告人犯罪的意见、提供的有关证据）。辩护人×××提出的辩护意见是……（概述辩护人的辩护意见和有关证据）。

×××根据《最高人民法院关于审理未成年人刑事案件的若干规定》，向法庭提交了被告人×××的情况调查报告。

经审理查明，……（首先写明经庭审查明的事实；其次写明经举证、质证定案的证据及其来源；最后对控辩双方有异议的事实、证据进行分析、认证）。

在审理过程中，法庭了解到……（概述被告人×××的情况调查报告中与其量刑密切相关的内容）。控辩双方对被告人×××的情况调查报告表述了以下意见：……。（如果可能判处被告人非监禁刑罚的，概述所具备的监护、帮教条件等情况）。

本院认为，……（根据查证属实的事实、证据和有关法律规定，论证公诉机关指控的犯罪是否成立，被告人的行为是否构成犯罪，犯的什么罪，应否从轻、减轻、免除处罚或者从重处罚。对于控、辩双方关于适用法律方面的意见，应当有分析地表示是否予以采纳，并阐明理由。对于认定未成年被告人构成犯罪的，应当结合查明的未成年被告人的成长经历，剖析未成年被告人走上犯罪道路的主客观方面的原因）。依照……（写明判决的法律根据）的规定，判决如下：

……（写明判决结果）。分四种情况：

第一，定罪判刑的，表述为：

"一、被告人×××犯××罪，判处……（写明主刑、附加刑）。（刑期从判决执行之日起计算。判决执行以前先行羁押的，羁押一日折抵刑期一日，即自××××年××月××日起至××××年××月××日止）。

二、被告人×××……（写明决定追缴、退赔或者发还被害人、没收财物的名称、种类和数额）。"

第二，定罪免刑的，表述为：

"被告人×××犯××罪，免予刑事处罚（如有追缴、退赔或者没收财物的，续写第二项）。"

第三，对被告人因不满十六周岁不予刑事处罚的，表述为：

"被告人×××不负刑事责任。"

第四，宣告无罪的，不论是适用《中华人民共和国刑事诉讼法》第一百六十二条第（二）项还是第（三）项，均应表述为：

"被告人×××无罪"。

如不服本判决，可在接到判决书的第二日起十日内，通过本院或者直接向×××人民法院提出上诉。书面上诉的，应当提交上诉状正本一份，副本×份。

审　判　长　×××
人民陪审员　×××
人民陪审员　×××
××××年××月××日
（院印）

本件与原件核对无异

书　记　员　×××

【说　明】

一、本样式根据《中华人民共和国刑事诉讼法》和《最高人民法院关于审理未成年人刑事案件的若干规定》以及审理未成年人刑事案件实践的需要制定，供第一审人民法院适用普通程序审理未成年人刑事案件时使用。

二、未成年人犯罪有别于成年人犯罪。制作未成年人刑事判决书，应当根据案件的实际情况，充分体现"教育、感化、挽救"的方针和"教育为主、惩罚为辅"的原则，反映"寓教于审、惩教结合"的特点。

三、未成年人刑事裁判文书语言表述应当简洁、通俗易懂、注重说理，便于未成年被告人及其法定代理人理解。

四、首部

1. 未成年被告人的基本情况

（1）姓名和户籍所在地。应当写查明的未成年被告人的姓名和户籍所在地。如果未成年被告人属于刑事诉讼法第一百二十八条第二款规定的"对于犯罪事实清楚，证据确实、充分的，也可以按其自报的姓名移送人民检察院审查起诉"情形的，可以按照被告人自报的姓名予以表述，但应当用括号注明"自报"。户籍所在地可以不写。

被告人自报的姓名在侦查、起诉、审判阶段都不一致的，由法官根据案件情况综合考虑予以确定。

（2）出生年月日。应当写经审理查明的未成年被告人出生的年、月、日。属于《最高人民法院关于审理未成年人刑事案件具体应用法律若干问题的解释》第四条第一款规定的"没有充分证据证明被告人实施被指控的犯罪时已经达到法定刑事责任年龄且确实无法查明的，应当推定其没有达到相应法定刑事责任年龄"情形的，可以分别表述为"实施被指控的犯罪时不满十四周岁"、"实施被指控的犯罪时已满十四周岁不满十六周岁"和"实施被指控的犯罪时已满十六周岁不满十八周岁"，同时用括号注明"推定"。

属于第二款规定的"相关证据足以证明被告人实施被指控的犯罪时已经达到法定刑事责任年龄，但是无法准确查明被告人具体出生日期"的，首部应当直接写明被告人"实施被指控的犯罪时已满××周岁"。

（3）文化程度。应当表述实际就学状况。如，可以表述为"小学二年级文化，辍学"或者"初中一年级学生"等。

（4）工作单位、学校、住址。应当写查明的工作单位、学校和住址。户籍所在地和住址一致的，可以不写住址。在户籍所在地以外地方犯罪的，应当写明其被采取强制措施前的住址或者经常居住地。

属于刑事诉讼法第一百二十八条第二款规定的"对于犯罪事实清楚，证据确实、充分的，也可以按其自报的姓名移送人民检察院审查起诉"情形的，可以不写。

（5）所受强制措施的情况。表述为"因涉嫌犯××罪于××××年××月××日被刑事拘留、逮捕（或者被采取其他强制措施）"。

（6）首部应当写明以前是否有因犯罪受到刑事处罚的情形。

2. 法定代理人

（1）未成年被告人没有法定代理人或者无法查到法定代理人的，可以不写法定代理人。

（2）未成年被告人的法定代理人无法出庭或者确实不宜出庭的，应当写明法定代理人，并在审理经过段出庭人员中表述为："被告人×××的法定代理人×××经法院通知未出庭"或者"被告人×××的法定代理人×××因特殊原因未出庭"等内容。

（3）被告人犯罪时未成年，开庭审理时已成年的，不列法定代理人。

3. 社会调查员参加庭审的，在审理经过段"翻译人员×××"后增加表述为："翻译人员×××，社会调查员×××等到庭参加诉讼。现已审理终结。"

4. 对未成年人刑事案件实行指定管辖的，在审理经过段可以表述为："按照×××中级人民法院指定管辖的决定，×××人民检察院以×××检×诉〔××××〕××号起诉书……"直接接审理经过段。

五、事实

（1）概述被告人的性格特点、家庭情况、社会交往、成长经历及实施被指控的犯罪前后的表现等情况时，应当简明扼要，注意保护未成年被告人及其家庭的隐私。写明与被告人量刑密切相关的情况即可。

控辩双方对未成年被告人调查报告反映的情况提出的意见，应予客观表述。

对于人民法院自行调查未成年被告人情况的，可直接在判决书"经审理查明"事实证据之后，表述为："根据《最高人民法院关于审理未成年人刑事案件的若干规定》的规定，本院经自行调查了解到……"。

（2）事实部分要注意写明有关未成年被告人年龄证据情况；控辩双方对年龄及证据的意见；对控辩双方有异议的年龄、证据要进行分析、认证。

六、理由

注意写明有关认定或者推定未成年被告人实施犯罪时年龄的理由。

对于依照《最高人民法院关于审理未成年人刑事案件具体应用法律若干问题的解释》第四条第一款规定，对被告人的年龄适用推定的，在"本院认为"部分可以表述为："鉴于通过法庭调查确实无法查明被告人的出生年、月、日，本院根据掌握的现有证据材料，依法推定被告人实施被指控的犯罪时不满十四周岁（或者实施被指控的犯罪时已满十四周岁不满十六周岁，或者实施被指控的犯罪时不满十八周岁）"。

七、对隐私案件的未成年被害人，为保护被害人的名誉，在裁判文书中应当只写姓、不写名，表述为"张某"、"王某某"。

隐私案件的未成年被害人提起附带民事诉讼的，则应当在首部"附带民事诉讼原告人"部分表述其真实姓名。

对于未成年刑事案件的证人，应当写明其真实姓名。

八、对于第一审未成年被告人刑事附带民事判决书，可以参阅《法院刑事诉讼文书样式》（样本）3、6、9及其说明制作。第二审刑事附带民事判决书，可以参阅《法院刑事诉讼文书样式》（样本）12、15及其说明制作。

九、对于第二审未成年被告人刑事判决书、裁定书，可以参阅本样式以及《法院刑事诉讼文书样式》（样本）11、13、16、17、18及其说明制作。

【法律依据】

《最高人民法院关于审理未成年人刑事案件具体应用法律若干问题的解释》（2006 年 1 月 11 日）

第四条　对于没有充分证据证明被告人实施被指控的犯罪时已经达到法定刑事责任年龄且确实无法查明的，应当推定其没有达到相应法定刑事责任年龄。

相关证据足以证明被告人实施被指控的犯罪时已经达到法定刑事责任年龄，但是无法准确查明被告人具体出生日期的，应当认定其达到相应法定刑事责任年龄。

2. 刑事判决书（一审公诉未成年人刑事案件适用简易程序用）

×××人民法院
刑事判决书

（一审公诉未成年人刑事案件适用简易程序用）

（××××）……刑初……号

公诉机关×××人民检察院。

被告人……（写明姓名、性别、出生年月日、民族、户籍所在地、文化程度、职业或者工作单位、学校、住址，所受强制措施情况等，现羁押处所）。

法定代理人……（写明姓名、与被告人的关系、工作单位和职务、住址）。

辩护人（或者指定辩护人）……（写明姓名、工作单位和职务）。

×××人民检察院以×××检×诉〔××××〕××号起诉书指控被告人×××犯××罪，于××××年××月××日向本院提起公诉。本院于××××年××月××日立案，并依法适用简易程序，实行独任审判。因本案被告人系未成年人（或者因本案涉及未成年被告人），依法不公开开庭审理了本案。（×××人民检察院检察员×××，）被告人×××及其法定代理人×××、辩护人（或者指定辩护人×××）等到庭参加诉讼。现已审理终结。

公诉机关指控被告人……（简要概括起诉书指控的犯罪事实的内容）。

上述事实，被告人在开庭审理过程中亦无异议，并有物证××、书证××、证人×××的证言、被害人×××的陈述、××公安机关（或检察机关）的勘验、检查笔录和××鉴定结论等证据证实，足以认定。

根据《最高人民法院关于审理未成年人刑事案件的若干规定》的规定，在法庭审理过程中，本院了解到……（简要概述被告人×××的情况调查报告中与量刑密切相关的内容。如果可能判处被告人非监禁刑罚的，概述所具备的监护、帮教条件等情况）。

本院认为，被告人×××的行为（具体）已构成××罪。（对控辩双方适用法律方面的争议采纳或者不予采纳的理由；依法从轻、减轻处罚或者免除处罚的理由。）结合未成年被告人的成长经历，剖析未成年被告人走上犯罪道路的主客观方面的原因。依照……（写明判决的法律根据）的规定，判决如下：

被告人×××犯××罪，判处……（写明判处的具体内容）。（刑期从判决执行之日起计算。判决执行以前先行羁押的，羁押一日折抵刑期一日，即自×××
×年××月××日起至××××年××月××日止）。

如不服本判决，可在接到判决书的第二日起十日内，通过本院或者直接向×××人民法院提出上诉。书面上诉的，应当提交上诉状正本一份，副本
×份。

审判员×××

××××年××月××日

（院印）

本件与原件核对无异

书记员×××

【说　明】

一、本着适用简易程序审理刑事案件，在裁判文书制作上应尽量予以简化的原则，在最高人民法院《一审公诉案件适用简易程序刑事判决书样式》（法发〔2003〕6号）基础上制定本样式。与《一审公诉案件适用简易程序刑事判决书样式》相比，本样式增加了"被告人×××的情况调查报告"内容及"剖析未成年被告人走上犯罪道路的主客观方面的原因"等部分内容。

二、括号"（　）"部分的内容是根据案件具体情况应写明的内容，没有相应事项的，不需要写明。

三、第一审未成年人刑事公诉案件适用简易程序的刑事判决书，可以参阅第一审未成年人刑事案件适用普通程序判决书样式及其说明制作。

附录

最高人民法院办公厅关于实施
《法院刑事诉讼文书样式》若干问题的解答

（法办〔2001〕155 号）

经最高人民法院审判委员会第 1051 次会议讨论通过的《法院刑事诉讼文书样式》（以下简称修订样式），自 1999 年 7 月 1 日施行以来，各地提出了一些问题。为正确理解和执行修订样式，现解答如下：

一、第一审刑事裁判文书

（一）首部

1. 问：对于当事人基本情况中的"出生年月日"与"出生地"，可否表述为"××××年××月××日出生于×××（地名）"？

答：为行文简洁，也可以采用这种合并的写法。

2. 问：对不愿供述或者无法确定其真实姓名、出生地等基本情况的被告人，如何表述？

答：参照刑事诉讼法第一百二十八条第二款关于"对于犯罪事实清楚，证据确实、充分的，也可以按其自报的姓名移送人民检察院审查起诉"的规定，可以按照被告人自报的姓名和出生地等情况表述，并用括号注明"自报"。

3. 问：被告人所受强制措施的情况，有的表述为"因本案于××××年××月××日被羁押"；有的表述为"因涉嫌××犯罪于××××年××月××日被羁押"；有的表述为"因涉嫌××于××××年××月××日被羁押"；还有的表述为："因涉嫌犯××罪于××××年××月××日被羁押"，哪一种表述正确？

答：可以按最后一种方式表述，即"因涉嫌犯××罪于××××年××月××日被刑事拘留、逮捕（或者被采取其他羁押措施）"。

4. 问：根据最高人民法院《关于严格执行审理期限制度的若干规定》，是否应当在案件由来和审理经过段，写明人民法院审查起诉后的立案日期和延期审理的情况？

答：为了客观反映公诉机关〔或者自诉人〕的起诉日期和人民法院审查起诉后的立案日期，便于当事人和有关部门监督、检查人民法院对案件审理期限制度的执行情况，体现审理案件的公开性和透明度，提高办案效率，应当在裁判文书中写明审理案件的起始日，即立案的日期。如公诉案件，可以在"×××人民检察院……于××××年××月××日向本院提起公诉"之后，续写："本院于××××年××月××日立案，并依法组成合议庭………"。需要延长审限的，属于附带民事诉讼案件，应当写明："经本院院长批准，延长审限两个月"；有刑事诉讼法第一百二十六条规定的情形之一的，则应当写明："经×××高级人民法院批准（或者决定），再延长审限一个月。"

5. 问：依法不公开审理的案件，应否在审理经过段写明不公开审理的理由？

答：为了体现审理程序的合法性，应当写明不公开审理的理由。可表述为："本院依法组成合议庭，因本案涉及国家秘密（或者个人隐私，或者被告人系未成年人），不公开开庭审理了本案"。

6. 问：在案件由来和审理经过段，对指定管辖或者延期审理、简易程序转入普通程序等情形，应否具体表述？

答：应当具体表述，以客观反映案件的审理过程。

7. 问：刑法第九十八条规定的"告诉才处理"的案件，如果被害人因受强制、威胁无法告诉而由人民检察院起诉或者由被害人的近亲属代为告诉的，对"控方"的称谓应当如何表述？

答：由人民检察院直接起诉的，表述为"公诉机关"；由被害人的近亲属代为告诉的，表述为"自诉人"，但应当注明与被害人的关系。

8. 问：未成年人犯罪的案件，其法定代理人没有出庭的，是否还应当在首部当事人基本情况中列写"法定代理人"项？

答：应当列写。但在审理经过段出庭人员中，无须表述法定代理人未出庭的内容。

（二）事实和证据

9. 问：在表述控辩双方的意见和经审理查明的"事实和证据"部分时，如何做到"繁简适当"？

答：应当因案而异。原则上可以控辩双方有无争议为标准。即：控辩双方没有争议的事实，可以扼要概括，检察机关指控的证据可以用"检察机关提供了相应的证据"一句来概括。在"经审理查明"的事实和证据部分，则应当具体写明经法庭审理认定的事实和证据。在证据的表述上可以首先写明："上述事实，有检察机关提交，并经法庭质证、认证的下列证据予以证明"。

控辩双方有争议的事实，则无论是"控辩意见"还是"经审理查明"的事实部分，都应当详细叙述，并对有争议的事实、证据进行具体的分析、认证，写明采信证据的理由。

10. 问：对被告人一人或者多人多次犯同种罪的，事实和证据可否归纳表述？

答：控辩双方没有争议并且经庭审查证属实的同种数罪，事实和证据部分可以按犯罪的时间、地点、手段、对象等归纳表述。

11. 问：修订样式要求在裁判文书中写明的"证据来源"的含意是什么？

答：主要指证据是由控辩双方的哪一方提供的。

12. 问：在表述证据时，对被告人供述、被害人陈述、证人证言等言词证据应当用第一人称还是第三人称？

答：原则上应当用第三人称，涉及到证明案件事实的关键言词，也可以使用第一人称。

13. 问：对隐私案件的被害人或者其他案件中不愿在裁判文书中透露真实姓名的证人，为保护其名誉和安全，可否只写姓不写名？

答：为了维护裁判文书的真实性和严肃性，在裁判文书中，应当写明证人的真实姓名；为了保护被害人的名誉，根据被害人的请求或者案件的具体情况，在裁判文书中，也可以只写姓、不写名，具体可以表述为"张某某"、"王某某"，但不宜表述为"张××"、"王××"。

14. 问：对自首或者立功或者累犯等情节，在裁判文书中应当如何表述？

答：按照修订样式的要求，对自首、立功等情节的认定应当写在事实部分，并写明确认自首、立功等情节成立的证据；对具有自首、立功等情节的被告人如何处罚的论述，则应当在理由部分进行表述。

对涉及累犯的情形，则应当在首部被告人的基本情况中写明其原判刑罚的情况和刑满释放的日期。

15. 问：对经审理确认指控的事实不清、证据不足而宣告无罪的案件，事实和证据部分应当如何表述？可否省略该部分而直接写"本院认为"？

答：不可以。对这类因证据不足不能认定被告人有罪的案件，应当在"经审理查明"的事实部分，针对指控的犯罪事实，通过对证据的具体分析、认证，写明"事实不清、证据不足"的具体内容，为判决理由作好铺垫。

16. 问：对检察机关指控被告人犯数罪，经法庭审理后认为被告人只构成一罪时，在事实和理由部分应当如何表述？

答：在控辩意见部分，对检察机关指控的数罪仍应当客观概述；在经审理查明的事实和证据部分，则应当因案而异进行表述。经法庭审理查明检察机关指控的犯罪事实成立，但只构成一罪的，或者按照法律规定指控的"数罪"本属一罪的（如惯犯、结合犯、牵连犯、连续犯等），不构成数罪的理由宜在"本院认为"中表述；如果经庭审查明，指控的"数罪"中，有的指控的犯罪成立，有的因证据不足，指控的犯罪不能成立，只构成一罪的，则指控的犯罪不成立的证据的分析，宜在"事实和证据"部分予以表述，并在理由部分加以论证。

17. 问：法庭经审理确认指控的犯罪事实成立，但控辩双方对犯罪性质的指控和辩护均不成立，被告人的行为构成他罪的，事实部分应当如何表述？

答：在指控的"犯罪事实"成立，只是指控的"犯罪性质"不当的情况下，应当据实表述经审理查明的事实和证据；在理由部分写明依法应当认定被告人的行为触犯了何种罪名的理由，以及控辩双方主张的罪名均不成立的理由。

（三）理由

18. 问：对检察机关在法院宣告判决前要求撤回起诉并经法院准许的，在刑事裁定书上应当如何引用法律依据？

答：应当引用最高人民法院《关于执行〈中华人民共和国刑事诉讼法〉若干问题的解释》第一百七十七条作为裁定的依据。

19. 问：一份裁判文书涉及对多个被告人定罪处刑的法律条款，其中，既有相同的，又有不同的，在制作裁判文书时，应当分别引用对每个被告人适用的法律条款，还是应当综合引用对整个案件都适用的法律条款？

答：为了充分体现对被告人适用法律条文的准确性和增强援引法律条文的针对性，在共同犯罪案件中，对共同犯罪的各被告人所适用的法律条款，应当逐人分别引用。

（四）判决结果

20. 问：检察机关指控被告人犯数罪，经审理确认其中一罪因证据不足、指控犯罪不能成立的，判决结果部分是否予以表述？

答：只需在判决理由部分就证据不足、指控的犯罪不能成立予以充分论证即可，在判决结果中不再表述。

21. 问：对同一被告人既判处有期徒刑又并处罚金刑的，其刑期起止日期和缴纳罚金的期限应当如何表述？

答：对同一被告人既被判处有期徒刑又并处罚金的，应当在判处的有期徒刑和罚金刑之后，分别用括号注明有期徒刑刑期起止的日期和缴纳罚金的期限。

22. 问：适用数罪并罚"先减后并"的案件，对前罪"余刑"从何日起算？在裁判文书中如何表述？

答：前罪"余刑"的起算日期，可以从犯新罪之日起算。判决结果的刑期起止日期可表述为："刑期从判决执行之日起计算。判决执行以前先行羁押的，羁押一日折抵刑期一日，即自××××年××月××日（犯新罪之日）起至××××年××月××日止。"

（五）尾部

23. 问：刑事自诉案件准许撤诉的，刑事裁定书书尾部是否可以不写明"如不服本裁定，可在接到裁定书的第二日起五日内，通过本院或者直接向×××人民法院提出上诉。书面上诉的，应提交上诉状正本一份，副本×份"的内容？

答：应当写明。虽然自诉人提出撤诉，人民法院裁定准许撤诉后，自诉人也可能不上诉，但是法律赋予当事人的诉讼权利应当依法保护，并应当在裁定书中予以明示。

二、第一审单位犯罪刑事判决书

24. 问：单位犯罪案件，检察机关起诉到法院后，单位被注销或者被宣告破产的，在裁判文书中如何表述？

答：在首部应当列被告单位的名称，并用括号注明单位已被有关部门注销或者被人民法院宣告破产；在事实部分应当简要写明单位被注销或者被宣告破产的情况；在理由部分应当阐明对被告单位终止审理的理由；在判决结果的第一项先写："对被告单位××××终止审理"；第二项再写对被告人（即直接负责的主管人员和其他直接责任人员）作出的判决。

25. 问：被告单位犯罪后变更名称的，被告单位如何列，判决结果如何表述？

答：一般应当列变更后的单位名称，但需括注单位的原名称。在判决结果中，应当根据庭审查明的事实和法律的有关规定，对变更后的单位定罪判刑（判处罚金），或者宣告无罪。

三、第一审适用简易程序制作的刑事裁判文书

26. 问：人民法院决定或者检察机关建议或者同意适用简易程序的案件，

是否应当在裁判文书的首部写明？

答：由于无论是人民法院决定适用简易程序，还是人民检察院建议或者同意适用简易程序，均另有书面材料附卷，故首部只要写明"本院依法适用简易程序，实行独任审判"即可。

27. 问：对适用简易程序审理的案件，在裁判文书中如何体现"简易"的特点？

答：由于适用简易程序的前提是"事实清楚、证据充分"，且在通常情况下，控辩双方对指控的事实和证据没有原则分歧。因此，在制作这种裁判文书时，对控辩主张的内容可以高度概括；对"经审理查明"的事实可以概述，对定案的证据可以不写；对判决理由则可以适当论述。

四、第一审刑事附带民事判决书

28. 问：对于既是刑事被告人又是附带民事诉讼被告人的，在"被告人"项之后，是否应当括注"附带民事诉讼被告人"？

答：刑事被告人同时为附带民事诉讼被告人时，在首部无需另括注"附带民事诉讼被告人"；如果不是同一个人，则需另列"附带民事诉讼被告人"。

29. 问：如果附带民事诉讼原告人系隐私（强奸等）案件的被害人，在首部的"附带民事诉讼原告人"项是否应当写出其真实姓名？在判决结果中对其赔偿问题又应当如何表述？

答：为了保护隐私案件被害人的名誉，在裁判文书中可以只写姓，不写名，即用"李某某"来代替，以避免产生副作用。在判决结果中应当表述为："被告人（或者附带民事诉讼被告人）×××赔偿附带民事诉讼原告人李某某……（经济损失的具体数额）。"

30. 问：在刑事附带民事诉讼中，附带民事诉讼原告人众多的，在判决书首部是否应当将附带民事诉讼原告人全部列出？

答：一般应当全部列出。提起附带民事诉讼是法律赋予被害人的一项诉讼权利。只要被害人及其近亲属或者其法定代理人依法提起附带民事诉讼，都应当在判决书首部将他们一一列出，以体现对被害人合法诉讼权利的保护。但对于依照民事诉讼法的规定实行代表人制度的，则可以只列代表人及其委托代理人，并在裁判文书之后附上提起附带民事诉讼的原告人的名单。

31. 问：在附带民事诉讼中，对被告人未明确辩护人在民事诉讼中的代理权限，而辩护人针对附带民事部分发表的意见，裁判文书中是否要加以表述？

答：被告人如果没有委托辩护人同时担任民事诉讼代理人的，辩护人就无权就附带民事诉讼部分发表代理意见；已发表的也不能在裁判文书中表述。

32. 问：对成年（包括未成家但已成年）被告人的亲属自愿承担民事赔偿责任的刑事附带民事案件，在判决结果中可否表述为："由被告人父母在家庭共同财产中支付"？

答：不可以。由于被告人已成年，在判决结果中仍应表述为："被告人×××赔偿附带民事诉讼原告人×××……（写明受偿人的姓名、赔偿的金额和支付的日期）"。对于已由被告人的亲属自愿代为赔偿的，可以在裁判文书的事实部分予以表述。

33. 问：对刑事附带民事案件，在判决结果中，能否表述"免予赔偿"或者单独列项"驳回附带民事诉讼原告人的诉讼请求"？

答：经过审理，确认被告人的犯罪行为（或者违法行为）给被害人造成物质损失（包括已经遭受的实际损失和必然遭受的损失）的，理应承担民事赔偿责任，一般不能判决"免予赔偿"，以切实维护被害人的合法权益。依法判决后，在实际执行过程中，查明被告人确无财产可供执行的，则可以作出中止或者终结执行的裁定。如果判决确认被告人不应承担民事赔偿责任，不予赔偿的，按照修订样式的规定，在判决结果中应当表述为："被告人×××不承担民事赔偿责任"，而不宜表述为："驳回附带民事诉讼原告人的诉讼请求。"

34. 问：对公诉案件中附带民事诉讼部分调解结案的，应当如何制作刑事附带民事调解书？

答：对公诉的刑事附带民事诉讼案件，在判决宣告以前，经调解，双方当事人就经济损失的赔偿达成调解协议的，应当制作"刑事附带民事调解书"。制作时，可以参照一审自诉案件刑事附带民事调解书样式9及其说明。

35. 问：附带民事诉讼原告人撤诉的，应否单独就附带民事诉讼部分作出准予撤诉的裁定？继续审理的刑事诉讼部分是制作刑事判决书还是刑事附带民事判决书？

答：附带民事诉讼原告人撤诉的，人民法院应当单独作出准予撤诉的裁定。由于附带民事诉讼部分已撤诉，刑事诉讼部分审理终结后，则应当制作刑事判决书。

36. 问：刑事附带民事诉讼案件，刑事部分先判决，民事赔偿部分后处理的，使用何种裁判文书，能否使用同一案号？

答：根据刑事诉讼法第七十八条的规定，为了防止刑事案件的审判过分迟延，刑事部分先行判决的，应当制作刑事判决书；民事赔偿部分由同一审判组织继续审理、判决的，则应当制作刑事附带民事判决书，并在审理经过段写明刑事部分已先行判决，以便与本判决相衔接，并使用同一个案号。

五、未成年人犯罪刑事裁判文书

37. 问：判令未成年被告人的监护人（父母）承担民事赔偿责任的，在首部可否将其列为附带民事诉讼被告人？在判决结果中如何表述？

答：应当将依法对未成年被告人享有监护权的监护人列为"法定代理人暨附带民事诉讼被告人"，而不仅仅列为"法定代理人"或者"附带民事诉讼被告人"。在这种附带民事诉讼中，未成年被告人的监护人实际上具有双重诉讼地位和双重身份，他们既是未成年被告人的法定代理人，以维护被告人的合法权益，又是附带民事诉讼的被告人，以承担民事赔偿责任。在判决结果中，则应当表述为："附带民事诉讼被告人×××赔偿附带民事诉讼原告人×××……（写明受偿人的姓名、赔偿的金额和支付的日期）。"

38. 问：如何规范未成年人犯罪刑事裁判文书的制作？

答：未成年人犯罪有其特殊性。制作未成年人犯罪刑事判决书应当坚持"教育、感化、挽救"的方针和"教育为主，惩罚为辅"的原则，并注意充分反映未成年人犯罪的特点。人民法院应当根据刑事诉讼法和最高人民法院《关于审理未成年人刑事案件的若干规定》，按照新补充的一审未成年人刑事案件适用普通程序用的刑事判决书样式及其说明的要求制作（参见补充样式2）。

六、第二审程序刑事裁判文书

39. 问：被告人和附带民事诉讼原告人均提起上诉的案件，对二审裁判文书的首部、事实和理由部分应当按何种顺序排列？

答：首部可以按先民事、后刑事的顺序排列，其他部分按先刑事、后民事的顺序排列。如果两个以上的附带民事诉讼原告人只有部分上诉的，对没有上诉的附带民事诉讼原告人，可以在"上诉人（原审附带民事诉讼原告人）"之后，再列"原审附带民事诉讼原告人"。

40. 问：对一审判处被告人死刑（包括死缓）而只有附带民事诉讼原告人提起上诉的案件，二审法院的裁判文书应当如何制作？能否在二审的同时一并对原判死刑（死缓）予以核准或者予以改判？

答：这实际涉及两个程序，是应当制作一份还是两份刑事裁判文书的问题。应当视二审和复核案件的不同情况而定。如果经高级法院（或者解放军军事法院）二审审理，对附带民事赔偿部分维持原判；经高级法院复核，刑事部分核准死刑（包括死缓），为了简便，可以只制作一份刑事附带民事裁定书，程序的代字用"终"字即可。如果经高级法院二审审理，对附带民事赔偿部分需要改判，或者刑事部分需要改判，则应当制作两份刑事裁判文书（一份刑事附带民事判决书，一份刑事裁定书；或者一份刑事附带民事裁定书，一份刑事判决书）。

41. 问：刑事附带民事诉讼中，一审判决后，如果刑事被告人不上诉，只是附带民事诉讼的当事人提出上诉的，二审裁判文书的首部是否还要表述"原公诉机关"？事实和证据部分是否应写明刑事部分内容？理由部分是否应写明"刑事部分已生效"？判决结果部分应否写明"维持刑事判决"？

答：在首部应当表述"原公诉机关"，并在审理经过段写明，在法定期限内未提出上诉、抗诉，原审判决的刑事部分在上诉、抗诉期满后即发生法律效力；在事实和证据部分主要应当写明由于被告人的犯罪行为给附带民事诉讼原告人造成的经济损失的事实及其证据；理由部分着重论证上诉人对附带民事部分提出的上诉理由是否成立；判决结果部分只需对附带民事部分作出裁判，不再涉及刑事部分。

42. 问：二审认定的事实和证据与一审没有出入，在二审刑事裁定书的事实和证据部分，应当详写一审还是二审认定的内容？如有出入时，又应当如何表述？

答：原则上应当因案而异。在一般情况下，如果二审认定的事实和证据与一审没有出入，且控辩双方对此也没有异议的，可以采取"此繁彼简"的方法，详述一审认定的事实和证据，对二审认定的事实和证据可以略述；如果二审认定的事实和证据与一审有出入，或者控辩双方对此有异议的，则应当侧重写明二审与一审有分歧的事实和证据，并针对控辩双方有异议的事实和证据进行分析、认证，写明是否采信的理由。如果根据案件的具体情况，认为采取"此简彼繁"的方法叙述比较适宜的，也可以略述一审，详述二审。总的要求是，繁简适当，避免一、二审之间事实部分不必要的重复。

43. 问：二审（复核）案件刑事裁判文书的理由部分是否应当引用实体法（如刑法）的条款？

答：应当区别不同情况予以援引。对裁定维持原判、发回重审或者核准一审判决的，可以只引用程序法的有关条文；撤销原判，予以改判的，或者一审引用法律条文错误的，则程序法、实体法的有关条文都应当引用，在顺序上，则应当先引用程序法，再引用实体法。但前述无论哪种情形，都应当在表述一审判决理由时，对一审判决适用的法律依据一并引用，这样才使二审（复核）裁判具有针对性。

44. 问：一审判处死缓的案件，检察机关抗诉后在二审期间又撤回抗诉并经法院审查同意的，二审法院应当制作一份还是两份裁判文书？

答：应当制作两份裁定书。一是制作准许撤回抗诉的刑事裁定书，二是制作核准死缓的刑事裁定书或者改判的刑事判决书。

七、死刑复核刑事裁判文书

45. 问：在共同犯罪的死刑复核案件中，既有判处死刑（死缓）的，又有判处无期徒刑、有期徒刑、拘役、管制等刑罚的，在制作复核死刑（死缓）的裁判文书时，是否还要写明原判无期徒刑和其他刑罚的被告人的基本情况？

答：根据最高人民法院《关于执行〈中华人民共和国刑事诉讼法〉若干问题的解释》第二百八十条的规定，在核准或者改判死刑的共同犯罪案件的裁判文书中，不需要写明原判无期徒刑、有期徒刑、拘役、管制等刑罚的被告人的基本情况。

46. 问：核准死刑缓期二年执行的裁判文书，是否需要写明死刑缓期二年执行期间的起止时间？

答：不需要。死刑缓期二年执行的期限，只是对死缓犯是否执行死刑的考验期限，且对该犯是否执行死刑尚属不确定状态。

47. 问：数罪并罚案件，既有判处死刑（死缓），又有判处其他刑罚或者没收财产、罚金等财产附加刑的，在核准死刑的裁判文书中，裁判结果可否只表述"核准×××中级（或高级）人民法院（××××）×刑初（或终）字第××号以××罪判处被告人×××死刑（死缓），剥夺政治权利终身的刑事判决"？

答：不可以。分别定罪量刑是数罪并罚的科学方法。人民法院核准死刑判决时，对数罪并罚案件而言，是在分别定罪量刑、然后决定执行刑罚的基础上进行的。因此，它不是只核准数罪中有死刑的判决，而是对原审法院整个判决（包括其他刑罚和没收财产、罚金财产附加刑）的核准。对犯一罪而被判处死刑并被判处财产附加刑的，也应当在裁判结果中一并写明。

八、再审刑事裁判文书

48. 问：上级人民法院按再审程序提审后，发现原一审判决认定事实不清，证据不足，决定发回重审的，文书样式是否可以参照二审发回重审的样式制作？

答：可以。这种裁判文书，在首部应当体现再审案件的特点；在理由和裁定结果部分可以参照二审发回重审的样式 16 及其说明的要求制作。

49. 问：对非因事实和证据方面的原因进行再审的案件，在制作裁判文书的"事实和证据"部分时，是详述原审认定的事实和证据，还是详述再审认定的事实和证据？

答：可以详述原审认定的事实和证据，略述再审认定的事实和证据。

50. 问：按《再审决定书》的制作要求，尾部均应写明"再审期间不停止原判决（裁定）的执行"。但对于死刑案件和已经执行完毕的案件，《再审决定书》的尾部应当如何表述？

答：再审期间不停止原判决、裁定的执行，是对一般案件来说的。对于死刑案件、已执行完毕的案件和原判宣告无罪、免于刑事处罚的案件，则可以在《再审决定书》的尾部一律不作上述表述。

51. 问：被判处死刑缓期二年执行的罪犯，在缓期二年执行期满后被减为有期徒刑，后又经再审将原判死缓改判为有期徒刑的，其刑期折抵在再审刑事判决书中应当如何表述？

答：刑期折抵的起始日仍应从被告人犯罪后被羁押之日起计算。

九、执行程序刑事裁判文书

52. 问：减刑刑事裁定书中是否应当写明执行机关提出的建议减刑的幅度？

答：按照修订样式的要求，在裁定书中只需写明执行机关提出减刑建议书及其具体期日即可，不需写明建议减刑的幅度。

53. 问：发现本院已生效的减刑、假释裁定确有错误，依法应当纠正，但人民检察院未提出的，在裁定理由部分应当引用什么法律作为裁定的依据？

答：应当根据生效裁定是认定事实上还是适用法律上确有错误，分别援引刑事诉讼法第二百零四条第（一）项或者第（三）项、刑法第七十九条或者第八十二条的规定作为裁定的法律依据。

54. 问：对于执行机关提出的减刑、假释建议书，经合议庭审理，认为不符合减刑、假释条件的案件，人民法院应当以什么形式退卷？

答：应当以决定书的形式将案卷退回执行机关（参见补充样式 5），并在决定书中简要写明不符合减刑、假释条件，不予减刑、假释的具体理由。

55. 问：减刑、假释刑事裁定书尾部是否需要写明"本裁定为终审裁定"？

答：不需要。减刑、假释是刑罚执行过程中的刑罚变更制度，而不是审级制度。因此，在裁定书尾部不须写："本裁定为终审裁定。"但必须写明：

"本裁定送达后即发生法律效力。"

十、其他

56. 问：对涉外刑事案件的被告人，人民法院决定限制其出境的，应当制作何种诉讼文书？

答：根据最高人民法院《关于执行（中华人民共和国刑事诉讼法）若干问题的解释》第三百二十二条、第三百二十三条的规定，对涉外刑事案件的被告人，人民法院决定限制其出境的，应当制作限制出境决定书。此决定书适用于人民法院认定的其他相关犯罪嫌疑人，并应另行具函，通报同级公安机关或者国家安全机关（参见补充样式4）。

57. 问：对出庭的检察人员，有的表述为"出庭支持公诉"，有的表述为"出庭履行职务"，还有的表述为"出庭参加诉讼"，哪一种表述正确？

答：根据最高人民法院《关于执行（中华人民共和国刑事诉讼法）若干问题的解释》第一百二十九条和修订样式的规定，对出庭的检察人员，在第一审程序中，应当表述为"出庭支持公诉"；在第二审程序中，应当表述为"出庭履行职务"或者"出庭支持抗诉"；在再审程序中，应当根据适用的程序不同，按照前述规定分别表述。

58. 问：对判处死刑的被告人，第一审宣判后、上诉期届满前死亡的，根据刑事诉讼法第十五条的规定，应当裁定终止审理。但此时一审已结束，二审和死刑复核程序还未启动，终止审理的裁定书应当由谁制作，应如何表述？

答：由于一审判决已经宣告，即一审程序已经结束，因此，终止审理的裁定书应当由上一级人民法院制作；上一级人民法院可以参照修订样式41的样式制作刑事裁定书，并对有关部分作相应的改动。

59. 问：人民法院同意人民检察院的建议决定延期审理的，应当采用什么形式？

答：根据最高人民法院《关于执行（中华人民共和国刑事诉讼法）若干问题的解释》第一百五十七条的规定，人民法院应当制作延期审理决定书（参见补充样式3）。

60. 问：修订样式规定了裁判文书的字体、字号，而现在使用的微机字体有的与样式的规定不符，怎样处理？

答：字号大小应严格执行修订样式的规定。但由于不同微机（软件）对字体的设定不完全统一，因此，可以将文书的字体作适当变通，但务必做到庄重、美观、清晰。

图书在版编目（CIP）数据

最高人民法院刑事诉讼文书样式：制作规范与法律
依据／法律应用研究中心编．—北京：中国法制出版
社，2021.10
ISBN 978-7-5216-2045-0

Ⅰ.①最… Ⅱ.①法… Ⅲ.①刑事诉讼-法律文书-
范文-中国 Ⅳ.①D926.13

中国版本图书馆 CIP 数据核字（2021）第 138219 号

责任编辑　韩璐玮　　　　　　　　　　　　　　　　封面设计　李　宁

最高人民法院刑事诉讼文书样式：制作规范与法律依据
ZUIGAO RENMIN FAYUAN XINGSHI SUSONG WENSHU YANGSHI：ZHIZUO GUIFAN YU FALÜ YIJU

编者／法律应用研究中心
经销／新华书店
印刷／三河市国英印务有限公司
开本/730 毫米×1030 毫米　16 开　　　　　　　　印张/ 25　字数/ 228 千
版次/2021 年 10 月第 1 版　　　　　　　　　　　2021 年 10 月第 1 次印刷

中国法制出版社出版
书号 ISBN 978-7-5216-2045-0　　　　　　　　　　　　　　定价：88.00 元

北京市西城区西便门西里甲 16 号西便门办公区
邮政编码：100053　　　　　　　　　　　　　　　　　传真：010-63141852
网址：http：//www.zgfzs.com　　　　　　　　　编辑部电话：010-63141792
市场营销部电话：010-63141612　　　　　　　　印务部电话：010-63141606

（如有印装质量问题，请与本社印务部联系。）